普通高等教育“十三五”规划教材

旅游管理硕士（MTA）教学用书

中国旅游资源概论

主　编　魏丽英　路　科
副主编　于洪雁　王丽莉

北　京
冶 金 工 业 出 版 社
2019

内 容 提 要

本书共分12章，主要内容包括旅游资源的概念和基本特征、中国旅游资源的分类、中国旅游资源区划、中国旅游资源的开发利用、中国的地文景观旅游资源、中国的水域景观旅游资源、中国的生物景观旅游资源、中国的天象与气候景观旅游资源、中国的建筑与设施旅游资源、中国的历史遗迹旅游资源、中国的旅游购品旅游资源以及中国的人文活动旅游资源。

本书可作为旅游管理本科及硕士（MTA）教学用书，也可供旅游从业人员阅读参考。

图书在版编目(CIP)数据

中国旅游资源概论/魏丽英，路科主编.—北京：冶金工业出版社，2019.10

普通高等教育“十三五”规划教材

ISBN 978-7-5024-8296-1

Ⅰ.①中… Ⅱ.①魏… ②路… Ⅲ.①旅游资源—中国—高等学校—教材 Ⅳ.①F592

中国版本图书馆CIP数据核字(2019)第235256号

出 版 人 陈玉千

地　　址 北京市东城区嵩祝院北巷39号 邮编 100009 电话 (010)64027926

网　　址 www.cnmip.com.cn 电子信箱 yjcbs@cnmip.com.cn

责任编辑 杜婷婷 刘林烨 美术编辑 郑小利 版式设计 禹 蕊

责任校对 石 静 责任印制 李玉山

ISBN 978-7-5024-8296-1

冶金工业出版社出版发行；各地新华书店经销；三河市双峰印刷装订有限公司印刷

2019年10月第1版，2019年10月第1次印刷

787mm×1092mm 1/16；12.25印张；295千字；184页

39.00元

冶金工业出版社 投稿电话 (010)64027932 投稿信箱 tougao@cnmip.com.cn

冶金工业出版社营销中心 电话 (010)64044283 传真 (010)64027893

冶金工业出版社天猫旗舰店 yjgycbs.tmall.com

（本书如有印装质量问题，本社营销中心负责退换）

前　言

旅游资源是旅游业赖以生存和发展的基础，其范畴包括自然界和人类社会中凡能对游客产生吸引力，可以被旅游业所开发利用，并能产生经济效益、社会效益和环境效益的各种物质和非物质因素总和，其内容博大庞杂。

我国是世界上公认的旅游资源最丰富、最具特色的国家之一。随着我国旅游业的蓬勃发展，对旅游人才的需求也越来越迫切。

牡丹江师范学院自2015年起招收培养旅游管理硕士，在历年招生中非旅游管理专业生源占比达到90%以上，其他院校同样存在非旅游管理专业的生源占据绝大比例的现象。为此，根据教学需求及旅游管理硕士（MTA）学员的学习需要，我们组织编写了本书。

目前介绍我国旅游资源的教材，概括起来主要基于两种结构进行编写：一是采用某种旅游区划方法，介绍中国旅游资源各分区的资源特征、各区主要的旅游资源；二是采用某种旅游资源分类方法，对我国旅游资源进行分类介绍。两种结构各有优点，但总体来看，目前的教材所介绍的旅游资源，或是类型并不全面，对一些目前并非旅游热点方向的资源未予以介绍；或是分类不够科学完善，一些具有独特属性和价值的资源并未单独列出。

本书主要基于国家标准《旅游资源分类、调查与评价》（GB/T 18972—2017）中对于旅游资源的分类体系，对旅游资源的概念、中国的旅游资源分类、区划、开发等方面进行了详细梳理，并对中国的旅游资源的基本类型进行了全面、详细的介绍。本书覆盖了国标分类体系中的8主类、23亚类、110基本类型，能够使MTA学员及其他读者对我国的旅游资源有更完整、清晰的认识。

本书由牡丹江师范学院旅游管理专业教师编写。魏丽英、路科担任主编，魏丽英编写了第五章~第十二章，并负责全书统稿；路科编写了第一章和第二章；于洪雁编写了第三章；王丽莉编写了第四章。

本书在编写过程中，查阅并引用了相关论著、文献、资料、报道和统计资料等，在此向有关作者表示真诚的谢意！

由于编写水平所限，书中不妥之处，恳请各位同仁和读者批评指正。

编　者

2019 年 5 月

目　　录

第一章　旅游资源的概念和基本特性

【学习目标】

通过本章学习：

（1）了解旅游资源与相关概念的关系；

（2）明确旅游资源的概念及内涵；

（3）掌握旅游的基本特性。

【知识要点】

（1）旅游吸引物、景区、景观的概念；

（2）旅游资源的概念及内涵；

（3）旅游资源的基本特性。

【案例导读】

《金瓶梅》书中的故事能否作为旅游资源加以开发利用?

阳谷县位于山东省西部，黄河北岸，历史文化底蕴深厚，最早可以追溯到远古时期，当年蚩尤大战黄帝的故事就发生在这里。此外，阳谷县人才辈出，军事家孙膑、三国谋士程昱、清代清官刘琰等名人，都出生于此。明代以后，更因《水浒传》中的英雄武松打死猛虎，斗杀恶霸西门庆而闻名一时，直到今天，人们还津津乐道。

传统悠久的文化加上传奇的故事，使地处冀鲁豫三省交界处的阳谷县有了得天独厚的文化资源，然而在开发这些文化资源的过程中，也引来了不少争议，其中争议最大的就是对《金瓶梅》书中故事的开发，让阳谷县成为众人议论的焦点。

阳谷县开发的“金瓶梅旅游区”修建了《金瓶梅》书中故事的场景，并让游客专门扮演其中的西门庆和潘金莲，甚至只要游人愿意，也可以扮演故事中的其他角色。此外，和阳谷县属同一地区的临清市也开发了“金瓶梅文化街”，两个兄弟县市开始互相竞争，都说自己是《金瓶梅》书中故事的起源地。

消息一出，社会哗然。多少年来，对《金瓶梅》这本古代禁书，批判之声不绝于耳，很多人认为书中的西门庆是个地方恶霸，不仅生活糜烂，而且还欺行霸市，鱼肉百姓。对这样的文化当作旅游资源进行开发利用，已经超出了常人可以接受的限度，严重违背了中国传统社会道德。并且两地还竞相争为己有，这更让公众难以接受。

某机构在阳谷县进行调查，发现有23%的受访者认为利用《金瓶梅》书中的故事开发旅游会提高阳谷县的知名度，另外有29%的受访者则认为这种行为将损害阳谷的城市形象。

而从旅游业的统计数据来看，旅游产业还是给当地政府带来不菲收入。据官方资料显示2005年“金瓶梅旅游区”共接待游客30万人次，实现收入7300万元。

“金瓶梅文化”是否是一种旅游资源，她的故事是否可以作为一种旅游资源进行开发，让我们在本章知识的学习探索中寻找答案。

第一节　旅游资源的相关概念

旅游资源是旅游业发展的前提，是旅游业的基础。随着我国旅游业近年来的快速发展，及其在国民经济中地位的稳固提高，各界人士对于旅游资源的开发利用和保护给予了越来越多的关注，学术界对于旅游资源相关问题的研究也越来越趋于复杂。众多学者或借鉴国外研究理论成果；或引进多学科理论知识；或独立创新，从不同的角度展开研究，在研究过程中使用了诸多与旅游资源具有紧密关系，甚至有时互相替代使用的概念，如“旅游吸引物”“景观”等。为了使大家对旅游资源有更准确的认识，首先来明晰这些相关概念的内涵。

一、旅游吸引物

旅游吸引物（Tourist Attraction）是西方旅游学术研究中经常使用的概念。在我国旅游学术界，一些学者在研究过程中因为研究需要有时认同它可以与旅游资源替代使用，如“在大多数情况下，旅游吸引物是旅游资源的代名词，两者通用”（保继刚等，1999）。但也有学者较为严格地认为两者具有本质的区别，“旅游吸引物是一个更为松弛、宽泛的概念，缺乏经济学上的规定性，也较少有语意学上的严格限制。所以，不应该把旅游吸引物毫无区别地与旅游资源加以混合使用”（谢彦君，2004）。

（一）西方旅游学术界关于旅游吸引物的代表性表述

（1）旅游吸引物在本质上是由所有足以将每个旅游者从家中吸引过来的要素构成的。这些要素通常包括可供观赏的风景，可参与的活动，可追忆的经历。（Alan Lew，1987）

（2）旅游吸引物是一个综合系统，由三个要素组成，即旅游者或人的要素、核心的或中心的要素、标识或信息的要素，当这三种要素合而为一时，便构成旅游吸引物。（Neil Leiper，1990）

（3）旅游吸引物是指吸引管理者和旅游者的注意力，有特殊的人类或自然界特征的知名事件、遗址、区域或相关现象。（Lawton，2005）

（二）我国旅游学者对旅游吸引物的界定

（1）旅游吸引物是指促进人们前往某地旅游的所有因素的总和。它包括了旅游资源、适宜的接待设施和优良的服务，甚至还包括了快速舒适的旅游交通条件。（保继刚等，1999）

（2）旅游吸引物是指任何能够对旅游者的旅游活动产生吸引功能的物象或劳务形式的总和。它包括尚未开发的旅游资源、核心旅游产品、组合旅游产品和处于支持层次的旅游者、旅游标识物及各种支持因素。（谢彦君，2004）

（3）旅游吸引物是指旅游地吸引旅游者的所有因素的总和。它包括旅游地的旅游资

源、适宜的接待设施和优良的服务等因素，甚至还包括舒适快捷的旅游交通条件，是一个内涵极为广泛的概念。(李经龙，2007)

(三) 旅游吸引物与旅游资源的关系

我国旅游学术界对旅游吸引物和旅游资源这两个概念的关系进行研究时，常常伴随另一个概念“旅游产品”进行同步研究，因后一概念与本书内容相关度不大，所以本章对三者之间的关系不做详细分析，仅仅在某些理论观点表述中提及“旅游产品”作为参照物表明观点立场。

关于旅游吸引物与旅游资源的关系，曾有学者对1999年以前的观点进行以下三种归类：第一种观点认为旅游吸引物等于旅游资源；第二种观点认为旅游资源是旅游吸引物和旅游产品的交集；第三种观点认为旅游资源是旅游吸引物和旅游产品的并集。(张凌云，1999)

而从上述国内外的众多定义研究来看，本书编者认为这些旅游吸引物的概念界定包含了一个共性认识，即旅游吸引物所包括的范围要更加宽泛一些。对此观点目前国内较多学者基本达成共识，认为旅游吸引物是比旅游资源更大的概念范畴，较有代表性的研究阐述有：

(1) 旅游吸引物是一个更大的概念，它由作为核心的旅游资源、旅游产品（资源依托型和资源脱离型）、组合旅游产品（对核心旅游产品进行价值追加的产品层次，包括各种媒介体产品如饭店、旅行社、交通通讯等）和处于支持层次的旅游者及旅游标识物构成，是一个大的旅游系统。(谢彦君，2004)

(2) 旅游资源可以理解为“旅游吸引物的来源”，即“可以形成旅游吸引物的资源”。(宋子千，2006)

(3) 旅游吸引物不仅包括旅游资源，还包括能够吸引旅游者的适宜的接待设施和优良的服务等因素。(吴必虎，2010)

但需要明确一个问题，在西方国家，旅游资源这个提法并不多见，在研究过程中更常使用旅游吸引物这个概念作为同一研究意义上的替代。因此，对于这两个概念的关系区分更大意义上是为国内旅游学术研究者明晰理论体系。

二、旅游景区

旅游景区这一概念由于使用范围和表达方式的不同❶，国内外旅游学者对于它的定义未有一致表述或统一研究，但通过分析国内外一些有代表性的概念阐述，我们仍可以发现一些共性，已足以让我们区别旅游景区与旅游资源之间的关系。

(一) 国外对旅游景区的定义

(1) 旅游景区是指有特色活动的地点、场所或集中地。并做到：1) 着眼于吸引旅游者和当地居民来访，并未达到此目的而进行经营；2) 为顾客提供愉悦的体验机会，以及欢度休闲时光的方式；3) 尽力开发，从而发挥其潜能；4) 按照景区的特点进行管理，让顾客满意；5) 提供适宜的设施及服务，以满足和迎合游客的需求、需要和兴趣；6) 收取

❶ 国内学者倾向使用 Tourist Scenic Area，国标中定义使用 Tourist Attraction，在译著国外文献中常见 Visitor Attractions。

或不收取门票。(Walsh-Heronand Stevens，1990)

（2）旅游景区必须是永久性的游览目的地，它最初修建的目的是使大众获得娱乐、兴趣和教育，而不是作为零售的地点或体育运动、影视观赏、戏剧表演的聚集地。它必须向公众开放，而且无须提前进行预订。同时，它应对不过夜游客和过夜旅游者都具有吸引力。(英国旅游局，引自约翰·斯沃布鲁克，《旅游景区开发与管理》，2006)

（3）旅游景区是一个独立的单位，一个专门的场所或者是一个界限分明的、小范围的地理区域，具有可达性，能够吸引大批游客在闲暇时光来此做短时间的访问，是能够被划定界限且能够经营的实体。(约翰·斯沃布鲁克，2006)

（二）国内对旅游景区的定义

（1）旅游景区是指旅游资源特色相似，旅游点线联系紧密，旅游设施相互配套的连片区域。是以满足人们观光、休闲、娱乐、科考、探险等多层次精神需求的、自然的、人文的或人造主题性的旅游资源集合的特定小空间尺度区域。(李艳、牛志文，2001)

（2）旅游景区是指由多个相对独立的旅游景点组合而成的较大的、相对独立的地域单元。(明庆忠，2003)

（3）旅游景区是指从事商业性经营的供游客参观、游览和娱乐的接待场所。(周彬，2003)

（4）旅游景区是指基于各类自然或历史文化资源发展演化而成的具有一定明确空间范围（边界），并按照一定的法律或制度规定纳入某种系统的资源管理、经营管理与游客管理的地区。(吴必虎、宋子千，2009)

（5）旅游景区是指由一系列相对独立的景点组成，从事商业性经营，满足旅游者观光、休闲、娱乐、科考、探险等多层次精神需求，具有明确的地域边界，相对独立的小尺度空间的旅游地。(马勇、李玺，2008)

（6）目前较为科学和规范的是国家质量监督检验检疫总局（2003a）发布的国家标准《旅游景区质量等级的划分与评定》(修订)（GB/T 17775—2003）中给出定义：旅游景区（Tourist Attraction）是以旅游及其相关活动为主要功能或主要功能之一的空间或地域。本标准中旅游景区是指具有参观游览、休闲度假、康乐健身等功能，具备相应旅游服务设施并提供相应旅游服务的独立管理区。该管理区应有统一的经营管理机构和明确的地域范围。包括风景区、文博院馆、寺庙观堂、旅游度假区、自然保护区、主题公园、森林公园、地质公园、游乐园、动物园、植物园及工业、农业、经贸、科教、军事、体育、文化艺术等各类旅游景区。

从以上的定义可以看出，旅游景区与旅游资源是完全不同的概念。旅游资源在经济上的价值是潜在的，而旅游景区是指那些已开发的用以吸引游人的事物，并不是以资源的“天然”身份出现，而是以产品面对顾客的身份出现，在范畴上应属于旅游产品的一部分，是具有明确的空间范围且能够经营的实体。

旅游景区具有明显的资源集聚性和要素综合性特征，即旅游景区内的结构组成包含一定的旅游资源、资金资源、人力资源等，并且为旅游者提供包括食、住、行、游、购、娱等各项功能的服务要素。

三、景观

景观（Iandscape）这个概念在不同的学科领域里有不同的解释。在西方，景观作为景观生态学（Landscape Ecology）中的核心概念被一些学者做如下定义：

（1）景观是以类似方式重复出现的、相互作用的若干生态系统的聚合所组成的异质性土地地域。（福尔曼、歌德罗恩著，萧笃宁译，1990）

（2）景观是指地球表面空间的一部分，是由岩石、水、空气、植物、动物以及人类活动所形成的系统的复合体，并通过其外貌构成一个可识别的实体。（Zonneveld，1989）

从这一角度而言，景观是作为组织层面维度的生态学研究的一个研究对象层面，是继个体、种群、群落和生态系统四个层次之上的，比生态系统更高一层的生物层次。景观与旅游学术研究并没有更多直接的联系。

而从另一个角度而言，作为视觉美学上的概念，泛指自然景色、景象，均可与“风景”同意。风景是由光对物的反映所显露出来的一种景象，即在一定的条件下，以山水景物，以及某些自然和人文现象所构成的足以引起人们审美与欣赏的景象，这与西文文献中最早出现“景观”一词的含义相吻合[1]。此意义上的“景观”概念具有较强的物质性，从此层面来讲可归属于旅游资源的有形范畴。

第二节　旅游资源的概念界定

在第一节中辨析了旅游吸引物、旅游景区、景观等与旅游资源之间的关系，在辨析过程中也提到了旅游资源的一些相关特征属性。在此基础上，来进一步明确什么是旅游资源。

一、现有旅游资源的定义

旅游资源（Tourism Resources）这一概念至今在学术界未能达成统一认识。自20世纪80年代旅游研究热潮兴起以来，旅游资源的定义和争论层出不穷、多种多样。下面为读者介绍具有代表性几种定义：

（1）凡能为旅游者提供游览观赏、知识乐趣、度假疗养、娱乐休息、探险猎奇、考察研究以及友好往来和消磨闲暇时间的客体和劳务，均可称为旅游资源。（郭来喜，1982）

（2）旅游资源是指在现实条件下，能够吸引人们产生旅游动机并进行旅游活动的各种因素的总和，它是旅游业产生和发展的基础。（陈传康、刘振礼，1990）

（3）凡是能够造就对旅游者具有吸引力环境的自然因素、社会因素或其他任何因素，都可构成旅游资源。（李天元、王连义，1991）

（4）旅游资源是指客观存在的包括已经开发利用和尚未开发利用的，能够吸引人们开展旅游活动的一切自然存在、人类活动以及它们在不同时期形成的各种产物的总称。（傅文伟，1994）

---

[1] “景观”一词最早在西方文献中出现是在希伯莱文本的《圣经》中，用于对圣城耶路撒冷总体美景（包括所罗门寺庙、城堡、宫殿在内）的描述。

（5）旅游资源是指凡能对旅游者产生美感和吸引力，并具有一定旅游功能和价值的自然与人文因素的事与物的综合。(辛建荣等，1996)

（6）旅游资源是指对旅游者具有吸引力的自然存在和历史文化遗产以及直接用于旅游目的的人工创造物。(保继刚等，1999)

（7）广义旅游资源是指凡是能为旅游活动提供支撑和保障的一切物质和非物质的资源，包括旅游景观资源、资金资源、设施资源、商品资源、人力资源、智力资源、信息资源和环境资源等；狭义旅游资源仅指旅游景观和环境资源。(王兴斌，2000)

（8）旅游资源是指客观地存在于一定地域空间并因其所具有的愉悦价值而使旅游者为之向往的自然存在、历史文化遗产或社会现象。(谢彦君，2004)

对于以上以及尚未列出的诸多旅游资源定义，旅游研究学者提出了很多争议。宋子千、黄远水（2000）认为有些学者似乎混淆了“旅游资源”与“旅游业资源”，或者根本就没有对其进行区分，以至于将所谓“旅游经营资源”或人力、市场等旅游业生产要素划入“旅游资源”，如上文中王兴斌（2000）的定义。

张立生（2003）指出陈传康、刘振礼（1990）的定义忽略了旅游资源潜在性，那些由于种种原因现在没有开发，而将来能用于旅游的事物和现象虽应属于旅游资源，但却被排斥在该概念之外；郭来喜（1982）对旅游资源的基本属性——对旅游者的吸引性表述不明，而这个属性可以说是旅游资源最为本质的属性。

谢彦君（2004）认为保继刚等（1999）指出的把“直接用于旅游目的的人工创造物”纳入资源范畴存在泛化倾向。旅游资源之所以存在，完全是自然的无意识造化或人类因其他目的而创造的成果，是先旅游而客观存在的自然或人文因素。

之所以介绍如此众多的定义和争议，是为了让读者更好更全面地了解和掌握旅游资源的属性，努力抓住不同定义和争议中的相同和不同之处。同时这也是了解和学习一种旅游研究方法。而下文中将介绍国家政府部门所给出的比较规范的、代表目前主流意见的官方定义。

二、国家标准对旅游资源的定义

国家质量监督检验检疫总局发布的国家标准“《旅游景区质量等级的划分与评定》(修订)（GB/T 17775—2003）”“《旅游规划通则》（GB/T 18971—2003）”“《旅游资源分类、调查与评价》（GB/T 18972—2017）”中，将旅游资源（Tourism Resources）定义为：自然界和人类社会若能对旅游者产生吸引力，则可以为旅游业开发利用，并可产生经济效益、社会效益和环境效益的各种事物和现象。

该定义对旅游资源做了两个方面的规定，一是“能对旅游者产生吸引力”；二是“可以为旅游业开发利用，并可产生经济效益、社会效益和环境效益”。

三、旅游资源的基本内涵

即便对于国家标准旅游资源的定义，也有学者认为其存在对概念模糊认识的现象（宋子千，2006）。那面对如此繁多的旅游资源定义，应该如何学习掌握呢？首先，要充分认识到旅游学科理论知识正处于发展过程中，尚未成熟，现有旅游资源的定义或多或少都有一定局限性、片面性或功利性、宽泛性，这有待于旅游学科的进一步发展来解决。其次，要以动态发展的观点来看待旅游资源，随着社会进步和科技水平的提高，以及旅游需求的不断变化，旅游资源的范畴也将不断变化。其次，目前对于旅游资源概念的掌握应注重于一些已经获得公认，且是客观事实的基本内容中去，其包含以下四个方面内容：

（1）旅游资源是一种潜在的客观存在，它包括物质的和非物质的两部分。需要注意的是这种潜在包括某资源部分已开发成为旅游产品外尚未完全开发的存在，即还有旅游开发利用价值的部分。

（2）旅游资源是旅游者实施旅游行为的动力因素，即存在吸引力。

（3）旅游资源的本体是一种先旅游而存在的物象，它可以按旅游的目的加以开发利用，但不能创制。(谢彦君，2004)

（4）旅游资源因其成长的环境属性具有地域依赖性，任何经人为活动脱离原成长地域环境而为旅游业经营利用的物象都夹杂了人类劳动的产品，而不再成为资源。

第三节　旅游资源的基本特性

从第二节分析中可以看出，旅游资源是一种特殊的资源，它具有以下四种基本特性。

一、可观赏性

旅游资源的价值主要体现在对旅游者实施旅游行为的拉动力上，可以为旅游业所利用产生经济效益、社会效益和环境效益，这一价值基础来源于旅游资源区别于一般资源的美学特征上，即观赏性。

不管是哪一种旅游资源，名山胜景、飞瀑温泉、戈壁荒漠，还是原始遗迹、寺庙塔楼、民俗风情，或使旅游者在奇光异景中享受美的陶醉，或使旅游者在博闻趣事中感受世界的浩瀚，或使旅游者在赏物咏情的精神领域中愉悦放松。无论哪一种旅游者的体验，都来源于旅游资源的观赏价值。旅游资源必须具备能唤起旅游者审美和愉悦的观赏价值，才能产生吸引力，并被旅游业利用。因此，旅游资源的观赏价值是旅游资源的核心成分。

旅游资源的这种美学特征越明显，观赏性越强，对旅游者的吸引力就越大，旅游资源的可利用价值也就越大。

二、区域分异性

从旅游资源的产生和空间分布来看，旅游资源具有明显的区域性特征。任何一种旅游资源的形成和产生都受到其所在区域地理环境各组成要素的影响和制约，都不可避免地带有某种环境要素发展和变化的历史烙印。与此同时旅游资源也通过这些烙印的形态、内涵等特征反映着其所在区域环境的不同要素特征，这就是旅游资源的区域分异性的体现。

一个地区的自然旅游资源会反映出该地地质地貌、水文气候、土壤生物等诸多环境要素的单体及之间相互作用的结果和特征，相同类型的自然旅游资源一般也分布在具有相似地理环境的区域内，例如火山地貌、温泉沸泉一般集中在大陆板块边界地带；“3S”景观一般分布于中低纬度基质砂岩海岸；喀斯特地貌景观一般分布于热带亚热带石灰岩发达地区等。

人文旅游资源也不例外，它的形成同样受地理环境影响，又因其作为人类历史活动的刻画载体而受地域文化影响较大，其显现出的地域分异性特征更加明显。例如来源于古印度佛教的塔类建筑在传入中国中原地区后，融合中国的古代建筑形式产生了与原貌具有极大差异性的塔形建筑；中原地区的清真寺建筑因受地域文化影响而与西亚地区具有较大的结构性差异；不同民族生活地域的影响产生了不同的民居建筑、风俗民情等。

三、潜在性

从资源的客观存在属性来讲，资源是生产产品的基础，而产品是资源的利用方向和结果。也就是说，旅游资源是旅游产品的基础，其存在形态总是潜在的。

从现代旅游活动的发展来看，一般来说旅游资源只有经过一定的开发过程才能为旅游业加以利用（极个别旅游者直接利用未经开发的旅游资源现象不属一般范畴）。也就是说，旅游资源只有追加了一定量的人类劳动才能为旅游者所利用。而旅游资源一旦经过这样的开发加工过程，掺入了人类劳动，从经济学意义上来讲就会立刻转化为旅游产品，而并非再是旅游资源，所以对于旅游业来说，旅游资源具有潜在性。

四、不可转移性

旅游资源的区域分异性决定了其价值产生和存留的不可移动性，旅游资源的地域转移将会因地理环境要素的变化而淡化，甚至抹杀原有价值的组成因素，从而使旅游资源失去原有价值而名不符实。

此外，谢彦君（2004）指出旅游资源的不可移动性包含三方面的内容，一是旅游资源本体不能向旅游者移动；二是旅游资源开发成旅游产品时所有权不能转移；三是旅游资源个体的小尺度搬迁并没有在根本上改变旅游资源的不可转移性。

——本 章 小 结——

1. 核心概念

（1）旅游吸引物。国内外相关定义较多，目前较为主流的是：旅游吸引物是指任何能够对旅游者的旅游活动产生吸引功能的物象或劳务形式的总和。它包括尚未开发的旅游资源、核心旅游产品、组合旅游产品和处于支持层次的旅游者、旅游标识物及各种支持因素。（谢彦君，2004）

（2）旅游景区。国内外相关定义较多，目前较为规范的是国家标准《旅游景区质量等级的划分与评定》（修订）（GB/T 17775—2003）中给出的定义：旅游景区（Tour ist Attraction）是以旅游及其相关活动为主要功能或主要功能之一的空间或地域。

（3）景观。从景观生态学角度讲，景观是指作为组织层面维度的生态学研究的一个研究对象层面。是继个体、种群、群落和生态系统四个层次之上的，比生态系统更高一层的生物层次。

（4）旅游资源。国内外相关定义较多，目前较为规范的是国家标准中的定义：自然界和人类社会凡能对旅游者产生吸引力，可以为旅游业开发利用，并可产生经济效益、社会效益和环境效益的各种事物和因素。

2. 旅游资源概念的基本内涵

（1）旅游资源是一种潜在的客观存在，包括物质的和非物质的两部分。需要注意的是这种潜在包括某资源部分已开发成为旅游产品外尚未完全开发的存在，即还有旅游开发利用价值的部分。

（2）旅游资源是旅游者实施旅游行为的动力因素，即存在吸引力。

（3）旅游资源的本体是一种先旅游而存在的物象，它可以按旅游的目的加以开发利用，但不能创制。

（4）旅游资源因其成长的环境属性具有地域依赖性，任何经人为活动脱离原成长地域环境而为旅游业经营利用的物象都是夹杂了人类劳动的产品，不再成为资源。

3. 旅游资源的基本特性

（1）可观赏性。旅游资源的价值基础来源于旅游资源区别于一般资源的美学特征，即观赏性。

（2）区域分异性。任何一种旅游资源的形成和产生都受到其所在区域地理环境各组成要素的影响和制约，都不可避免地带有某种环境要素发展和变化的历史烙印，与此同时旅游资源也通过这些烙印的形态、内涵等特征反映着其所在区域环境的不同要素特征。这就是旅游资源的区域分异性体现。

（3）潜在性。旅游资源一旦经过开发加工，掺入了人类劳动，从经济学意义上来讲它就立刻转化为了旅游产品，而并非再是旅游资源。所以对于旅游业来说，旅游资源具有潜在性。

（4）不可转移性。旅游资源的区域分异性决定了其价值产生和存留的不可移动性，旅游资源的地域转移将会因地理环境要素的变化而淡化，甚至抹杀原有价值的组成因素，从而使旅游资源失去原有价值而名不符实。

【导读解析】

对照旅游资源概念的基本内涵，我们不难得出结论，《金瓶梅》故事文化可以作为旅游资源进行开发。我们应该清醒地认识到该案例引发争议的核心是对该种旅游资源应该如何开发利用，选取怎样的角度，进行怎样的定位等相关问题。

这里主要存在以下几个误区：

（1）众多旅游者对于《金瓶梅》存在认识误区。大多数人认为这是一本“古代色情小说”，其实这在书中“色情部分”只占到很小的篇幅，仅有2万字，而这部80万字的著作更多的是对社会风俗的描写。

（2）开发行为的误区。对于大多数人存在的上一个误区，开发中可以加以利用形成旅游动力点。但所开发产品应深入挖掘著作中具有更高以及正面旅游价值的社会风俗文化内涵，形成主题产品，让有误区的旅游者懵懂而来，清醒愉悦而去。

（3）开发定位的误区。山东省旅游局的负责人指出：旅游开发要按照全省规划进行，鲁西、鲁西南地区主打的是水浒文化。水浒文化并非“金瓶梅”文化，而“金瓶梅”文化只应是“水浒文化”的一片衬花绿叶，应围绕做大做强水浒品牌而淡化“金瓶梅”的标识。

（4）同区域竞争的误区。政府在这种同区域竞争中应加强引导和协调，避免重复建设，并杜绝不健康的旅游项目。

思 考 题

1-1 什么是旅游资源？

1-2 请举例你家乡所在城市或地区的旅游资源有哪些。

1-3 什么是旅游吸引物？分析它与旅游资源的关系。

1-4 旅游资源有哪些基本特性？试举例说明。

第二章　中国旅游资源的分类

【学习目标】

通过本章学习：

（1）掌握国家标准对中国旅游资源的分类；

（2）了解其他分类方法。

【知识要点】

（1）旅游资源分类；

（2）旅游资源分类意义；

（3）旅游资源分类方法。

【案例导读】

旅游资源的色彩之分

随着旅游业的飞速发展，旅游者的需求日益复杂化、个性化，他们对于旅游体验的追求方向千变万化，这使得越来越多的事物或文化现象列入到旅游资源的行列中，其中就包括色彩纷呈的下面这些内容：

色彩一：黑色旅游资源

黑色旅游是指到死亡、灾难、痛苦、恐怖事件或悲剧发生地的旅游现象。这种现象最早可以追溯到欧洲中世纪，大批的朝圣者前往耶稣殉难地旅行。“黑色旅游”在国外，特别在欧美地区引起广泛的研究，使其成为欧美地区旅游学界新兴的热点研究领域。人们也成功地开发了众多黑色旅游资源，打造出一批经典黑色旅游景点，如波兰的“奥斯维辛集中营”、美国的世贸中心废墟、德国的鲁尔煤矿和英国的黑奴交易市场等。

我国比较著名的黑色旅游资源有：地震类的四川汶川地震遗址、唐山大地震遗址；泥石流遗址类的云南贡山特大泥石流遗址、甘肃舟曲泥石流遗址；战争类的南京大屠杀遇难同胞纪念馆、山西大同的万人坑、圆明园遗址等。

色彩二：白色旅游资源

白色旅游一般是指以冰雪气候旅游资源为基础开展的旅游活动，在我国这种旅游活动主要集中在北方，但由于科学技术的发展，南方经济发达地区开始尝试建造室内滑雪场等设施，使白色旅游的发展空间有了更大地扩展。

我国白色旅游资源有观光类的冰雪自然景观、冰雕展、冰灯展、雪雕展；运动休闲类的冰上竞技运动、雪上竞技运动等；节庆类的冰雪旅游节、冰雕艺术节、雪雕艺术博览会、冰灯节、冰瀑节、冰钓节等；赛事类的滑雪类比赛、冰上运动比赛、趣味赛事等；演艺类的冰上舞蹈、冰上体操、冰上模特秀、冰雪驯兽等；休闲类的雪地温泉、冰雪高尔夫、雪按摩等。

色彩三：红色旅游资源

红色旅游是指以 1921 年中国共产党建立以后的革命纪念地、纪念物及其所承载的革命精神为吸引物，组织接待旅游者进行参观游览，实现学习革命精神，接受革命传统教育和振奋精神、增加阅历的旅游活动。

我国著名的红色旅游资源按地域之分有：沪浙红色旅游区的中共一大旧址、湘赣闽红色旅游区的井冈山、左右江红色旅游区的百色起义纪念馆、黔北黔西红色旅游区的遵义会议旧址、陕甘宁红色旅游区的延安宝塔山、鲁苏皖红色旅游区的沂蒙山、京津冀红色旅游区的西柏坡等。

色彩四：蓝色旅游资源

蓝色旅游是指运用融合发展的新理念，依托滨海、海洋与海岛产业与特色文化资源，根据国内外旅游市场的发展趋势，整合开发滨海城市、海鲜美食、渔家风情、文化娱乐、产业旅游、购物旅游、邮轮游艇和休闲养生等多元化与系列化的新兴旅游产品的综合性旅游产业。

我国因自然地域特点拥有丰富的蓝色旅游资源。我国海岸线长，拥有长达 18000 公里的大陆海岸线，横跨 38 个纬度，地处热带、亚热带、温带三个气候带；我国海岛数量多，拥有 14000 公里的岛屿岸线，是一个多岛屿的国家。

面对如此缤纷且仍在不断更新变化的旅游资源，在进行开发和保护研究时，科学的分类工作具有极大的意义。本章将详细介绍目前不同部门或主体主要使用的旅游资源的分类方法。

通常所谓分类，是指根据事物的特点分别归类，是根据分类对象的共同点和差异点，将对象区分为不同种类的一种逻辑方法。通过比较识别出事物之间的共同点和差异点，依其共同点归并为较大的类，依其差异点将事物划分为较小的类，从而将事物区分为具有一定从属关系的不同等级的系统。

旅游资源的分类，是根据旅游资源的相似性和差异性进行归并或划分出具有一定从属关系的不同等级类别的工作过程。在所划分出的每一种旅游资源类别中，其属性彼此有相似之处，而不同旅游资源类别之间则存在着一定差异。例如根据成因把旅游资源划分为自然旅游资源和人文旅游资源两大类别。自然旅游资源是指天然赋存、自然界形成；人文旅游资源是指人为活动参与形成的，两者之间的成因有着本质的不同。

科学地、系统地、合理地进行旅游资源分类是一项非常重要的基础性研究工作，具有重要的意义。首先，旅游资源分类可以使旅游资源清晰化、条理化、系统化，为进一步开发利用、科学研究提供方便。其次，旅游资源分类工作可以加深人们对旅游资源属性的认识，从开发主体角度而言，为科学合理的开发保护提供研究基础；从旅游者群体角度而言，能对旅游资源有更加深刻的认识，完善旅游体验过程。最后，可以为旅游经济活动的复杂市场群体提供市场细分的选择及定位思路方向。

由于研究的主体不同、使用目的不同、出发点不同，分类方法也不尽相同。目前国内尚无统一的旅游资源分类方法。目前在旅游业界使用颇广的主要有以下几种分类方法：

（1）两分法。是指按旅游资源成因和属性分类。分为自然旅游资源和人文旅游资源两大系列的一种分类系统，是目前学术界最常用的分类方法。

（2）级别分类法。是指按旅游资源的吸引力和影响力大小为标准，对应其拥有的客源地结构范围和知名度进行分类。可分为国家级、省级和市（县）级旅游资源。

（3）国标法。是以《旅游资源分类、调查与评价》（GB/T 18972-2017）作为国家标准，在旅游规划界得到广泛的应用。依据旅游资源性状，即现存状况、形态、特性、特征划分，对象包括稳定的、客观存在的实体旅游资源和不稳定的、客观存在的事物和现象。共分为 8 个主类、23 个亚类、110 个基本类型。

（4）功能型分类法。是根据旅游资源主要功能和旅游者的旅游动机分类。把旅游资源分为观光游览型、购物型、度假型和参与型等旅游资源。

（5）色彩分类法。是按旅游资源的某方面凸显特征或文化含义进行色彩抽象分类。如把生态旅游资源称为绿色旅游资源；把革命纪念地、纪念物及其所承载的革命精神的吸引物等称为红色旅游资源；把战争、灾害等遗址遗迹称为黑色旅游资源；把冰雪气候旅游资源称为白色旅游资源；把海洋旅游资源称为蓝色旅游资源；把工业旅游产品称为灰色旅游资源等。

（6）专题型分类法。是把一些研究主体根据特殊研究目标和任务，对某类旅游资源进行细致研究，根据生态型、文化型、经济型、科技型等旅游专题进行分类的方法。

（7）其他分类法。除以上分类方法之外的其他方法。

本章将主要依据不同旅游资源分类主体介绍分类方法。因国家标准的分类是国家规范性质的实战操作型方案的典型代表，首先对其进行介绍。

第一节　国家标准对中国旅游资源的分类

中华人民共和国国家质量监督检验检疫总局 2017 年发布了国家标准《旅游资源分类、调查与评价》（GB/T 18972—2017），该标准在充分考虑到 GB/T 18972—2003 颁布以来，旅游界对旅游资源的含义、价值、应用等多方面的研究和实践成果，重点对旅游资源的类型划分进行修订，依据旅游资源的性状（即现存状况、形态、特性、特征等为分类原则），采用“主类”“亚类”“基本类型”3 个层次结构。将旅游资源划分为 8 主类、23 亚类、110 基本类型，使标准更加突出实际操作、突出资源与市场的有机对接以及对旅游资源及其开发利用的综合评价，使其更加适用于旅游资源开发与保护、旅游规划与项目建设、旅游行业管理与旅游法规建设、旅游资源信息管理与开发利用等方面工作，见表 2-1。

表 2-1　旅游资源分类表

主　类	亚　类	基本类型
A 地文景观	AA 自然景观综合体	AAA 山丘型景观；AAB 台地型景观；AAC 沟谷型景观；AAD 滩地型景观
	AB 地质与构造形迹	ABA 断裂景观；ABB 褶曲景观；ABC 地层剖面；ABD 生物化石点
	AC 地表形态	ACA 台丘状地景；ACB 峰柱状地景；ACC 垄岗状地景；ACD 沟壑与洞穴；ACE 奇特与象形山石；ACF 岩土圈灾变遗迹
	AD 自然标记与自然现象	ADA 奇异自然现象；ADB 自然标志地；ADC 垂直自然带

续表 2-1

主 类	亚 类	基 本 类 型
B 水域景观	BA 河系	BAA 游憩河段；BAB 瀑布；BAC 古河道段落
	BB 湖沼	BBA 游憩湖区；BBB 潭池；BBC 湿地
	BC 地下水	BCA 泉；BCB 埋藏水体
	BD 冰雪地	BDA 积雪地；BDB 现代冰川
	BE 海面	BEA 游憩海域；BEB 涌潮与击浪现象；BEC 小型岛礁
C 生物景观	CA 植被景观	CAA 林地；CAB 独树与丛树；CAC 草地；CAD 花卉地
	CB 野生动物栖息地	CBA 水生动物栖息地；CBB 陆地动物栖息地；CBC 鸟类栖息地；CBD 蝶类栖息地
D 天象与气候景观	DA 天象景观	DAA 太空景象观赏地；DAB 地表光现象
	DB 天气与气候现象	DBA 云雾多发区；DBB 极端与特殊气候显示地；DBC 物候景象
E 建筑与设施	EA 人文景观综合体	EAA 社会与商贸活动场所；EAB 军事遗址与古战场；EAC 教学科研实验场所；EAD 建设工程与生产地；EAE 文化活动场所；EAF 康体游乐休闲度假地；EAG 宗教与祭祀活动场所；EAH 交通运输场站；EAI 纪念地与纪念活动场所
	EB 实用建筑与核心设施	EBA 特色街区；EBB 特性屋舍；EBC 独立厅、室、馆；EBD 独立场、所；EBE 桥梁；EBF 渠道、运河段落；EBG 堤坝段落；EBH 港口渡口与码头；EBI 洞窟；EBJ 陵墓；EBK 景观农田；EBL 景观牧场；EBM 景观林场；EBN 景观养殖场；EBO 特色店铺；EBP 特色市场
	EC 景观与小品建筑	ECA 形象标志物；ECB 观景点；ECC 亭、台、楼、阁；ECD 书画作；ECE 雕塑；ECF 碑碣、碑林、经幢；ECG 牌坊牌楼、影壁；ECH 门廊、廊道；ECI 塔形建筑；ECJ 景观步道、甬路；ECK 花草坪；ECL 水井；ECM 喷泉；ECN 堆石
F 历史遗迹	FA 物质类文化遗存	FAA 建筑遗迹；FAB 可移动文物
	FB 非物质类文化遗存	FBA 民间文学艺术；FBB 地方习俗；FBC 传统服饰装饰；FBD 传统演艺；FBE 传统医药；FBF 传统体育赛事
G 旅游购品	GA 农业产品	GAA 种植业产品及制品；GAB 林业产品与制品；GAC 畜牧业产品与制品；GAD 水产品与制品；GAE 养殖业产品与制品
	GB 工业产品	GBA 日用工业品；GBB 旅游装备产品
	GC 手工工艺品	GCA 文房用品；GCB 织品、染织；GCC 家具；GCD 陶瓷；GCE 金石雕刻、雕塑制品；GCF 金石器；GCG 纸艺与灯艺；GCH 画作
H 人文活动	HA 人事活动记录	HAA 地方人物；HAB 地方事件
	HB 岁时节令	HBA 宗教活动与庙会；HBB 农时节日；HBC 现代节庆
数 量 统 计		
8 主类	23 亚类	110 基本类型

这一分类方法是目前应用最广且最具权威性的分类方法，本书有关章节的安排，基本上采用了该分类系统。

第二节　其他分类方法

对于旅游资源的分类工作，许多研究机构和学者从不同的角度进行了研究，不同分类主体在不同的研究和工作目标驱动下做了各自的分类研究。

一、行政机构使用分类法

通常我国旅游行政机构将旅游资源按级别进行划分，可分为国家级旅游资源、省级旅游资源、市级旅游资源等。

（1）国家级旅游资源。该类旅游资源具有重要的观赏、历史、文化和科学价值，其旅游吸引力可辐射到全国乃至全世界，在国内外都具有较高的知名度。这类旅游资源一般由国务院评定、审批公布，或者由国务院授权其行政主管部门审批公布，包括国家级风景名胜区、国家历史文化名城、国家级森林公园、国家级地质公园等。

（2）省级旅游资源。该类旅游资源具有较重要的观赏、历史、文化和科学价值，具有较强地方特色，在省内有较强影响。其旅游吸引力辐射到国内、地区或省内。省级风景名胜均属此类。

（3）市级旅游资源。该类旅游资源主要以本地人为主要客源，具有一定的观赏性和科学、历史价值，更常作为市民游憩休闲的对象物。

二、学术界使用分类法

旅游资源分类一直是旅游学界众多学者多年教学科研工作中接触最多的问题之一，由于各学者的学科知识背景差异、工作任务及研究角度、目标差异等不同因素影响，到目前为止关于旅游资源分类的方案成果十分丰富。

（一）按照气候和活动方式

按照气候和活动方式可分为以下两类：

（1）全天候型旅游资源。全天候型旅游资源是指气候温和、四季适宜于旅游的区（点）状资源。适合的旅游活动方式众多，可开展宗教旅游、风情旅游、购物旅游、探险旅游、会议旅游、夏令营活动等。

（2）季节性型旅游资源。季节性型旅游资源是指受气候条件的限制，其旅游资源仅具季节性开发利用的价值。如春秋季赏花，夏季避暑、休养，冬季观赏冰雪和开展冰雪体育活动。

（二）按照旅游资源满足旅游者需要的价值

按照旅游资源满足旅游者需要的价值可分为以下三类：

（1）享受性旅游资源。享受性旅游资源是指具有享受价值的旅游资源，包括旅游商品、旅游设施、游乐节目、旅游服务、旅游气氛等五类。

（2）参与性旅游资源。参与性旅游资源可以分为体力参与、技术参与和智力参与三个层次。三者之间的界限也是模糊的，有一定性质上的区分，但三者之间往往相互交叉、相互涵盖，有时一种参与性旅游活动要参与者投人体力、技艺和智力，因此划分三者时看其投入的三者中何者为主。

(3) 审美性旅游资源。审美性旅游资源可分为“自然美”“社会美”和“艺术美”三个层次。其中自然美资源处于最低层次，这类资源作用于审美主体感官，通常以“悦耳悦目”等生理快感、直觉性初级审美判断为其基本特征；第二层次是社会美旅游资源，这类资源使审美主体在客体的状、姿、致中领悟到较为深刻的意蕴，获得精神愉悦和情感升华；处于最高层的是艺术美层次，反映社会生活，但比之自然的更典型、更集中，因而更生动，对审美主体的心理和精神作用也更强烈。

(三) 按照旅游资源的动态分类

1. 稳定类旅游资源

稳定类旅游资源主要分为以下两种资源类型：

(1) 长久稳定型旅游资源。如：城市、宗教圣地、会议中心、港口、古建、遗址、出土文物等；山岳、山谷、大江、大海、大湖、大型造型地貌、温泉、岩洞、回音山壁；民俗风情等。

(2) 相对稳定型旅游资源。如：小型造型地貌、古树、野生动物、常年性溪流、瀑布、常绿树木花卉、钟乳石、冰川、黄土造型地貌、游乐设施等。

2. 可变类旅游资源

可变类旅游资源主要分为以下两种资源类型：

(1) 规律变化型旅游资源

1) 稳定规律变化型，如：季节性气候条件、季节性河流、瀑布、溪流、泉水等；山花、红叶、落叶树种、海光、鱼群、动物群、候鸟、鸟鸣、沙丘、海潮等；农业土特产品等；

2) 不稳定规律变化型，如：云海、云雾、树挂、沙鸣、山鸣等。

(2) 随机型旅游资源，如海市蜃楼、极光、佛光等。

(四) 旅游资源的三分法

三分法是将旅游资源分为三大类。国内学者郭来喜等以《中国旅游资源普查规范》为基础，将旅游资源分为自然景系、人文景系、服务景系 3 景系、10 景类、98 景型，是典型的三分法，见表 2-2。该方案作为国家自然科学基金重点项目的研究成果，其科研经费与力量投入在国内同类型课题研究中名列前茅，具有较高的学术水平。

表 2-2 中国旅游资源分类系统

景系	景类	景型
自然景系	地文景观景类	(1) 地质现象景型；(2) 山岳景区景型；(3) 探险山地景型；(4) 火山景型；(5) 丹霞景型；(6) 地表岩溶景型；(7) 峡谷景型；(8) 土林/沙林景型；(9) 黄土景型；(10) 雅丹景型；(11) 沙地/砾地景型；(12) 海岸景型；(13) 岛屿景型；(14) 洞穴景型；(15) 探险/徒步旅游地景型；(16) 自然灾变遗迹景型
	水文景观景类	(1) 海面景型；(2) 非峡谷风景河流景型；(3) 湖泊/水库景型；(4) 河口潮汐景型；(5) 瀑布景型；(6) 泉景型；(7) 现代冰川景型
	气候生物景类	(1) 天文/气象景观景型；(2) 日照景型；(3) 空气景型；(4) 冰雪景型；(5) 雾/雾凇景型；(6) 气候景型；(7) 原始植物群落景型；(8) 风景林景型；(9) 风景草原/草甸景型；(10) 观赏花草景型；(11) 野生动物栖息地景型；(12) 游憩性渔猎地景型；(13) 构景地表土壤景型
	其他自然景类	其他自然景观景型

续表 2-2

景　系	景　类	景　　型
人文景系	历史遗产景类	(1) 人类文化遗址；(2) 社会经济文化遗址；(3) 军事防御体系遗址；(4) 古城与古城遗址；(5) 帝陵与名人陵墓；(6) 皇室/官署建筑群；(7) 宗教/礼制建筑群；(8) 殿堂；(9) 楼阁；(10) 古塔；(11) 牌坊/门楼；(12) 碑碣；(13) 传统建筑小品；(14) 古典园林；(15) 近代西洋建筑；(16) 名桥；(17) 传统聚落/田园；(18) 古井；(19) 古民居；(20) 石窟/摩崖石刻；(21) 古代水利/交通工程；(22) 历史街区；(23) 历史纪念地；(24) 革命纪念地
	现代人文吸引物景类	(1) 产业旅游地景型；(2) 现代水工建筑景型；(3) 现代大型桥梁景型；(4) 特色聚落/平日活动景型；(5) 城市现代建筑景型；(6) 城市广场/客流集散地景型；(7) 现代城市公园景型；(8) 动植物园景型；(9) 主题公园/人造景观景型；(10) 购物旅游地景型；(11) 疗养度假地景型；(12) 科学教育设施景型；(13) 博物馆/展览馆景型；(14) 体育/军体设施景型；(15) 健身康体设施景型；(16) 节庆活动景型；(17) 景观建筑景型；(18) 人工喷泉景型；(19) 土特产/工艺美术品景型；(20) 娱乐设施/表演团体景型；(21) 雕塑景型
	抽象人文吸引物景类	(1) 民间传说景型；(2) 山水文学作品景型；(3) 名胜志/地方志景型；(4) 戏曲/民间文艺景型；(5) 少数民族文化景型；(6) 特色民俗景型；(7) 历史寻踪景型
	其他人文景类	其他人文景观景型
服务景系	旅游服务景类	(1) 旅游住宿设施景型；(2) 旅游餐饮场所景型；(3) 旅行社景型；(4) 旅游交通设施/机构景型；(5) 旅游教育/科研机构景型；(6) 旅游管理机构景型；(7) 特种劳务/服务场所景型
	其他服务景类	其他服务景型

三分法也是世界旅游组织向中国旅游规划管理人员推荐的资源分类法，它将我国旅游资源分为潜在供给类（含文化景点、自然景点、娱乐运动 3 组）、现实供给类（含途径、设施、总体形象 3 组）以及技术资源类（含旅游活动的可能性、手段、地区潜力 3 组）。

三、社会常见其他分类法

除上述旅游资源的分类法外，我国见之于不同文献及资料的常见方法还有许多，但因其使用面较广而分类主体不具明显类征，因此统一称其为其他分类法。

（一）按照旅游资源的功能分类

按照旅游资源的功能可分为以下六类：

（1）观光游览型旅游资源。此类以各种优美的自然风光、著名的古建筑、城镇风貌、园林建筑为主，以供旅游者观光游览和鉴赏，旅游者从中获得各种美感享受，借以陶冶性情。

（2）参与休闲型旅游资源。也有人称作体验型旅游资源，包括冲浪、别流、赛马、渔猎、龙舟竞渡、游泳、制作、品味、访问、节庆活动、集市贸易等。旅游者可以置身其中，亲自参与活动，可以得到切身的体验，以乐在其中，乐在其身。

（3）购物型旅游资源。包括各种土特产、工艺品、艺术品、文物商品及仿制品等旅游商品，主要供旅游者购买。

（4）疗养保健型旅游资源。包括各种康复保健、度假疗养设施与活动。例如疗养院、度假村、温泉浴、沙浴、森林浴、健功房等。旅游者从中得到体质的恢复与提高，或对某种慢性疾病的治疗。

（5）文化体验型旅游资源。包括富有文化科学内涵的各类博物展览、科学技术活动、文化教育设施等。旅游者从中可以获得一定的文化科学知识，开阔眼界，增长阅历。

（6）情感型旅游资源。主要包括名人故居、名人古墓、各类纪念地等，可供开展祭祖、探亲访友、怀古等旅游活动，以表达旅游者的思古、怀念、敬仰、仇恨等感情。

（二）按照旅游动机对旅游资源分类

按照旅游动机对旅游资源可分为以下五类：

（1）心理型旅游资源，例如宗教圣地、重大历史事件、探亲等；

（2）精神型旅游资源，例如科学知识、消遣娱乐、艺术欣赏等；

（3）健身型旅游资源，例如休疗养院、体育运动设施等；

（4）经济型旅游资源，例如土特产、购物品等；

（5）政治型旅游资源，例如国家政体状况、各种法律、革命纪念地等。

（三）按照旅游资源的利用现状分类

按照旅游资源的利用现状可分为以下三类：

（1）已开发利用的旅游资源；

（2）正在开发利用的旅游资源；

（3）未开发利用的旅游资源（也称潜在的旅游资源）。

（四）按照旅游资源所在地性质分类

按照旅游资源所在地性质可分为以下四类：

旅游地性质，这里指的是旅游资源所在地的地理区位及供给特征，可将旅游资源划分为：

（1）都市购物型；

（2）农家参与型；

（3）林家娱乐型；

（4）渔家体验型。

（五）按照旅游资源利用性质分类

按照旅游资源利用性质可分为以下两类：

（1）可再生旅游资源；

（2）不可再生旅游资源。

——本章小结——

1. 旅游资源分类

指根据旅游资源的相似性和差异性进行归并或划分出具有一定从属关系的不同等级类别的工作过程。在所划分出的每一种旅游资源类别中，属性上彼此有相似之处，而不同旅游资源类别之间则存在着一定差异。

2. 旅游资源分类意义

首先，旅游资源分类可以使旅游资源清晰化、条理化、系统化，为进一步开发利用、科学研究提供方便。

其次，旅游资源分类工作可以加深人们对旅游资源属性的认识。从开发主体角度而言，为科学合理地开发保护提供研究基础；从旅游者群体角度而言，能对旅游资源有更加深刻的认识，完善旅游体验过程。

最后，可为旅游经济活动的复杂市场群体提供市场细分的选择及定位思路方向。

3. 旅游资源的两分法

旅游资源的两分法是指按旅游资源成因和属性分类，可分为自然旅游资源和人文旅游资源两大系列的一种分类系统。是目前学术界最常用的分类方法。

4. 旅游资源的级别分类法

旅游资源的级别分类法是指按旅游资源的吸引力和影响力大小为标准，对应其拥有的客源地结构范围和知名度进行分类。具体可分为国家级、省级和市（县）级旅游资源。

5. 旅游资源分类的国标法

《旅游资源分类、调查与评价》（GB/T 18972—2017）作为国家标准，在旅游规划界得到广泛的应用。依据旅游资源现状，即现存状况、形态、特性、特征划分，对象包括稳定的、客观存在的实体旅游资源和不稳定的、客观存在的事物和现象，共分为 8 个主类、23 个亚类、110 个基本类型。

6. 旅游资源的功能型分类法

根据旅游资源主要功能和旅游者的旅游动机分类，把旅游资源分为观光游览型、购物型、度假型和参与型等旅游资源。

7. 旅游资源的动态分类

（1）稳定类旅游资源。

1）长久稳定型旅游资源，如城市、宗教圣地、会议中心、港口、古建、遗址、出土文物等；山岳、山谷、大江、大海、大湖、大型造型地貌、温泉、岩洞、回音山壁；民俗风情等。

2）相对稳定型旅游资源，如小型造型地貌、古树、野生动物、常年性溪流、瀑布、常绿树木花卉、钟乳石、冰川、黄土造型地貌、游乐设施等。

（2）可变类旅游资源。

1）规律变化型旅游资源：

①稳定规律变化型，如季节性气候条件、季节性河流、瀑布、溪流、泉水等；山花、红叶、落叶树种、海光、鱼群、动物群、候鸟、鸟鸣、沙丘、海潮等；农业土特产品等。

②不稳定规律变化型，如云海、云雾、树挂、沙鸣、山鸣等。

2）随机型旅游资源，如海市蜃楼、极光、佛光等。

8. 旅游资源的三分法

三分法是将旅游资源分为三大类。国内学者郭来喜等以《中国旅游资源普查规范》为基础，将旅游资源分为三大景系，是典型的三分法，分为自然景系、人文景系、服务景系。该方案作为国家自然科学基金重点项目的研究成果，其科研经费与力量投入在国内同类型课题研究中名列前茅，具有较高的学术水平。

三分法也是世界旅游组织向中国旅游规划管理人员推荐的资源分类法，它将我国旅游资源分为潜在供给类（含文化景点、自然景点、娱乐运动3组）、现实供给类（含途径、设施、总体形象3组）以及技术资源类（含旅游活动的可能性、手段、地区潜力3组）。

【导读解析】

本章导读中的旅游资源分类属于色彩分类法，是指按旅游资源的某方面凸显特征或文化含义进行色彩抽象分类，如把生态旅游资源称为绿色旅游资源，把工业旅游产品称为灰色旅游资源，案例中的把革命纪念地、纪念物及其所承载的革命精神的吸引物等称为红色旅游资源，把战争、灾害等遗址遗迹称为黑色旅游资源，把冰雪气候旅游资源称为白色旅游资源，把海洋旅游资源称为蓝色旅游资源等。

这种色彩分类法，近年来逐渐兴盛发展，主要是由于其命名生动形象，贴近大众，便于理解记忆。但是这种分类并不具有系统性，缺失理论支撑和科学依据。对此，一是我们要辩证地进行看待和使用；二是要积极分析探索，寻找其合理性存在。

思考题

2-1　什么是旅游资源的分类？

2-2　旅游资源分类有何意义？

2-3　旅游资源分类有哪些方法？

2-4　结合实际对自己家乡的旅游资源进行分类。

第三章 中国旅游资源区划

【学习目标】

通过本章学习：

（1）掌握旅游区划的概念、原则与中国旅游10区划法；

（2）了解中国旅游区划研究的基本概况和代表性方案。

【知识要点】

（1）旅游资源区划的概念；

（2）旅游资源区划的原则；

（3）中国旅游资源10区划法。

【案例导读】

徽州改名黄山孰是孰非？

赫赫有名的徽州在1987年改名黄山市后，引起全国上下强烈关注和争论。

原安徽省徽州地区（今黄山市）在1983年分出太平县和歙县汤口等地成立县级黄山市，但徽州地区并不希望太平县与歙县汤口等地分出。因此，向上级提出合并徽州地区和县级黄山市成立地级徽州市，最终这一要求在1987年得以实现，代价是把徽州之名被黄山取代成为地级黄山市。从此徽州之名成了地级黄山市下辖一区的名字，而原“徽州”的内涵不复存在。原徽州地区以此次区域重组大力发展了旅游业，并加强了当地的基础设施建设，但同时也造成历史文化的割裂，引起舆论的广泛争议，因而被称之为“徽州改名事件”。

徽州地区改名黄山后，对黄山的区划、隶属关系、山上山下的关系具有重要作用。首先，扩大了黄山风景区的发展空间，使过去山上山下分割的局面、不同的隶属关系改为同属省政府直接领导，山上山下合二为一，以便统一规划，利于风景区的管理与保护；其次，将黄山和太平湖周边的两个乡镇和太平县全部划入黄山市，两大景区统一规划管理，形成山水一体的完整自然风景区。自黄山市设立后，开发建设黄山的项目、资金、人才纷纷流向新生的黄山市。短短三年多时间，黄山脚下已建起了一个初具规模的新兴旅游城市，游客每年以32%的速度递增。1985年，黄山以高分选入全国十大风景名胜，是唯一入选的山岳风景区。

徽州改名后取得了如此重要的成绩，为何还备受人们争论？

徽州在长达近九百年的历史发展中已经形成了独具特色的、完整的、系统的区域文化，成为中国三大地方文化代表之一（藏文化、敦煌文化、徽文化）。徽州这个名称内涵极为丰富，包括徽商、徽墨、徽雕、徽州的历史文化名人等等，早就成为响当当的地域名牌。

徽州改名黄山的这次旅游区划与更名事件中，为什么舍弃自己的历史资产，并戴上一个山岳名胜黄山的帽子，这种做法是否可取？让我们在本章知识的学习探索中寻找答案。

第一节　旅游资源区划概述

一、基本概念

旅游资源区划是指人们对客观存在的旅游资源进行的区域划分，是根据旅游资源的相似性和发展方向的共同性，将区域内部相似性最大、差异性最小，而与其外部相似性最小、差异性最大的区域划分开来。即根据旅游资源的形成、特点、数量、种类、密度、开发利用方向等相似性和差异性的程度对地域进行的逐级划分和合并。划分出来的旅游资源区域具有内部的相似性和外部的差异性。

旅游资源区划的最根本任务是建立若干个层次的区域体系，目的是揭示各旅游地理综合体的特征，认识其发生发展的基本规律，了解其资源优势和劣势，从而确立起地域分工体系。为合理开发、利用和有效保护旅游资源，制订旅游发展战略，推动区域经济的健康发展提供科学依据。为此，旅游资源区划的任务主要包括以下四个方面：

（1）明确旅游资源的空间分布状况和地理组合特征。

（2）遵循一定的原则，采取适当的方法对旅游资源进行若干层次的分区。将区域整体分成几个亚区，亚区内又可以划分若干个小区。

（3）明确各区域的范围和界限、代表性旅游景区景点、旅游路线及主要功能特征，以便发挥其优势作用。

（4）提出各区域以及区域内各层次的旅游发展、规划方向。

二、旅游资源区划的意义

旅游资源区划关系到一个地区（世界、国家、省际、市域等）旅游业的远景规划的制订与实施，是一项重要的超前工作，对于地区旅游业的近期和长远发展具有十分重要的意义。

（一）旅游资源区划为旅游规划提供科学依据

各地自然条件的差异和人文环境的不同导致了旅游资源的巨大差异，使得旅游业发展水平也各不相同，并表现出明显的地域特征。为了合理利用和综合开发各地的旅游资源，发展各地的旅游业，有必要全面了解各地旅游资源条件和旅游业发展现状，以便拟定有效的开发和发展措施。旅游资源区划为旅游规划的旅游地的建设提供了科学依据。通过它可以了解全国各地旅游资源的分布，分析旅游业发展的利弊条件，从而扬长避短，正确认识旅游资源的开发途径和旅游业的发展前景。

（二）旅游资源区划便于旅游资源的分区开发

由于区域差异性，各地旅游资源不可能同时开发利用或同等条件地发展。不同的旅游区、风景区的类型有所不同，旅游主导因素也不一样。应该确定不同的发展主题，形成一些风景区种类齐全而又各具特色的旅游区。区域特色尤其重要，它是吸引区外游客的吸引力之所在。在开发利用上，必须突出地方特色，为此要制定不同的旅游业发展战略，形成各个相对独立的旅游系统。只有搞好旅游资源区划，把握各区的特色，明确区域发展主题，旅游开发与利用才能趋于正确、合理，才能充分、有效地发挥旅游资源的价值。

（三）旅游资源区划有利于明确旅游业发展方向，提高区域整体效益

划分旅游区域，能积极促进区域内的横向联系，合理利用旅游资源，充分发挥旅游服务设施的作用，开展多层次、多形式的旅游活动，形成大的旅游系统，区域整体效益也因而得以提高。

（四）旅游资源区划促进区域旅游共同合作，稳步发展

旅游资源区划使旅游区的布局更趋于平衡，有利于合理地组织客源，缩小各地区冷热线和淡旺季的差异，提高旅游业空间布局的宏观效益；有利于旅游业的稳定发展。

总之，旅游资源区划是旅游规划，特别是总体规划的前提和基础。发展区域旅游业，旅游规划是必不可缺的战略措施。而要搞好旅游规划首先应搞好旅游区划，然后分区开发重点投资，综合建设，协调发展。只有这样才能实现区域内的经济效益、社会效益的共同发展。

三、旅游资源区划的原则

（一）相对一致性原则

相对一致性包括旅游资源成因的共同性，形态的相似性和发展方向的一致性。具体而言，是指旅游资源类型相近的应划在同一旅游区内，或处于同一层次中的每一个旅游区要保持各自主体旅游资源的一致性。区划时，所划定的区域范围内部相似程度最大，差异性最小；区域之间比较时，则差异性最大。在等级系统的反映中，越是低级单位的区域内部相似性越大，差异性越小；而越是高级单位的区域内部，则差异性增大。

（二）主导因素原则

旅游区内部一般由多种类型旅游资源组成。各种类型旅游资源在旅游区内所起的作用并不完全一致，往往是其中某种类型的旅游资源起主导作用，制约着旅游区的属性、特征、功能和利用方式。因此，在旅游区划时，可把突出某种类型的旅游资源作为划分的主要依据。

（三）综合性原则

旅游资源实质上是自然地理各要素与人类的社会经济活动过程中，经过长期相互作用而形成的。只有综合分析自然和人文各要素间相互关系和组合结构形式，才能正确认识旅游资源的特性和特征，做出合理分类。同时旅游业是一项涉及面很广的产业，旅游区划必须从整体上综合衡量，通盘考虑。

（四）地域完整性原则

划分旅游区的主要目的是搞好各旅游区的建设，为制定旅游业发展规划提供科学依据；为各级旅游行政部门合理组织和管理旅游业服务。因受自然条件和人文因素的影响，旅游资源的形成、开发和利用在分布上具有明确的地域性，形成独具一格的客观存在的旅

游区。同时各个等级的旅游区都是相对独立的地域综合体，能独立承担一定的旅游职能，每个旅游区在地域上相连成片以利于开发与规划。因此旅游区划应保证每一等级的旅游区在地域上和职能上的完整性。

（五）适当照顾行政区划原则

对旅游资源区划的最终目的，在于合理地、因地制宜地开发利用各地的旅游资源，更科学有效地发展旅游事业。旅游业的组织者和经营者都有固定的行政界线，受行政区划的限制。各地区对旅游资源开发利用的方针不同，发展旅游业的政策又有很大差异。因此，在区划时，必须与政治地图相结合，照顾行政管辖范围，以便于对旅游资源的开发、管理与保护，更好地发展旅游业。

第二节　中国旅游资源区划

一、中国旅游资源区划概述

中国幅员辽阔，巨大的经纬跨度和自然环境条件的差异使全国自然旅游资源千差万别；而由于民族和历史原因，又使各地人文环境互不相同，异彩纷呈。在旅游资源区划中人们面对广袤的国土、复杂的环境、悠久的历史、众多的民族，以及社会、政治、经济、文化等诸多条件，必然会产生各种不同的认识、见解和看法。

对于中国旅游区划工作，国家至今尚未组织进行。由于教学或科研需要，不少学者进行了有益探索，先后提出了一些不同的中国旅游区划方案及分区体系。下面介绍具有代表性的几种方案。

（一）周进步分区方案

1985 年，周进步依据旅游资源形成的共同性、形态的类似性和旅游业发展现状的相似性，找出各旅游区占主要地位的因素，作为分化指标原则。并采用地域方位或旅游资源主导因子命名法，将中国划分为 9 个旅游区，即中央旅游区、东部沿海旅游区、川汉旅游区、华南热带景观旅游区、西南岩溶旅游区、西北丝绸之路旅游区、东北旅游区、北疆塞外旅游区、青藏高原旅游区。

（二）刘振礼分区方案

1987 年，刘振礼等根据旅游条件和旅游业发展现状，采用旅游景观主导因子和区域名称复合命名法，将中国分成京要地——北京旅游区、白山黑水——黑吉辽旅游区，民族摇篮——黄河中下游旅游区，石林洞乡——滇黔桂旅游区、塞外风光——内蒙古宁夏旅游区、丝绸之路——甘新旅游区、世界屋脊——青藏旅游区、中国台湾、中国香港及澳门地区成为一区，共 11 个旅游区。

（三）郭来喜分区方案

1988 年，郭来喜根据旅游资源的相似性，行政区划体系的完整性和运输便捷性、管理方便性等原则，采用区域名称或文化景观主导因子综合命名法，将中国分成 10 个旅游带，即京华古今风貌旅游带、白山黑水北国风光旅游带、丝绸寻踪民族风情旅游带、华夏文明访古旅游带、西南奇山秀水民族风情旅游带、荆楚文化湖山景观旅游带、吴越文化江南水乡风光旅游带、岭南文化南亚热带——热带风光旅游带、世界屋脊猎奇探险旅游带，以及中国台湾和中国港澳地区中西文化海岛风貌旅游带。旅游带以下分成29个旅游省，149个基本旅游区，整个结构体系分成三大层次。

（四）陈传康的中国旅游文化区划方案

1991年，陈传康将传统文化与现代文化资源相结合，观光游览与科学文化旅游相结合，采用区域方位和区域名称单因子命名方法，把全国划分为7个旅游文化区。具体包括华北区、长江中下游流域区、华南区、西南区、东北区、内蒙古西北区、青藏高原区。

（五）其他学者的分区方案

雷明德（1988）以旅游资源成因类型的共同型为原则，将中国划分为9个旅游区；阎守邕（1989）对中国旅游资源区域特征和旅游环境的区域差异性进行定性和定量分析，将中国划分为8个旅游区；杨载田（1994）根据旅游资源的一致性与地域分布完整性等原则，将中国分成8个旅游区。

二、10区划法

遵循旅游资源及其环境的相似性与主导性，地域完整性与行政区域协调等区划原则，并以旅游市场为导向，以资源为依托，将地域方位邻近、文化景观和自然景观及其旅游环境特征相似、发展方向基本相近的跨省地域归属于一个旅游大区。可以将全国划分为10个一级旅游大区。

（一）东北旅游区

东北旅游区包括黑龙江、吉林、辽宁和内蒙古的东北部三省。该区位于我国最东北位置，形成了独特的景观。且目前仍是我国少数民族聚集区，形成了丰富的文物古迹和灿烂的民族风情。

（二）京津冀旅游区

京津冀旅游区是由北京、天津和河北省组成。区内保存了富丽堂皇的宫殿建设、气势壮阔的皇家园林、规模宏大的帝王陵寝及与帝王活动有关的名胜古迹。

（三）黄河中下游旅游区

黄河中下游旅游区包括陕西、山西、河南、山东四省。该区自然风景资源独具特色，黄土分布广泛，形成了独特的黄土地貌，类型之丰富、范围之辽阔堪称世界之首。同时，本区是中华民族的发祥地，是我国建都比较早、历时时间比较长、都城分布比较集中的地区。

（四）华东旅游区

华东旅游区包括江西、安徽、江苏、浙江四省和上海市。该区东滨黄海和东海，长江横贯东西，景色多姿多彩。许多风景山地在历史上成为了佛教和道教圣地，如名刹古寺等宗教圣地。

（五）华中旅游区

华中旅游区包括湖北、湖南、重庆二省一市。本区地势地平，河湖众多，自然风光秀丽。区内有三国古迹、近代中国革命中心等，大量的革命胜迹丰富了本区的人文旅游资源。

（六）华南旅游区

华南旅游区包括福建、广东、海南三省。本区位于我国的东南沿海，海滨资源丰富。同时，本区形成了独具特色的岭南文化，地方文化和民族风情突出。

（七）西南旅游区

西南旅游区包括四川、贵州、云南、广西四省。本区岩溶地貌发育典型且分布广泛，是我国岩溶地貌发育最完美、规模最大、类型最全的区域。本区也是我国少数民族最大聚居区。

（八）西北与内蒙古旅游区

西北、内蒙古旅游区包括甘肃省、新疆维吾尔自治区、宁夏回族自治区和内蒙古自治区四大省区，是我国北部和西北的边陲地区。本区的自然景观特点突出，有以雅丹、魔鬼城为代表的风成地貌；还有以丝绸之路为代表的人文旅游资源。该区也是我国少数民族的聚居区，有鲜明的民族特色。

（九）青藏旅游区

青藏旅游区是我国藏文化、雪域高原旅游区，包括青海省和西藏自治区。区内形成了冰雪高山群的山地旅游景观，还有草原游牧文化，以及佛教圣地、寺院庙台等。

（十）港澳台旅游区

港澳台旅游区是由中国台湾、中国香港和中国澳门三个地区所组成。现代旅游观光业发展十分迅速，已成为国际性的旅游热点地区。

三、11+3 区划法

为了更好地发挥地区优势，扬长避短，因地制宜地发展旅游业，人们在中国各区域旅游资源调查与评价的基础上，进行 11+3 区域划分。即将中国大陆区域划分为 11 个大旅游区，再加上中国港、澳、台三个地区，构成了 11+3 区划方案。大区下按省、直辖市、自治区分为若干个亚区，亚区往下还包含若干个更次一级的旅游区、景区、景点等。11+3 区划的具体划分如下。

（一）大陆 11 旅游大区

（1）东北旅游大区，包括大连、沈阳、长春、哈尔滨旅游亚区及本区其他旅游资源；

（2）华北旅游大区。包括北京、天津——冀北、济南、青岛旅游亚区及本区其他旅游资源；

（3）中原旅游大区，包括豫北、晋北、西安旅游亚区及本区其他旅游资源；

（4）华东旅游大区，包括上海、南京、浙北、皖南、赣北及本区其他旅游资源；

（5）华中旅游大区，包括武汉、鄂西、鄂北、长沙、湘西旅游亚区；

（6）华南旅游大区，包括闽南、广州、海南、桂林旅游亚区；

（7）西南旅游大区，包括重庆、成都、昆明、贵阳和滇西旅游亚区；

（8）西北旅游大区，包括陇东、兰州、河西、西宁和银川旅游亚区；

（9）内蒙古旅游大区，包括呼兰浩特——包头、呼伦贝尔——兴安、通辽——赤峰、锡林郭勒、阿拉善旅游亚区；

（10）新疆旅游大区，包括天山、北疆和南疆旅游亚区；

(11) 西藏旅游大区，包括拉萨、日喀则、昌都和阿里旅游亚区。

(二) 港澳台 3 旅游大区

(1) 中国香港旅游大区，包括中国香港本岛旅游亚区、九龙半岛旅游亚区、大屿山旅游亚区。

(2) 中国澳门旅游大区，包括中国澳门半岛旅游亚区、路环岛旅游亚区、氹仔岛旅游亚区。

(3) 中国台湾旅游大区，包括中国台湾台北旅游亚区、台中旅游亚区、台南旅游亚区、台中旅游亚区、澎湖旅游亚区。

——本 章 小 结——

1. 核心概念

旅游资源区划：是人们对客观存在的旅游资源进行的区域划分，是根据旅游资源的相似性和发展方向的共同性，将区域内部相似性最大、差异性最小，而与其外部相似性最小、差异性最大的区域划分开来。

2. 旅游资源区划的意义

(1) 旅游资源区划为旅游规划提供科学依据。旅游资源区划为旅游规划的旅游地的建设提供了科学依据。通过它可以了解全国各地旅游资源的分布，分析旅游业发展的利弊条件，从而扬长避短，正确认识旅游资源的开发途径和旅游业的发展前景。

(2) 旅游资源区划便于旅游资源的分区开发。由于区域差异性，各地旅游资源不可能同时开发利用或同等条件地发展。不同的旅游区、风景区的类型有所不同，旅游主导因素也不一样，应该确定不同的发展主题，形成一些风景区种类齐全而又各具特色的旅游区。

(3) 旅游企业区划有利于明确旅游经济发展方向，提高区域整体效益。划分旅游区域，能积极促进区域内的横向联系，合理利用旅游资源，充分发挥旅游服务设施的作用，开展多层次、多形式的旅游活动，形成大的旅游系统，区域整体效益也因而得以提高。

(4) 旅游资源区划促进区域旅游业稳步发展。旅游资源区划使旅游区的布局更趋于平衡，并且有利于合理地组织客源，缩小各地区冷热线和淡旺季的差异，提高旅游业布局的宏观效益，有利于旅游业的稳定发展。

3. 旅游资源区划的基本原则

(1) 相对一致性原则。旅游资源类型相近应划在同一旅游区内，或处于同一层次的每一个旅游区要保持各自主体旅游资源的一致性。区划时，所划定的区域范围内部相似程度最大，差异性最小；区域之间比较时，则差异性最大。

(2) 主导因素原则。旅游区内部一般由多种类型旅游资源组成，各种类型旅游资源在旅游区内所起的作用并不完全一致，往往是其中某种类型的旅游资源起主导作用，制约着旅游区的属性、特征、功能和利用方式。

(3) 综合性原则。综合分析自然和人文各要素间相互关系和组合结构形式，才能正确认识旅游资源的特性和特征，做出合理分类。

(4) 地域完整性原则。因受自然条件和人文因素的影响，旅游资源的形成、开发和利用在分布上具有明确的地域性，形成独具一格的客观存在的旅游区。同时各等级的旅游区都是相对独立的地域综合体，能独立承担一定的旅游职能，每个旅游区在地域上相连成片以利于开发与规划。

(5) 适当照顾行政区划原则。旅游业的组织者和经营者都有固定的行政界线，受行政区划的限制，各地区对旅游资源开发利用的方针不同，发展旅游业的政策又有很大差异。因此，在区划时，必须与政治地图相结合，照顾行政管辖范围，以便于对旅游资源的开发、管理与保护，更好地发展旅游业。

【导读解析】

对照旅游资源区划的基本概念、区划意义、区划原则，我们不难得出结论，徽州改名黄山这一现象是旅游地的旅游区划。我们应该清醒地认识到该案例引发争议的核心是对原旅游区的历史文化资源应如何在区划中保持其完整性，应选取怎样的角度，进行怎样的定位等相关问题。对此，我们应客观地去认识这一问题。

人们认为徽州改名黄山，使徽州文化的地名载体消失，历史中断，徽州文化名牌也随之消亡，"皮之不存，毛将焉附"？这是一笔巨大的无形资产的损失。其实，真正的历史文化不在于其外在的表现形式，在于其真正的文化内涵，在于人们对其的内心感知。

同时，特色是发展旅游的生命，有特色才有吸引力。原徽州地区是历史悠久，文化内涵丰富，具有鲜明特色，地域达一府六县，是全国有代表性的地方；黄山是一座著名的山岳名胜，以奇松、怪石、云海、温泉四绝著称于世，是全国、全世界风景名胜的代表，徽州具有不同的历史、地理特点和内涵，徽州改名黄山，使徽州特色没有完全凸显。改名后的黄山市应以黄山的自然旅游为背景，以徽州的文化为内涵，徽岭、徽水、徽村、徽菜、徽墨、徽商、徽州民居、文化名人都是徽文化的重要组成部分，不应打黄山牌而丢失徽州之名，打黄山牌而忽略徽州之文化内涵。

思 考 题

3-1 什么是旅游资源区划？

3-2 旅游资源区划的意义是什么？

3-3 旅游资源区划遵循什么原则？

3-4 简要介绍中国旅游资源区划 10 区划法。

第四章　中国旅游资源的开发利用

【学习目标】

通过本章学习：

(1) 了解中国旅游资源开发利用的历史；

(2) 明确旅游资源开发利用的经验教训；

(3) 掌握21世纪旅游资源开发的新趋势。

【知识要点】

(1) 旅游资源开发的概念；

(2) 改革开放后旅游资源开发利用的经验教训；

(3) 21世纪旅游资源开发利用的新趋势。

【案例导读】

黑色旅游：噱头还是潮流？

2008年7月，四川省政协委员、省社科院区域经济研究所研究员王新前建议，最晚在2009年元旦推出汶川大地震“黑色旅游”。或许是因为提出的时间不合适，这一提案在当时引来了社会各界巨大的争议，有网友唏嘘道：“不希望看到黑色旅游这样不安的字眼出现在灾区”，“在地震废墟之上立即开始这种休闲和娱乐的旅游活动是野蛮的”。也有支持者认为，开发地震灾区“黑色旅游”将有利于其经济的恢复和发展，是一种自我造血的方式。

什么是黑色旅游？黑色旅游这一概念最早产生于1996年，意指对苦难或者死亡发生地的造访，这些苦难和死亡或源于自然灾害事件或源自人为灾难性事件。西班牙《趣味》杂志在2009年评出了世界十大黑色旅游地，其中包括美国“9·11”恐怖袭击的纽约世贸大厦遗址区、日本广岛和平纪念公园、波兰奥斯威辛集中营、德国柏林墙等等，中国南京的大屠杀纪念馆也位列其中。尽管黑色旅游在国外已经畅行并且被大多数人所接受和理解，但是在中国，由于其敏感性和特殊性，大部分人依旧是避讳谈及“黑色”，国内尚未将这个概念作为真正的旅游产品开发出来，很多景点尤其是灾难遗址区的设立更是充满争议。

2009年12月17日，四川省旅游局发布《汶川大地震抗震救灾旅游线要素建设实施意见》（征求意见稿），重点推出了包括汶川映秀“5·12地震纪念馆”、北川曲山“大爱中国博物馆”等景点在内的6大主题抗震救灾旅游线，并向社会广泛征求意见。社会各界以及政府部门对此意见稿的看法仍然存有明显的异议。2011年，汶川成功筹办了2011年中国四川国际文化旅游节、中国汶川大禹文化旅游节等，吸引了大量宾客体验汶川旅游文化。

旅游产业发展的成熟度，是项目建设的重要载体。汶川如何开发旅游资源，以黑色旅游为主题开发：噱头还是潮流；黑色旅游景点的商业包装和大肆宣传渲染是否会让黑色旅游变味；如何平衡黑色旅游尤其是灾难性旅游的商业性与公益性之争。让我们在本章知识的学习中寻找答案。

第一节　中国旅游资源开发利用的历史

旅游资源开发，广义上是把旅游开发放在经济、文化、社会教育、生活福利等国家政策的层次，从综合的观点来振兴旅游事业；狭义地讲，旅游资源开发是指根据当地条件，运用适当的资金和技术手段，通过科学地调查，合理地评价、规划、建设、经营等，使未被利用的资源得以利用，已被利用的资源在深度和广度上得到加强。并对资源、市场、产品、商品、人才等进行综合研究，确定发展方向，搞好相应的设施配套，创造更佳的效益，使旅游业在区域内得以建立、完善、发展和提高。

纵观中国旅游活动的发展史，亦是一部旅游资源的开发史。

一、中国古代旅游资源的开发利用

中国古代旅游历史悠久，早期的旅游资源开发是自发性的，伴随着旅游活动产生和发展；随着帝王巡游、官吏宦游、士人漫游及高僧云游等旅游活动的日渐兴盛，旅游开发的主动性逐渐增强，开发程度也具有更大的伸缩性。

从先秦开始，为适应政治巡游、经商旅行的需要，一批行宫别苑、商栈客店在要道和游乐地兴建起来。至秦时期，以“五岳”为代表的名山开发留下了大量的人工开发痕迹。殿庙、道路、驿馆、配套设施几经翻修。秦始皇时期以咸阳为起点，先后修建了“直道”和“驰道”。在西南边疆和中南、华南修建了“五尺道”和“新道”。交通的贯通使得桂林、杭州等一批风景旅游城市也逐渐形成和发展。

两汉时期，宗教活动和贸易活动鼎盛，出现了众多的道、佛教名山和著名的“丝绸之路”，随之开辟了一系列的城镇和商业旅游服务设施。

魏晋南北朝时期，时代动乱，矛盾丛生，修行论道之人渐多，宗教和文人的活动频繁促进了自然风景的开发以及寺观庙宇的发展。庐山、浙江雪窦山、大箬岩等十几个风景名胜地和一大批寺院就是这一时期的产物。

隋唐时期，是中国封建制度的鼎盛时期，经济文化的发展促使全国的旅游开发进入繁盛时期。全国共开发了五十余处风景名胜，大力营造寺、塔、石窟，省区地方性的旅游地也逐渐发展起来。旅游开发的兴旺，营造了以首都为中心的交通运输网，交通的兴盛又为旅游资源的进一步开发创造了条件。

时至宋代，旅游文化和风景名胜建筑的开发达到了一个新的水平，园林的建设成为这一时代旅游资源开发的特点，众多的皇家园林和私人园林为后代留下了宝贵的财富，诸如汴京（今开封）的“艮岳”、董氏西园等。大诗人苏东坡当地方官时，还亲自带领民众先后疏浚修建杭州、颍州（今阜阳）、惠州（今惠阳）三个西湖风景区，可谓是风景区开发建设的先行者。宋时商旅也很发达，沿海商埠造景建园开发名胜，兴建旅馆酒楼，方便商旅，客观上促进了旅游的开发利用。

元明清时期，封建社会由盛转衰，统治者骄奢淫逸，兴建了圆明园、颐和园、景山、西苑（三海）、乾隆御花园、承德避暑山庄等一大批风景名胜地。名山寺院的建设也十分兴旺，元代全国共建寺庙24318所，清康熙年间则发展到79622所。此外商旅蓬勃发展，促进了沿海商业贸易繁华地区的城市交通建设以及人工游乐场所的开发，旅游与人民的生活联系日渐紧密，这种现象也与资本主义经济开始萌芽密切相关。清末，中国逐渐沦为半殖民地社会，战乱使许多风景名胜遭到无法弥补的损害，许多宗教名山也逐渐破落，相对应的官僚买办阶级和帝国主义所在的沿海城市与某些风景胜地，如上海、广州、厦门、青岛、庐山、北戴河等地则兴盛了起来，旅游资源开发利用明显打上了功能化和功利化的烙印。

时至新中国建立之前，由于封建势力、反动军阀、官僚买办的破坏和盗窃，帝国主义的掠夺和践踏，使中国的历史古迹、自然风光、革命遗迹、民族风情等旅游资源屡遭劫难。众多旅游胜地荒废、古建筑倒塌、文物古迹被掠夺，这给中国旅游资源带来沉重的打击。新中国成立后，百业待兴，中国政府在着力发展工农业生产的同时，也十分重视旅游资源的开发利用和保护工作。

二、建国初期旅游资源的开发利用

建国初期，尽管经济基础薄弱，国家仍对旅游资源的开发给予大力支持。面对战争和掠夺造成的破坏，这一阶段旅游资源开发工作的重心落在了遗产资源的保护和恢复方面。经过近50年的建设，我国的旅游业显现出蓬勃的生命力。

（一）旅游资源的初期开发（1949~1965年）

旅游资源初期开发的工作以保护为主，兼顾建设。国家通过颁布法令、制订政策，保护国家珍贵的历史文物。

1. 政行令止，切实保护人文资源

鉴于当时文物破坏盗取严重，国家颁布了许多相关的法律、法规。自1950年5月起，政务院陆续颁布了《禁止珍贵文物、图书出口暂行办法》《古迹、珍贵文物、图书及稀有生物保护办法》《保护古文化建筑办法》等法规，要求对人文历史资源予以保护；1953年10月政务院颁发了《关于在基本建设工程中保护历史革命文物的指示》，强调要处理好社会主义建设工程和保护文物古迹之间的矛盾；1961年3月，国务院批准公布了第一批“全国重点文物保护单位”108处，并制定了“文物保护管理条例”。

2. 成立自然保护区，开发建设自然资源

1956年第一届全国人民代表大会第三次会议上通过了“请政府在全国各省（区）划定天然森林禁伐区保护自然植被以供科学研究的需要案”，林业部门着手研究狩猎管理和划定自然保护区的问题。1959年开始，黑龙江、吉林、陕西、四川、云南和广东等省相继规划了一批自然保护区，对多种重要生物物种和生态系统起到了有力的保护作用。

3. 合理规划，兴建风景名胜区

50年代开始，杭州、桂林、南京等著名的风景游览城市，通过合理规划与布局，恢

复和整修了一批在抗战中遭受不同程度破坏的著名景点。如西湖、桂林山水、中山陵、七星岩等；泰山、黄山等历史名胜景区也成立相应管理机构，改善交通、建设基础设施，着力开发新的旅游资源；以重要革命纪念地为中心的风景区的规划建设也初见成效，如井冈山风景区等进行维护和开发，使之成为向全国人民进行革命传统教育，向国际友人宣传中国革命历程的重要参观游览地。

(二)“文化大革命”时期的挫折和损失（1966~1976 年）

“文化大革命”时期使我国国民经济处于崩溃边缘，给各项事业造成极大的损失。旅游活动刚刚萌芽，就在反对资产阶级享乐、反对修正主义，排斥一切国际有益东西的影响下，被空前规模的全国免费大串联和到大寨参观取经等所取代。

许多文物古迹被视为“四旧”，横遭扫荡。一些古建筑、庙宇、教堂被拆除；一些园林、风景名胜被毁坏；毁林开荒，开山炸石，围湖造田等，使许多自然环境遭污染，风景景观被破坏。

值得赞扬的是，“文化大革命”动乱期间，周恩来总理等国家领导人关心文物工作，指示保护了一批珍贵的文物古迹；全国各地也有许多国家工作人员、文物工作者、宗教界人士冒着种种风险抢救了一大批珍贵文物资源。

第二节　改革开放后中国旅游资源的开发利用

1978 年，以党的十一届三中全会胜利召开为标志，开始了中国改革开放的伟大时代。不久，邓小平同志发出“旅游事业大有文章可做，要突出地搞，加快地搞”的号召。中国旅游业迎来了飞速的发展。

一、旅游资源开发利用的成绩功效

(一) 保护和建设并重，旅游资源开发利用迈入新时期

从 1979 年到 1985 年，中国旅游资源处于积极恢复阶段。1985 年，国务院批转原国家旅游局《关于当前旅游体制改革几个问题的报告》提出：要从只抓国际旅游转为国际、国内一起抓；从以国家投资为主建设旅游基础设施转变为国家、地方、部门、集体、个人一起上，自力更生与利用外资一起上；从主要搞旅游接待转变为开发、建设旅游资源与接待并举。这一指导方针的出台，积极促进了各类资本向旅游业的聚集，标志着中国旅游业进入全面构建旅游产业体系的新阶段。

(二) 加强标准化建设，旅游资源开发更加规范

1987 年，我国颁布《旅游涉外饭店星级的划分与评定》标准，标志着旅游业标准化工作的开始；1990 年，在国家科委的支持下，原国家旅游局和中国科学院地理所组成了“中国旅游资源规范”编写组，开展了“普查规范”的研究编制工作；1992 年，“中国旅游资源普查规范”（试行稿）通过了专家组评审，成为我国旅游资源普查中纲领性、指导性的文件；1995 年，我国成立全国旅游标准化技术委员会；2001 年成立全国旅游质量认证管理委员会，加强对旅游业标准化和质量认证工作的指导和管理。

(三) 观光旅游、休闲度假、专项旅游，旅游产品开发三足鼎立

在改革开放最初的十几年间，旅游资源开发中的旅游产品类型基本上还属于文化观

光、景点游览等单一观光型初级产品。

1992 年 10 月国务院正式批准在大连金石滩、青岛石老人、苏州太湖、无锡太湖、上海横沙岛（后改为上海佘山）、杭州之江、福建武夷山、福建湄洲岛、广州南湖、昆明滇池、三亚亚龙湾、北海银滩等 12 个地区试办国家级旅游度假区，享受国务院赋予的优惠政策。旅游度假产品的开发，是我国旅游业顺应国际旅游市场潮流和趋势，加速产品结构调整，实现产品升级换代的重要决策。

度假产品的开发和建设，还推动了滑雪旅游、生态旅游等专项旅游产品的开发，使我国旅游产品形成了观光、度假和专项产品三足鼎立的格局，为旅游业实现可持续发展目标迈出了具有决定性意义的一步。

（四）旅游资源开发格局初步形成，产业形态更为完善

随着经济社会的发展，旅游产品开发三足鼎立格局的形成，旅游目的地接待设施的不断完善，旅游产业逐渐发挥集群化优势。自驾车旅游、公务商务、会展奖励、休闲度假、特种旅游等旅游类型的比重越来越大，逐渐形成了一个重点突出、区域和线路相结合的总体开发格局。

此外，从旅游产业形态上看，我国已经形成一批具有国际水准的旅游吸引物、旅游设施和旅游企业，产业形态更为完善。

（五）强调可持续发展，旅游资源开发更加系统化、科学化

中共中央办公厅和国务院办公厅在 1983 年 10 月到 1984 年 7 月间连续联合发出五个文件，对杭州西湖、庐山、骊山风景区内违章建房，破坏风景名胜区问题做出批示，指出其错误性质，责成当地省政府和有关部门彻底清理，严肃处理，使得人们对风景资源的性质和价值的认识逐步提高。

此后，为了加强对旅游资源和生态环境的保护，我国旅游行政管理部门陆续制定了一些规范性文件和部门规章。为了促进旅游业的健康、协调、可持续发展，原国家旅游局在 2007 年研究制定了《旅游资源保护暂行办法》，这为中国旅游资源开发利用的系统化和科学化提出了具体的要求。

二、旅游资源开发利用的经验教训

（一）开发利用中的宝贵经验

开发利用中的宝贵经验包含以下四个方面内容：

（1）政府主导，统筹利用社会资源。社会主义市场经济要求社会运行高度协调，各方面资源优化配置，市场充分发育，市场体系相应成熟。改革开放初始制定的“从以国家投资为主建设旅游基础设施转变为国家、地方、部门、集体、个人一起上，自力更生与利用外资一起上”的指导方针，符合有中国特色的旅游发展道路的建设要求，逐渐形成了政府主导、部门支持、市场主体、企业运作、社会参与、利益协调，和谐发展的模式。

（2）以市场为导向，开发旅游产品，加强宣传促销，提升中国旅游整体形象。从 1992 年起，原国家旅游局借鉴国际举办大型主题年活动的经验，开始举办系列旅游年活动：“1992 中国友好观光年”“1993 中国山水风光游”……“2010 中国乡村游”“2011 中国文化游”“2012 中国欢乐健康游”等。中国旅游整体形象的塑造，增强了我国旅游产品在国际上的竞争力。中国社会的全面进步和旅游设施的改进，也使中国旅游目的地的形象

在旅游者心目中大幅提升。

(3) 旅游标准化建设，提升旅游资源开发利用的规范性。中国的旅游服务质量和水平与旅游业发达国家尚有差距，影响了综合竞争力的提升，因此服务质量提升是我国旅游资源开发工作的重点。多年经验证明，采取市场化的思路和标准化的手段来研究推动质量提升工作，持续坚持提升服务质量，完善旅游对市场的服务功能是可以收到成效的。

(4) 坚持科教兴旅，注重旅游资源开发过程中的人才培养和技术进步。旅游资源开发，包括对资源、市场、产品、商品、人才等的综合研究，通过应用新技术不断提高旅游生产力。

(二) 开发利用过程中的不足之处

在开发利用过程中存在的不足之处包含以下五个方面内容：

(1) 资源开发利用方式粗放。主要表现为开发建设水平落后；资源综合利用效率低，经济效益、社会效益和生态效益融合度还比较弱。

(2) 旅游产品开发供给力较弱。主要表现为旅游产品总量不足；旅游供给与人民群众不断壮大的旅游消费需求还不相适应。

(3) 资源开发利用结构失调。主要表现为旅游产品结构失调；观光旅游占较大比重；休闲度假产品数量少；专业旅游产品开发水平低；产业要素结构失调；食住行游购娱等旅游资源开发利用配套的要素产业链还不够完善。

(4) 管理体制不顺，资源开发受制。旅游业发展的体制机制还不适应产业化、国际化、市场化的要求；行政体制在产业政策、资源开发等各个方面交叉作用、互相掣肘；市场在资源配置中的基础性作用依然受到制约。

(5) 资源开发利用的保障体系有待完善。旅游理论体系、旅游法制体系、旅游标准体系、旅游政策体系、旅游人才体系，特别是旅游公共服务体系还不完善，难以支撑培育战略性支柱产业、现代服务业和建设世界旅游强国三大目标的实现。

第三节 21世纪中国旅游资源开发利用的新趋势

一、市场需求变化导向的旅游资源开发利用趋势

随着我国旅游市场规模持续扩张和大规模建设，资源条件和环境容量的压力明显增大。总体上面临旅游供给不足，结构性矛盾突出，度假休闲和个性化旅游产品不足等问题，从而不能有效满足旅游者多样化需求。

因此，中国旅游资源开发利用必须以市场需求变化为导向。在保持国际旅游竞争力的同时，使国内旅游、出境旅游步入快速发展，从而实现国内、入境、出境三大旅游市场共同发展。

二、旅游业可持续发展思想导向的旅游资源开发利用趋势

由于技术革命的迅速发展，全球性环境污染问题日益严重，人们的环境保护意识不断加强。与此同时，随着国际旅游业持续稳定的发展，旅游活动形式向多元化、特色化和参与化演变的趋势日益显著。早在“九五”时期，包括生态旅游在内的特种旅游、专项旅游

有了较快的发展，形成了一定的市场规模和一批较为成熟的产品及可观的行业效益，成为旅游资源开发继观光旅游、度假旅游之后发展的第三大领域。

因此，提高旅游业的规划水平和项目策划水平，搞好环境保护，实施可持续发展战略；努力使每一个新的建设项目都取得良好的经济效益，并做到经济效益、社会效益、环境效益的统一，将是21世纪中国旅游资源开发利用的新趋势。

可持续发展思想导向的旅游资源开发利用，要求旅游业发展过程中，认真贯彻环境保护这一基本国策和可持续发展战略；认真处理好资源开发与环境保护、生态保护的关系。对稀缺的不可再生的旅游资源，要把保护放在第一位，有限度地、科学地开发利用；对于一般的旅游资源的开发项目，也要注意对生态环境的保护，不要造成对环境的建设性破坏。

——本章小结——

1. 核心概念

旅游资源开发：根据当地条件，运用适当的资金和技术手段，通过科学地调查，合理地评价、规划、建设、经营等，使未被利用的资源得以利用，已被利用的资源在深度和广度上得到加强。并对资源、市场、产品、商品、人才等进行综合研究，确定发展方向，搞好相应的设施配套，创造更佳的效益，使旅游业在区域内得以建立、完善、发展和提高。

2. 中国旅游资源开发利用的经验教训

（1）开发利用中的宝贵经验。1）政府主导，统筹利用社会资源；2）以市场为导向，开发旅游产品，加强宣传促销，提升中国旅游整体形象；3）旅游标准化建设，提升旅游资源开发利用的规范性；4）坚持科教兴旅，注重旅游资源开发过程中的人才培养和技术进步。

（2）不足之处。1）资源开发方式粗放；2）旅游产品开发供给力较弱；3）资源开发利用结构失调；4）管理体制不顺，资源开发受制；5）资源开发利用的保障体系有待完善。

3. 21世纪中国旅游资源开发利用的新趋势

（1）市场需求变化导向的旅游资源开发利用趋势；

（2）旅游业可持续发展思想导向的旅游资源开发利用趋势。

【导读解析】

依据旅游资源开发利用的概念和发展历史，分析出开发黑色旅游是时代发展到一定阶段的产物。尽管我国黑色旅游的开发尚存争议，我们仍应关注案例中值得思考的问题：如何看待黑色旅游的属性；如何思考黑色旅游的价值；如何开发黑色旅游的公益作用等。

这里主要存在以下几个观点：

（1）需要明确黑色旅游的属性。陕西师范大学旅游与环境学院博士生导师孙根年教授介绍说，黑色具有两方面的属性，一是旅游地的悲哀性质；二是游客在旅游中的黯然感情，包括缅怀和悲痛。“红色旅游是正面的教育，黑色旅游就是从反面给游人以警示，也有很强的教育意义。”

（2）黑色旅游是否存在伦理道德问题。北京第二外国语学院旅游管理学院副院长刘大可教授认为。“黑色旅游”本身是一种对灾难或者人祸的纪念方式，到底存在不存在伦理道德的问题，最重要的是要看目的和主题是什么，“是以教育为目的，告诫人们别忘记历史，纪念逝者，规避战争，热爱和平，还是只是简单地满足游客的好奇心？就汶川地震遗址的设置来说，是想要树立一个什么样的主题，加强防灾意识，还是强调人与自然的和谐相处？如果能树立一个健康的主题，就不存在伦理问题。”

（3）黑色旅游的价值是什么。陕西师范大学旅游与环境学院博士生导师孙根年教授表示，猎奇动机说是片面的。灾难性旅游资源具有地学观览、科学考察、灾史研究、科普宣传以及警世教育等多种功能价值，是黑色旅游中重要的一部分。

（4）黑色旅游应以公益性为主。黑色旅游产品的开发措施应以公益性开发为主导，注意人本性。公益性开发可保障项目的正常运行。具体的做法有：利用媒体力量对产品的良好效益进行广泛宣传；在收入分配上取得公众及当地政府的支持；在旅游项目的实施中注意对灾区人民或受到伤害的民众进行人本关怀，促使他们支持项目的开发。

因此，汶川黑色旅游开发应注意产品的组合策略、适宜的开发时间、政府主导的公益性与市场主导的经济性相结合，以及对抗震精神的恰当解读。

思考题

4-1　什么是旅游资源开发利用？

4-2　请举例你所知道的历史过程中我国旅游资源开发利用的典型事例。

4-3　改革开放后我国旅游资源开发利用有哪些经验教训？

4-4　21 世纪旅游资源开发利用有哪些新趋势？请举例说明。

第五章　中国的地文景观旅游资源

【学习目标】

通过本章学习：

（1）了解地文景观旅游资源的主要亚类型；

（2）掌握自然景观综合体、地质与构造形迹、地表形态、自然标记与自然现象的基本分类；

（3）掌握各基本类型资源的含义、代表性景观及其分布状况。

【知识要点】

（1）各基本类型旅游资源的含义；

（2）各基本类型旅游资源的代表性景观及其分布。

【案例导读】

武夷山一线天

一线天，指从岩石的缝中观看苍苍蓝天，又名“一字天”。一线天景观在我国各大名山景区多可见到。

武夷山风景区中也有个景点叫一线天，又名灵岩，位于武夷群峰的西南端，是武夷的最奇的岩洞，素有“鬼斧神工之奇”的称号。长数百丈，高千仞，岩端倾泻而出，覆盖着三个毗邻的岩洞：左为灵岩洞，中为风洞，右为伏羲洞。从伏羲洞而入岩内，到了深处，抬头仰望，但见岩顶裂开一罅，就像是利斧劈开一样，相去不满一尺，长约一百多米，从中漏进天光一线，宛如跨空碧虹，这就是令人叹为观止的一线天。

一线天的由来有这样一个传说，相传在上古时候，有位叫伏羲的神，有一年来到武夷山，见九曲溪两岸百姓生活凄苦，守着碧水丹山的美景过着穷困的日子，伏羲于是便留在武夷山，选了一个岩洞住下来。白天他教百姓采野麻，搓麻绳，晚上教他们织网捕鱼捉鸟。可是，夜晚岩洞里黑漆漆的没有一点亮光，洞外又寒风怒吼，群兽出没，怎么办呢？若是能在山崖上凿出一扇窗，让那朗朗的月光透射进来就可以织网了。“那我何不到天宫去借把玉斧呢？”想到这里伏羲就独自上了天庭，向玉帝说明了来意。玉帝听了他要为百姓谋福，心中大喜，让伏羲到武库去取玉斧。伏羲借到玉斧后，匆忙返回武夷山，他登上山顶，高举玉斧猛劈而下，只听得一声轰响，就将这座山崖劈作两半。从此，伏羲就借助从裂缝漏进的月光，长年累月教百姓谋生之艺。从这以后，九曲溪两岸百姓的生活渐渐好转。为铭记伏羲的恩情，后人便把伏羲当年住过的岩洞称作“伏羲洞”，那座断成两半的山崖称作“一线天”。

武夷山神话传说生动活泼，趣味盎然，但却是人类所杜撰出来的。那武夷山一线天以及全国各地的一线天景观都是如何形成的呢？在旅游资源体系中它又是属于哪一类别旅游资源呢？学习完本章的内容我们即可找到答案。

地文景观是指在地球内、外营力作用下形成的独特的地质体和地表形态，其中具有观赏、体验、科考价值的景观称为地文景观旅游资源。它们是一个地区风景总特征的基础。本章内容主要详细介绍国家标准《旅游资源的分类、调查与评价》（GB/T 18972—2003）中的五类地文景观，包括综合自然旅游地、沉积与构造、地质地貌过程形迹、自然变动遗迹和岛礁。

第一节　自然景观综合体

一、山丘型景观

山丘型景观是指山地丘陵内可供观光游览的整体景观或个别景观。

（一）山地

山地，属地质学范畴，其地表形态按高程和起伏特征可定义为海拔 500 米以上，相对高差 200 米以上的高地。山由山顶山地、山坡和山麓三个部分组成，平均高度都在海拔 500 米以上。它们以较小的峰顶面积区别于高原，又以较大的高度区别于丘陵。

山地的规模大小也不同。按山的高度分，可分为高山和极高山、中山和低山。海拔在 3500 米以上的称为高山，超过 5000 米的山峰称为极高山，如珠穆朗玛峰、乔戈里峰等雪峰。极高山大多终年积雪不化，有现代冰川分布，世界著名的极高山多数分布在中国境内和边境地区，主要在青藏高原及其周围。高山和极高山通常人迹罕至，自然风光保存较好，其高耸入云的雪峰和气势磅礴的冰川是世间罕见的奇景。因其攀登极为艰难，高山和极高山常作为登山探险和科学考察旅游胜地。

海拔在 1000~3500 米的称为中山，低于 1000 米的称为低山。中低山介于平原和高山之间，通常山地随着海拔升高而气温降低，雨量增大，因而多数中低山是避暑胜地。由于空气清新，紫外线强，负离子浓度高，有利于健康，中低山也常常成为疗养佳地。

（二）丘陵

丘陵是指地球表面形态起伏和缓，绝对高度在 500 米以内，相对高度不超过 200 米，由各种岩类组成的坡面组合体。是世界陆地基本的地形之一。

丘陵地区，尤其是靠近山地与平原之间的丘陵地区，由于山前地下水与地表水的供给，山地水量丰富，因而山地自古就是人类依山傍水，防洪、农耕的重要栖息之地，也是果树林带丰产之地。因其风景别致，亦可作为旅游胜地。

中国的丘陵约有 100 万平方公里，占全国总面积的十分之一。自北至南主要有辽西丘陵、淮阳丘陵和江南丘陵等。黄土高原上有黄土丘陵；长江中下游河段南有江南丘陵；辽东、山东两半岛上的丘陵分布广泛。

（三）山丘型旅游地代表性景观

山丘型旅游地代表性景观主要包括三山和五岳。

1. 三山

中国有个成语叫三山五岳，泛指名山或各地。而自古流传下来的“三山”即是海上的“三神山”。因为是神仙居住的地方，“三山”格外受到古人的神往。《史记·秦始皇本纪》载：“齐人徐福等上书，言海中有三神山，名曰蓬莱、方丈、瀛洲。”从此以后海中三神山的名字，便在古代小说、戏曲、笔记中经常出现。然而这些只是传说，是不存在的。但是后人为了延续三山五岳的美丽神话，就在五岳之外的名山中间选择了新的三山。现如今广为流传的三山是：安徽黄山、江西庐山和浙江雁荡山。

（1）安徽黄山。黄山位于安徽省南部黄山市境内（景区由市直辖），有“天下第一奇山”之美称。黄山原名黟山，古代别名岗山。唐天宝六载（747 年），唐玄宗根据轩辕黄帝在这里采药炼丹得道升天的传说，改其名为黄山。徐霞客曾两次游黄山，留下“五岳归来不看山，黄山归来不看岳”的感叹。“奇松”“怪石”“云海”“温泉”被称为黄山四绝，同时也有加上“日出”称黄山五绝的说法。

（2）江西庐山。庐山地处江西省北部鄱阳湖盆地，九江市濂溪区境内，濒临鄱阳湖畔。山体呈椭圆形，绵延的 90 余座山峰，犹如九叠屏风，屏蔽着江西的北大门。庐山以雄、奇、险、秀闻名于世，素有“匡庐奇秀甲天下”之美誉。相传周代有匡氏兄弟七人上山修道，结庐为舍，因名庐山。又称匡山、匡庐。

（3）浙江雁荡山。雁荡山位于中国浙江省乐清市境内，部分位于永嘉县及温岭市，素有“寰中绝胜”“海上名山”之誉，史称“东南第一山”。因“山顶有湖，芦苇丛生，秋雁宿之”而山以鸟名。雁荡山以奇峰怪石、古洞石室、飞瀑流泉称胜，其中，灵峰、灵岩、大龙湫三个景区被称为“雁荡三绝”。

2. 五岳

五岳是指东岳泰山、西岳华山、南岳衡山、中岳嵩山、北岳恒山。其中，东、西、中三岳都位于黄河岸边。《诗经》中有“泰山岩岩，鲁邦所瞻”“嵩高维岳，骏极于天”等诗句描写泰山、嵩山等，从而可以看出泰山、嵩山等在古人心目中的地位。

（1）东岳泰山。泰山是我国的“五岳”之首，有“天下第一山”之美誉。是中华民族的精神象征，被誉为中国的“国山”。

泰山位于山东省中部，绵亘于泰安、济南、淄博三市之间，东西长约 200 公里，南北宽约 50 公里。泰山的自然景观雄伟高大，有数千年精神文化的渗透和渲染以及人文景观的烘托，著名风景名胜有天烛峰、日观峰、百丈崖、仙人桥、五大夫松、望人松、龙潭飞瀑、云桥飞瀑、三潭飞瀑等。泰山于 1987 年被列入世界自然文化遗产名录，数千年来，先后有十二位皇帝来泰山封禅。孔子留下了“登泰山而小天下”的赞叹，杜甫则留下了“会当凌绝顶，一览众山小”的千古绝唱。

（2）西岳华山。华山古称太华山，又称西岳。华山名字的来源说法很多，但皆同华山山峰像一朵莲是分不开的。华山由中（玉女）、东（朝阳）、西（莲花）、南（落雁）、北（五云）五个山峰组成。远望主峰状如金元宝，与周边环绕几小山远望形似莲荷，古时候“华”与“花”通用，故名华山。另有《水经注》载：远而望之若花状，故名。

（3）南岳衡山。衡山又名南岳、寿岳、南山，为我国五岳名山之一，七十二群峰，层峦叠嶂，气势磅礴，素以“五岳独秀”“宗教圣地”“中华寿岳”著称于世。中华自古流传的祝寿词“福如东海，寿比南山”的“南山”即衡山。清人魏源《衡岳吟》中说：“恒山如行，岱山如坐，华山如立，嵩山如卧，唯有南岳独如飞。”这是对衡山独有特征的高度概括和赞美。

（4）中岳嵩山。嵩山位于河南省西部，古时曾称外方、嵩高、崇高，五代后称中岳嵩山。《史记》中记载：“昔三代之君，皆在河洛之间，故嵩高为中岳，而四岳各如其方。”

嵩山属伏牛山系，由太室山与少室山组成，最高峰连天峰 1512 米。古人以太室为嵩山主山，太室少有奇峰，东西起伏如眠龙，故有“华山如立，中岳如卧”的说法。

（5）北岳恒山。恒山，人称北岳，亦名“太恒山”，又名“元岳、紫岳、大茂山”，海拔 2017 米。恒山位于大同市浑源县，西汉时因避汉文帝刘恒讳，一度改称为“常山”。据《尚书》记载：“舜帝北巡时，曾遥祭北岳，遂封北岳为万山之宗主。”在大禹治水时有“河之北属恒山”的记载。北岳先后有被秦始皇、汉武帝、唐太宗、唐玄宗、宋真宗封王、封帝的记载，明太祖又尊北岳为神，可见历史之悠久。西汉初年，恒山就建有寺庙，明、清时恒山已经寺庙群居，规模很大，因而被称为“三寺四祠九亭阁，七宫八洞十二庙”。

3. 四大佛教名山

山西五台山、浙江普陀山、四川峨眉山、安徽九华山并称“中国佛教四大名山”，并有“金五台、银普陀、铜峨眉、铁九华”之称。其分别供奉文殊菩萨、观音菩萨、普贤菩萨、地藏菩萨。四大名山随着佛教传入，自汉代开始建寺庙，修道场，其过程延续至清末。中华人民共和国建立后受到国家的保护，并对寺院进行了修葺，四大名山已成为蜚声中外的宗教、旅游胜地。

（1）五台山。五台山号称“中国佛教第一圣地”，位于山西省五台县境内，方圆五百余里，海拔三千米，由五座山峰环抱而成，五峰高耸，峰顶平坦宽阔，如垒土之台，故称五台。

五台分别为东台望海峰、西台挂月峰、南台锦绣峰、北台叶斗峰和中台翠岩峰。五台之中北台叶斗峰最高，海拔 3058 米，素称“华北屋脊”。《清凉山志》中记：“左邻恒岳，秀出千峰；右瞰滹沱，长流一带；北凌紫塞，遏万里之烟尘；南护中原，为大国之屏蔽。山之形势，难以尽言。五峰中立，千嶂环开。曲尽窈窕，锁千道之长溪。叠翠回岚，幕百重之峻岭。岿巍敦厚，他山莫比。”又因山中盛夏气候凉爽宜人，故别名“清凉山”。

（2）普陀山。普陀山是我国四大佛教名山之一，位于浙江舟山群岛，观音菩萨道场，同时也是著名的海岛风景旅游胜地。

普陀山的名称，出自佛教《华严经》等六十八卷，全称为：“补坦洛迦”或“普陀洛迦”，是梵语的译音，意为“美丽的小白花”。由于中国历代帝王多建都在北方，自元朝以来，惯称此山为“南海普陀”。普陀山又有“五朝恩赐无双地，四海尊崇第一山”的美誉。

（3）峨眉山。峨眉山位于中国四川省峨眉山市境内，景区面积 154 平方公里，最高峰万佛顶海拔 3099 米，是著名的旅游胜地和佛教名山。1996 年 12 月 6 日列入《世界自然与文化遗产名录》。

峨眉山以优美的自然风光、悠久的佛教文化、丰富的动植物资源、独特的地质地貌而著称于世。被人们称之为“仙山佛国”“植物王国”“动物乐园”“地质博物馆”等，素有“峨眉天下秀”“一山有四季，十里不同天”之妙喻。

（4）九华山。九华山位于安徽省池州市，方圆 120 平方公里，主峰十王峰 1342 米，为黄山支脉，是国家级风景名胜区。九华山共有 99 座山峰，以天台、十王、莲华、天柱等 9 峰最雄伟。群山众壑、溪流飞瀑、怪石古洞、苍松翠竹、奇丽清幽，相映成趣。

4. 四大道教名山

道教是中国主要宗教之一，由于其创始成长于我国，又被称为“国教”。四川的青城山、江西的龙虎山、湖北的武当山、安徽的齐云山合称“中国道教四大名山”。

（1）武当山。武当山，又名太和山，位于湖北省西部丹江口市境内，方圆 400 公里，背靠神农架林区，面临丹江口水库，是国家第一批重点风景名胜区之一。武当山有七十二峰、二十四涧、十一洞、十石、十池、九泉、九井、三潭、九台以及元、明建筑群等风景胜迹。北宋书画家米芾曾赞武当为“天下第一山”。

（2）龙虎山。龙虎山位于江西省鹰潭市贵溪县渔塘乡境，原名云绵山。由酷似龙虎的二山组成，是我国典型的丹霞地貌区。相传因第一代天师在此炼丹，丹成而龙虎现，故改名龙虎山。

龙虎山风景名胜区的主要风景点除龙虎山之外，还有象鼻山、张家山、尘湖山、马祖岩、仙岩、排衙石、上清河等。

（3）青城山。青城山位于四川省都江堰市西南，主峰老霄顶海拔 1260 米。全山林木青翠，四季常青，诸峰环峙，状若城廓，故名青城山。青城山自古有“青城天下幽”的美誉，素有“拜水都江堰，问道青城山”之说。

（4）齐云山。齐云山又名白岳、云岳，位于徽州（今黄山市）休宁县城西。齐云山海拔 1000 余米，面积 60 多平方公里，因最高峰齐云岩得名，以幽深奇险著称。齐云山有三十六奇峰、七十二怪岩、二十四涧以及许多洞泉飞瀑，与黄山、九华山合称“皖南三秀”，素有“天下无双胜境，江南第一名山”之誉。

二、台地型景观

台地型景观是指山地边缘或山间台状可供观光游览的整体景观或个别景观。

一般而言，海拔较低的大片平地称为平原；海拔较高的大片平地称为高原。台地则介于两者之间，根据成因可分为构造台地、剥蚀台地、冻融台地等。

（一）贵州龙里喀斯特台地

台地面积 161.3 平方公里，占龙里全县总面积的 10.6%，整个地块呈地垒式抬升，海拔 1630~1700 米。该台地地势平坦开阔，边缘多呈喀斯特深切峡谷。这一高山台地在地质学上被称为云贵高原第二平台。由于光照条件好，地势较高，积温偏低，土壤多为山地草甸土，台地上出现了十余万亩的原生草植被，并最终形成龙里台地草原。

龙里台地草原由五里坪、王寨坪、掌社坪、马郎坪、谷鸟坪、高山坪、鸭甸坪、大坪子等十几个坪子组成，最大的亮山坪有一万二千亩，最长的草坪是五里坪，有 4.5 公里长，全为齐腰深的原生草植被，最有很高的观赏和研究价值，也有很高的利用价值。

（二）湖南腊尔山高原台地

腊尔山高原台地位于凤凰县西北，是云贵高原的延伸部分。总面积 333.23 平方公里，一般海拔在 800 米左右，台地边缘的腊尔山海拔 1200 米，是台地上的最高峰。

腊尔山台地年平均气温在摄氏 14 度左右，是一个天然动物园，有野兔、野猪、野羊、猴面鹰、岩鹰、金鸡、鹿、麂、麝、狐等飞禽走兽。腊尔山高原台地也是一座天然的药材宝库，盛产天麻、灵芝、人参、党参、一支箭、一支黄花、续断、雪莲等珍贵药材。

腊尔山台地自古是湘、黔、川（渝）边区苗族人民聚居的核心地带，拥有纯正丰富的苗家少数民族风情风俗。

三、沟谷型景观

沟谷型景观是，指沟谷内可供观光游览的整体景观或个体景观。沟谷型景观可分为谷地和谷地型代表性景观。

（一）谷地

谷地是指由两侧正地形夹峙的狭长负地形，常有坡面径流、河流、湖泊发育。谷地主要由河流的侵蚀、搬运、堆积作用而形成，其类型可分为：山谷，指原本有分水岭相隔的两河川，经过河川袭夺后，形成一条贯通的谷地；溪谷，指小的谷地，两侧为山丘或小山丘，中间为泉水或溪流构成的地形；河谷，指两侧由山脉或大山、中间为河流构成的地形；峡谷，指二侧由陡峭的山峰、山脉、高原边缘；冰蚀谷，指冰蚀速度在主流较于支流快速，形成支流悬在主流的河崖上等类型。

（二）谷地型代表性景观

谷地型景观是指既有沿岸峡谷峭壁的壮丽景色，又有河岸上田园瓦舍的秀美风光，也可以河流为依托，沿河开发有价值的其他类型综合旅游景观。

三峡是万里长江一段山水壮丽的大峡谷，它西起重庆奉节县的白帝城，东至湖北宜昌市的南津关，由瞿塘峡、巫峡、西陵峡组成。三峡是由于这一地区地壳不断上升，长江水强烈下切而形成的。三峡全长 193 公里，两岸悬崖绝壁，江中滩峡相间，水流湍急，唐代大诗人李白诗言：“朝辞白帝彩云间，千里江陵一日还；两岸猿声啼不住，轻舟已过万重山。”

四、滩地型景观

滩地型景观是指缓平滩地内可供观光游览的整体景观或个别景观。滩地型景观大部分位于海滨或大河之滨，平缓细腻的沙滩与周围壮阔的水景、奇特的滨海地貌、河谷地貌结合在一起，既可赏景，又可开展沙滩体验旅游项目，构成迷人的综合景观地。其代表性景观有辽宁大连金石滩公园、老虎滩公园、广西北海银滩、浙江宁波松兰山沙滩群等。

（一）大连金石滩

金石滩三面环海，冬暖夏凉，气候宜人，延绵 30 多公里长的海岸线，凝聚了 3 亿~9 亿年地质奇观，被称为“凝固的动物世界”“天然地质博物馆”，有“神力雕塑公园”之美誉。

金石滩号称“奇石的园林”，大片大片粉红色的礁石、金黄色的石头，像巨大的花朵分别被称为玫瑰园、金石园。金石滩奇石馆是中国目前最大的藏石馆，号称“石都”，内藏珍品 200 多种近千件，其中浪花石、博山文石、昆仑彩玉等均为中国之最。

（二）北海银滩

北海银滩西起侨港镇渔港，东至大冠沙，东西绵延约 24 公里，海滩宽度 30~3000 米之间，陆地面积12平方公里，总面积约38平方公里。其面积超过大连、烟台、青岛、厦门和北戴河海滨浴场沙滩的总和，平均坡度仅为0.05。沙滩均由高品位的石英砂堆积而成，在阳光的照射下，洁白、细腻的沙滩会泛出银光，故称银滩。北海银滩以其“滩长平、沙细白、水温净、浪柔软、无鲨鱼”的特点，被誉为“天下第一滩”。

(三) 宁波松兰山沙滩群

松兰山是天台山由西向东奔入大海的余脉，大自然的造化使它形成了曲折的港湾、美丽的岛礁和多处岬角、沙滩，海蚀地貌又使沿岸礁石林立，千姿百态，气势磅礴，蔚为壮观。

松兰山的沙滩多达五六个，有沙面宽阔的千米长沙，也有几十米长的小沙滩，沙滩沙质有的坚硬，有的细纯，都是金黄细沙，不沾鞋，不陷脚，人们可观海景、戏海浪、踏沙滩、捡贝壳、捉海蟹、尝海鲜，是华东地区最佳的海滨综合旅游地。

第二节　地质与构造形迹

构造形迹这一术语由李四光首先使用。构造形迹是指在自然条件下地壳中的岩层或岩体，发生永久形变而造成的各种地质构造形体和地块、岩块相对位移的踪迹，即包括构造变动和非构造变动产生的各种次生结构要素。如各种不同成因的褶皱和不同性质的断裂、节理、劈理和片理等。

地壳自形成以来，各个部分和各个质点都不断运动着，这种由地球内营力作用产生的运动，控制着地表海陆分布的轮廓，影响各种地质作用的发生和发展，同时改变着岩层的原始产状，并形成各种各样的构造形态。

一、断裂景观

断裂景观是指地层断裂在地表面形成的景观。包括断层景观、节理景观。

(一) 断层景观

岩层或岩体在构造运动影响下发生破裂，若破裂面两侧岩体沿破裂面发生了明显的相对位移，这种构造就称为断层。

断层的种类繁多，形态各异，规模大小相差悬殊，规模大的断层延伸长度可达几百至上千公里，而小的断层可在岩石标本上见到。断层的切割深度也不相同，有的可切穿地壳至上地幔。

在断层构造带中，由于岩石破碎，易受风化侵蚀的影响，发育成沟谷、河流，规模较大的断层则往往形成巨大的裂谷和陡峭高峻的悬崖。如中国台湾地区花莲县的清水断崖，是我国目前最大、最险，也是唯一的海岸断崖，并且还是世界第二大断崖。

(二) 节理节理景观

岩石受力作用形成的破裂面或裂纹，称为节理。它是破裂面两侧的岩石没有发生明显位移的一种构造。

节理的长度、密度往往相差悬殊，有的节理仅几厘米长，有的长几米、几十米，节理之间的距离大小也不等。节理加速了各种外营力对岩石的侵蚀作用，使之形成姿态万千的奇特地貌。如湖南张家界石英砂岩峰林、云南路南石林等是沿垂直节理发育的产物。黄山的“仙人晒靴”“仙人指路”“天狗望月”等各种奇石的形成，也是节理发育和各种风化因素综合作用的结果。

二、褶曲景观

褶曲景观是指地层在各种内力作用下形成的褶皱或扭曲变形。褶曲景观表现为隆起的山岭或下陷的低谷。南北向挤压造成东西向山脉，如秦岭；东西向挤压形成南北走向的山脉，如太行山；挤压不均产生扭动，产生东北—西南或西北—东南走向山脉和弧形山脉，如武夷山。著名的喜马拉雅山脉是巨型的褶皱山脉。

三、地层剖面

地层是指在地壳发展过程中形成的各种成层和非成层岩石的总称。从岩性上讲，地层包括各种沉积岩、火山岩和变质岩；从时代上讲，地层有老有新，具有时间的概念。每个地层代表着它形成时相应的地质年代。

地层剖面景观是指地层中具有科学意义的典型剖面。其具有较高的美学价值和科学研究价值，可以广泛开展科普旅游，使游客通过观光游览学习了解地壳的相关知识，熟悉人类所生存的地球表层环境。地层剖面代表性的景观有：

（1）天津蓟州区中、上元古界国家级自然保护区。天津蓟州区中、上元古界国家级自然保护区位于天津蓟州区北部，长 24 公里，宽 350 米，面积范围约为 8 平方公里。1984 年经中华人民共和国国务院批准，成为中国第一个国家级自然保护区，其主要保护对象为中元古界、上元古界的标准剖面。

该保护区拥有地学资料、自然景观、学术研究等科学研究价值。1959 年，在中国地质会议上，蓟州区剖面被确立为中国中、上元古界的标准剖面；联合国教科文组织的分支机构地质科学联合会也把蓟州区中上元古界的标准地层作为前寒武纪地质研究的重要保护区之一。

（2）世界最完整的泥盆纪石炭纪界线剖面。广西桂林南边村的泥盆纪石炭纪界线剖面，是世界上迄今为止，唯一能完整、连续地显示泥盆纪与石炭纪之间主要脊椎动物门类进化序列的地层剖面。被列为全球泥盆纪—石炭纪界线候选层型（相当于世界标准剖面）。

四、生物化石点

生物化石点是指保存在地层中的史前地质时期的生物遗体、遗骸及活动遗迹的发掘地点。主要包括各种植物、无脊椎动物、脊椎动物等的化石及其遗迹化石。

生物化石是地球历史的见证，是研究生物起源及其进化的科学依据，同时还是重要的地质遗迹以及宝贵的不可再生的自然遗产。

（一）古植物化石景观

1. 浙江新昌硅化木国家地质公园

浙江新昌硅化木公园为国家地质公园，被专家们誉为“硅化木的宝库、复合型丹霞地貌的代表和火山活动的全息档案馆”。

公园位于新昌县中西部，处于四明山、天台山和会稽山的环抱当中。其中包括大佛寺、十里潜溪景区、穿岩十九峰、倒脱靴景区、王家坪硅化木群景区，总面积 68.7 平方公里。由于地处中国东南大陆边缘中生代活动带新昌白垩纪盆地中，新昌硅化松园也是中国东南地区白垩纪盆地发生发展演化全过程的典型代表，具有重要的科研、科考、科普价值。下白垩世永康群馆头组硅化木群面积达 6 平方公里，已发现 300 余棵硅化木，高 14 米、树径粗 3.5 米的硅化木，十分壮观。

其大佛寺景区原有的木化石林已于 2002 年获得世界吉尼斯纪录。新发现的新昌南洋杉木新种与我国北方处于不同白垩纪植物区的树种完全不同，为一新种属，新种的发现在硅化木研究方面有了重大突破。该新中在国内外文献中未见报道，因而为全球性研究南洋杉木型提供了标准。园区内的 6 个硅化木层埋藏结构，为早白垩世馆头期地质历史的形成过程提供了一份完整的记录，该记录内容丰富，在世界上极为特殊。

2. 北京延庆硅化木国家地质公园

北京延庆硅化木国家地质公园位于延庆区东北部的白河两岸，四面环山，总面积约 226 平方公里。地质公园以距今 1.4~1.8 亿年间形成的硅化木为特征。

延庆硅化木群位于园区的东部千家店镇下德龙湾村白河两岸，目前裸露地表的硅化木有 57 株，化石纹理清晰，质地坚硬，年轮宽窄可辩。其表面多呈浅褐黄色或灰白色，新鲜切面多为灰黑色，其形态像树干被锯断的树桩，一般直径为 0.6~1.5 米，最大直径为 2.5 米，多垂直于地面，露出地面一般高 0.4~0.5 米，最高可达 1 米多，只有少量横卧或倾斜，最长达 15 米。

（二）古动物化石景观

1. 四川自贡恐龙博物馆

自贡恐龙博物馆位于四川省自贡市的东北部，距市中心 9 公里。自贡恐龙博物馆是在世界著名的“大山铺恐龙化石群遗址”上就地兴建的一座大型遗址类博物馆，也是我国第一座专门性恐龙博物馆，是世界三大恐龙遗址博物馆之一。博物馆占地面积 6.6 万多平方米，馆藏化石标本几乎囊括了距今 2.05~1.35 亿年前侏罗纪时期所有已知恐龙种类，是世界上收藏和展示侏罗纪恐龙化石最多的地方之一，被美国《全球地理杂志》评价为“世界上最好的恐龙博物馆”。

2. 甘肃和政古动物化石博物馆

和政县古动物化石博物馆位于甘肃省临夏回族自治州和政县城东。该博物馆占地 19.2 亩，建筑面积 3850 平方米。自 20 世纪 50 年代以来，和政县出土了大量珍贵的古动物化石，迄今已征集到 5700 多件化石标本。和政地区古动物化石资源丰富，占据 6 项世界之最，具有极高的科研、收藏和展览价值。

和政古动物化石博物馆是中国唯一一座古脊椎动物化石博物馆，是继四川自贡恐龙化石博物馆、西安半坡民族社会遗址之后兴建的全国为数不多的中国国家级专业博物馆之一。

（三）古生物化石遗迹景观

南阳恐龙蛋化石群国家级自然保护区分布于河南省南阳市伏牛山南麓的西峡、内乡、淅川、镇平县境内。自然保护区面积达 780.15 平方公里，主要保护对象为恐龙蛋化石，保护区范围内恐龙蛋化石有 8 科，12 属，25 种。

南阳恐龙蛋化石群是目前中国境内面积最大、数量最多、种类最全的恐龙蛋化石群，同时南阳恐龙蛋化石群也是中国发现年代最早的恐龙蛋化石群，时代大约为中生代白垩纪早期。在南阳恐龙蛋化石群发现之前，全世界出土的恐龙蛋化石还不足500枚，像这样数量达10万~40万枚左右的恐龙蛋化石实属罕见，震惊世界，因此被称为“世界第九大奇迹”。

第三节　地表形态

一、台丘状地景

台丘状地景是指台地和丘陵形状的地貌景观，典型的如丹霞景观、沙丘景观等。

（一）丹霞景观

丹霞景观是指由红色砂砾岩组成的一种顶平、坡陡、麓缓的山体或石体，由红色砂岩经长期风化剥离和流水侵蚀，形成孤立的山峰和陡峭的奇岩怪石，是巨厚红色砂、砾岩层中沿垂直节理发育的各种丹霞奇峰的总称。

丹霞景观主要发育于侏罗纪至第三纪的水平或缓倾的红色地层中。以中国广东省北部丹霞山最为典型，故名，其山色丹红如朝霞，山体形状如柱、如壁、如塔拔地而起，给人以奇异、俊秀、挺拔之感。

我国的丹霞地貌分布较广，主要集中在广东、福建、江西、云南、四川、甘肃等地。目前已发现350多处丹霞地貌，代表性的有广东丹霞山、金鸡岭、江西龙虎山、龟峰、湖南武陵源、福建武夷山、河北承德棒槌山、甘肃麦积山等。

（二）沙丘景观

沙丘景观是指由沙堆积而成的沙丘、沙山。主要分布在西北干旱地区，由强劲风力的侵蚀、搬运和堆积作用而形成。

按照风力作用的方向和沙丘形态分布之间的关系进行分类，沙丘主要有以下三大类：

（1）新月形沙丘，又称横向沙丘。平面如新月，迎风坡为凸坡，较平缓，背风坡为凹坡，较陡。

（2）纵向沙垄。长条状展布，最长达几十千米，高约数十米，宽数百米。沙源丰富时形成复合型纵向沙垄。

（3）金字塔沙丘。金字塔沙丘是长时期的多风向风沙流的作用下，在山前或地形较复杂的地区形成的。此外，沙丘中有一种奇特的鸣沙，也就是会发声的沙子。鸣沙现象是普遍存在的，在国外，美国的长岛、丹麦的波恩贺尔姆岛、波兰的科尔堡以及巴西、智利和亚洲与中东的一些沙滩、沙漠都有鸣沙存在。

我国典型的代表有“中国三大鸣沙地”，第一处是甘肃敦煌县南月牙泉畔的鸣沙山，又叫雷音门；第二处是宁夏中卫县沙坡头黄河岸边的鸣沙山；第三处是内蒙古达拉特旗南25公里，库布齐沙漠罕台川（黄河支流）两岸的响沙湾，又叫银肯响沙。

二、峰柱状地景

峰柱状地景是指在山地、丘陵或平地上突起的峰状石体。包括凸峰、独峰、峰丛、石林等。凸峰是指在山地或丘陵地区突出的山峰或丘峰；独峰是指平地上突起的独立山丘或石体；峰丛是指基底相连的成片山丘或石体；石林是指成片的、林立的石质凸峰、独峰或峰丛。这些地貌景观常在碳酸盐类岩石广布地区形成。

（一）凸峰、独峰

在形成峰丛的基础上，溶蚀进一步向深处发展，峰丛基座被切开，相互分离，形成成群分布而基部不相连的峰林。在地壳长期稳定的条件下，峰林继续遭受岩溶水的侵蚀，发育成孤立分散的石峰，即独峰或凸峰。

桂林独秀峰，位于广西桂林市靖江王城内，它是王城景区不可分割的部分。孤峰突起，陡峭高峻，气势雄伟，素有“南天一柱”之称。山东麓有南朝刘宋时文学家颜延元读书岩，为桂林最古老的名人胜迹。颜曾写下“未若独秀者，峨峨郛邑间”的佳句，独秀峰因此得名。

（二）峰丛

地表水流沿着碳酸盐类岩石表面流动，溶蚀和侵蚀出许多凹槽；随着溶蚀作用加剧，凹槽不断扩大，使原先完整的山峰变成基座相连而上部分离的、成簇状的石灰岩山峰集合体，成为峰丛。峰丛内部一般有洼地、漏斗、落水洞发育。其代表性景观是广西大化县七百弄峰丛。

大化瑶族自治县是发育最典型、分布最密集的七百弄高峰丛深洼地地貌，已被国家地质遗迹委员会及国土资源部授予国家地质公园资格。该地质公园被称为世界上峰丛最密集的岩溶区。公园面积 486 平方公里，其高峰丛连绵起伏，浩瀚无边，800 米以上的高峰有 9000 多座，平均 0.18 座/平方公里，平均密度比漓江两岸峰丛多 4.51 座。

（三）石林

代表性景观有云南路南石林、四川兴文石林、福建永安石林、元谋土林等。

路南石林位于云南石林彝族自治县，面积约 40 多万亩，是传说中阿诗玛的故乡。景区由大石林、小石林、乃古石林、大叠水、长湖、月湖、芝云洞、奇风洞 7 个风景片区组成。其中石林的像生石，数量多，景观价值高，举世罕见。石林遍布着上百个黑色大森林一般的巨石群，有的独立成景，有的纵横交错，连成一片，占地数十亩、上百亩不等。只见奇石拔地而起，参差峥嵘，千姿百态，巧夺天工，被人们誉为“天下第一奇观”。

2007 年 6 月 27 日，路南石林与贵州荔波、重庆武隆“捆绑”申报的“中国南方喀斯特”被列入世界自然遗产。

三、垄岗状地景

垄岗状地景是指构造形迹的控制下长期受溶蚀作用形成的岩溶地貌。典型的如雅丹地貌景观。雅丹地景，又被称为风蚀垄槽，是指主要在风蚀作用下形成的土墩和凹地（沟槽）的组合景观。雅丹地景通常发育在干旱地区的湖积平原上，由于湖水干涸，黏性土干缩裂开，风沿地表裂隙吹蚀，裂隙逐渐扩大，使原来平坦的地面演变成许多不规则的垄岗（墩台）和沟槽。沟槽宽浅不一，长数十米到数百米，其间有沿盛行风向平行延伸的陡壁，如风蚀城堡、蜂窝石、蘑菇石、风动石等，这种地貌在维吾尔语中称之“雅丹”。

塔里木盆地东部罗布泊地区和乌尔禾地区的雅丹发育最为典型。

四、沟壑与洞穴

沟壑与洞穴是指由内营力塑造或外营力侵蚀形成的沟谷、劣地，以及位于基岩内和岩石表面的天然洞穴。主要包括峡谷段落、沟壑地和堆石洞、岩石洞与岩穴两大部分。

（一）峡谷段落、沟壑地

峡谷段落是指两坡陡峭、中间深峻的“V”字形谷、嶂谷、幽谷等段落。沟壑地是指由内营力塑造或外营力侵蚀形成的沟谷、劣地。该类地貌一般发育在构造运动抬升和谷坡由坚硬岩石组成的地段。当地面隆起速度与下切作用协调时较易形成，以其“险、峻、秀、幽”的特色为旅游者所向往。其“险”表现在坡陡流急，危石压顶，河道曲折；其“峻”表现在深切峡谷，壁立千仞，气势磅礴；其“秀”表现在山色青葱，花草争妍；其“幽”表现在谷曲林茂，蔽日遮天。

其代表性景观有：雅鲁藏布江大峡谷、澜沧江梅里大峡谷、金沙江虎跳峡、天山库车大峡谷、黄河晋陕大峡谷、太行山大峡谷、大渡河大峡谷等。

（二）堆石洞、岩石洞与岩穴

堆石洞是指由岩石块体塌落堆砌成的石洞。岩石洞与岩穴是指位于基岩内和岩石表面的天然洞穴，如溶洞、落水洞与竖井、穿洞与天生桥、火山洞、地表坑穴等。该类景观以幽深、神秘，局部小气候清凉、湿润，内部景观奇特等特征引人入观，激人遐想。堆石洞的典型代表有：浙江江山浮盖山堆石洞群；岩石洞的典型代表有：贵州织金洞、广西桂林芦笛岩、江苏宜兴善卷洞、辽宁本溪水洞等。

五、奇特与象形山石

奇特与象形山石是指蚀余景观中造型奇特、似人类物、形态逼真、寓意深厚的微型地貌景观。

（一）象形山

象形山的代表性景观有：

（1）四川乐山“卧佛山”。四川乐山大佛景区，有尊巨大的天然睡佛安详地卧在青衣江畔，四肢齐全，体态匀称，面目清秀，仰面朝天，慈祥凝重。著名的乐山大佛不偏不倚正好端坐在巨佛心脏部位。巨佛的头、身、足，分别由乌尤山、凌云山和龟城山三山连襟组成。佛头由整个乌尤山构成，山上的石、翠竹、绿荫、山径、亭阁、寺庙，分别呈现为巨佛的发髻、睫毛、鼻梁、双唇和下颚；佛身由凌云山构成，山上九峰相连，犹如巨佛宽广的胸膛、浑圆的腰和健美的腿；脚板翘起的佛足是龟城山的一部分。佛的整个体态十分逼真、自然、和谐，犹如天造地设，毫无人工刀迹斧痕。

（2）山西黄河“母亲峰”。母亲峰位于山西省柳林县黄河岸边。其面部表情极其逼真，酷似一位母亲静躺千年，阅尽人间风雨，终日守望着滔滔而过的黄河。

（3）桂林“象鼻山”。象鼻山原名漓山，又叫仪山、沉水山，简称象山。位于广西省桂林市内桃花江与漓江汇流处，山因酷似一只站在江边伸鼻豪饮漓江甘泉的巨象而得名，被人们称为桂林山水的象征。

（二）象形石

象形石的代表性景观有：

（1）黄山“猴子观海”。在黄山狮子峰北一座平顶的山峰上，有一巧石，如猴蹲坐，静观云海起伏，人称“猴子观海”。有诗言：“灵猴观海不知年，万顷红云镶碧天。坐看人间兴废事，几经沧海变桑田。”

（2）九华山“观音石”。九华山多峭壁怪石，游客多以山峰的形状来命名，其中观音峰上观音石，酷似观音菩萨凌风欲行，惟妙惟肖。

（3）张家界“夫妻岩”。在张家界田家台的对面，有两座自然生成的山峰，像一对夫妻头挨着头，身靠着身，五官清清楚楚。两座山峰立于高山，相亲相爱，永不分离。

（4）路南石林“阿诗玛”。石林景区内玉鸟池边，一座精神抖擞、形态逼真的石峰，宛若一位风姿绰约、亭亭玉立的彝家少女，曲线玲珑，风韵天成，静静地伫立在峰峦之上，身背竹篓，正翘首眺望远方，似有所思，若有所待，那便是阿诗玛。

六、岩土圈灾变遗迹

岩土圈灾变遗迹是指岩石圈自然灾害变动所留下的表面痕迹。主要包括以下几类。

（一）泥石流堆积

泥石流是指在山区或其他沟谷深壑，地形险峻的地区，因暴雨暴雪或其他自然灾害引发的山体滑坡并携带有大量泥沙以及石块的特殊洪流。泥石流具有突然性、流速快、流量大、物质容量大和破坏力强等特点。

泥石流堆积景观是指饱含大量泥沙、石块的洪流堆积体，在地理学上其洪积物形成的地貌属于暂时性洪积地貌——洪积扇。

山前地区，几个相邻的大型洪积扇，组合成整片的洪积扇平原，或称为山前倾斜平原。在洪积扇的扇缘部分，水土资源丰富，形成了成片的绿洲。例如新疆的乌鲁木齐、石河子等现代化城市，以及大片的瓜果棉花生产基地，大部分都坐落在天山北麓的山前洪积扇绿洲上；河西走廊的张掖、酒泉、武威这些在戈壁荒漠间的历史名城，瓜果飘香、沟渠纵横，则属于祁连山的山前洪积扇。

（二）地震遗迹

地震遗迹是指地球局部震动或颤动后遗留下来的痕迹。地震遗迹旅游资源的分布与地震发生地相一致，即发生破坏性地震的地方产生震迹旅游资源。开发地震遗迹具有普及地震预防知识、推广抗震措施、开展地震科学考察的意义，我国现已开发的代表性地震遗迹有：

（1）海南琼州海底村庄。1605 年 7 月 13 日，海南琼州发生 8 级大地震，导致 72 座村庄陷入海底。现在每当海水退潮时，当年的村庄遗迹就会显露出海面，成为一处特殊的景观，现已被列为东寨港国家自然保护区的重要部分。

（2）河北唐山地震遗址。1976 年 7 月 28 日，唐山发生 7.8 级地震，整个唐山市在一瞬间化为废墟。在城市重建过程中，有 7 处被破坏的建筑遗迹保留了下来，成为国家重点保护项目。

此外，地震遗迹旅游资源还包括人类改造震迹形成的震后建设新貌及各种纪念性的地震标志，如地震纪念塔、纪念碑、展览馆等。

（三）火山与熔岩

地壳之下 100~150 千米处，有一个“液态区”，区内存在着高温、高压下含气体挥发份的熔融状硅酸盐物质，即岩浆。它一旦从地壳薄弱的地段冲出地表，就形成了火山。火山与熔岩是指地壳内部溢出的高温物质堆积而成的火山与熔岩形态。熔岩与其他堆积物在火山口周围形成低缓的火山锥，而熔岩沿地表缓坡继续流动中还能形成熔岩丘、熔岩垄岗和熔岩台地等不同地貌形态，形成独特的旅游资源。

山西大同火山群导致的在平缓地区大量熔岩流出地表，形成面积广大的熔岩盖层、熔岩垄岗等地貌景观。这些景观长几公里，高几十米，宽几十米至百米。

内蒙古自治区阿尔山市分布大面积的火山和火山岩，它与毗邻的蒙古国哈尔沁格尔火山群连为一体，是我国著名的火山群之一。该火山群具有广阔的熔岩台地、数十个火山锥，各种类型的火山湖，丰富多彩的熔岩地貌，典型的火山喷发物剖面等。最为壮观的是大黑沟一带的熔岩石塘，在面积200平方公里的范围内，犹如波涛汹涌的海洋，形成多种多样的熔岩形态，有翻花石、熔岩垄、熔岩绳、熔岩碟、熔岩丘、喷发锥等。其中熔岩丘是目前全国唯一能在这里见到的玄武岩地貌形态，具有独特的科考和观赏价值。

雷州半岛、海南岛北部、江苏盱眙和六合等地也广泛分布着熔岩台地。

第四节　自然标记与自然现象

一、奇异自然现象

奇异自然现象是指发生在地表一般还没有合理解释的自然界奇特现象。其代表景观有：

（1）冬夏颠倒。河北省西北部的太行山中，在海拔1500米高度有一处神奇的地方，在每年的三月份溪流开始结冰，冰期时间长达5个月。而到了冬季热气腾腾，乱石中涌出温暖的泉水，小溪旁边各种鲜花开放，争奇斗艳。

（2）怪坡现象。在沈阳阎家村附近有一个怪坡，长80米，宽15米，视觉上呈现西高东低的走势，但行人骑着自行车从坡顶往下骑，如果不用力蹬自行车踏板，自行车根本不会走，必须要用力蹬踏板才能骑到坡底；相反，若是从坡底骑向坡顶，不用蹬踏板自行车也会自动向上滑行。

二、自然标志地

自然标志地是指标志特殊的地理、自然区域的地点。其代表性景观有：

（1）大地原点。大地原点，亦称大地基准点，是国家地理坐标——经纬度的起算点和基准点。大地原点是人为界定的一个点，我国的大地原点在陕西省泾阳县永乐镇北洪流村境内。大地原点的整个设施由中心标志、仪器台、主体建筑、投影台等四大部分组成，高出地面25米多的立体建筑共七层，顶层为观察室，内设仪器台。建筑的顶部是玻璃钢制成的整体半圆形屋顶，可用电控翻开以便观测天体；中心标志埋设于主题建筑的地下室中央，有一方形红色标石，其上嵌以红玛瑙凿成的圆形原点标志，在标志上用隶书刻着“中华人民共和国大地原点”。建立中国原点，可以测算出“大地基准数据”，为祖国河山定位。它在我国经济建设、国防建设和社会发展等方面发挥着重要作用。

（2）北回归线标志地。北回归线是指赤道以北的一个纬度圈，也是太阳垂直照射北半球的极限。夏至日正午，阳光直射其上，竖竿无影，其北诸域物影亦最短；夏至过后，太阳直射逐渐南移。冬去春来，太阳再度直射于此，谓之“回归”。

我国现在已有10座（包括在建）北回归线标志塔，由东向西分别是中国台湾地区花莲（2座）、嘉义，广东汕头、封开、从化，广西桂平、武鸣，云南墨江、西畴，我国是世界上北回归线标志塔最多的国家。

（3）亚洲大陆中心标志地。亚洲大陆中心标志地位于乌鲁木齐市南面的永丰乡包家槽子村。准确地理坐标为：东经87°19′52″，北纬43°40′37″，海拔1280米。

（4）亚心海平面标志。亚心海平面标志位于新疆吐鲁番盆地托克逊县，海拔0米。

这些自然标志地，适宜开展科普旅游。

三、垂直自然带

垂直自然带是指山地自然景观及其自然要素（主要是地貌、气候、植被、土壤）随海拔高度变化而呈现递变规律的现象。

产生这种现象的直接原因是气温随海拔高度的增加而迅速降低，大致每上升100米，气温降低0.5~0.6℃。由于气温和气压随高度增加而降低，则有利于水汽的凝结，因此，降水常随海拔高度增加而增加。正是由于气温和降水随高度发生变化，在珠穆朗玛峰地区，从山脚到山顶可以看到近似从赤道到极地的变化。

任何垂直自然带都是纬向、经向和高度变化因素对自然环境共同影响的结果。同一自然带类型分布的海拔高度，因温度、水分条件组合的不同而有显著差异。如半矮灌木荒漠在干旱温和的阿尔泰山麓仅限于海拔500米以下；到天山北坡，因气温稍高，可升高至海拔1000米左右；到极干旱温暖的昆仑山北坡，可达海拔3000米。

垂直带性出现在山区或高原边缘，是地区尺度（中尺度）的地域分异规律。只要山地有足够高度、相对高差足够大，就可以自下而上形成一系列垂直自然带。最下面的带叫作基带，所有垂直带的有规律排列，叫作垂直带谱。山地垂直带谱的特征取决于山地所在的水平地带与山地的高度、走向等山文特征。在足够的降水条件下，纬度越低、海拔高度与相对高差越大，垂直带数越多，垂直带谱越完整；反之，纬度越高、海拔高度与相对高差越小，垂直带数越少，垂直带谱越不完整。如吉林长白山，海拔500米以下是以杨、桦、栎为主的落叶阔叶林景观；500~1100米是以针叶、落叶阔叶为主的混交林景观；1100~1800米是以红皮云杉、沙冷杉、臭冷杉等组成的暗针叶林景观；1800~2100米是以岳桦林为主的亚高山灌丛景观；2100米以上则是高山苔原景观。长白山呈现出非常典型的垂直自然带谱。

如果一座足够高的山地位于水充足的赤道地区，那么这座山上将会出现一个完整的类似于从赤道到极地排列的自然景观带谱。这种自然景观带谱一般表现在植被上，会依次出现热带雨林、常绿阔叶林、常绿阔叶与落叶阔叶混交林、落叶阔叶林、针阔叶混交林、针叶林、高山灌丛、高山草甸、高山冰雪冻土带。

在干旱地区，由于水的缺乏，垂直带谱往往不明显。在山地的迎风坡与背风坡，由于水条件和热带条件不同，导致了同一山地中不同山坡的垂直带谱不同。例如，喜马拉雅山位于亚热带地区，南坡降水量比较丰富，因此南坡出现了比较好的垂直带谱。它的基带为亚热带常绿阔叶林，向上依次为山地暖温带针阔叶混交林带、山地寒温带针叶林带、亚高山寒带灌丛草甸带、高山寒冻草甸垫状植被带、高山寒冻冰碛地衣带和高山冰雪带。而北坡由于受高原地形与降水的影响，其垂直带谱与南坡完全不同。

在垂直自然带丰富的地方，游客在登过程中，能在短暂时间内观赏到“一山有四季”的自然现象，是一种非常特殊的旅游体验。

——本章小结——

1. 地文景观基本类型释义

（1）山丘型景观。山丘型景观是指山地丘陵内可供观光游览的整体景观或个别景观。

（2）台地型景观。台地型景观是指山地边缘或山间台状可供观光游览的整体景观或个别景观。

（3）沟谷型景观。沟谷型景观是指沟谷内可供观光游览的整体景观或个体景观。

（4）滩地型景观。滩地型景观是指缓平滩地内可供观光游览的整体景观或个别景观。

（5）断裂景观。断裂景观是指地层断裂在地表面形成的景观。

（6）褶曲景观。褶曲景观是指地层在各种内力作用下形成的褶皱或扭曲变形。

（7）地层剖面。地层是指在地壳发展过程中形成的各种成层和非成层岩石的总称。地层剖面景观是指地层中具有科学意义的典型剖面。

（8）生物化石点。生物化石点是指保存在地层中的史前地质时期的生物遗体、遗骸及活动遗迹的发掘地点。主要包括各种植物、无脊椎动物、脊椎动物等的化石及其遗迹化石。

（9）台丘状地景。台丘状地景是指台地和丘陵形状的地貌景观。

（10）峰柱状地景。峰柱状地景是指在山地、丘陵或平地上突起的峰状石体。包括凸峰、独峰、峰丛、石林等。

（11）垄岗状地景。垄岗状地景是指构造形迹的控制下长期受溶蚀作用形成的岩溶地貌。

（12）沟壑与洞穴。沟壑与洞穴是指由内营力塑造或外营力侵蚀形成的沟谷、劣地，以及位于基岩内和岩石表面的天然洞穴。

（13）奇特与象形山石。奇特与象形山石是指蚀余景观中造型奇特、似人类物、形态逼真、寓意深厚的微型地貌景观。

（14）岩土圈灾变遗迹。岩土圈灾变遗迹是指岩石圈自然灾害变动所留下的表面痕迹。

（15）奇异自然现象。奇异自然现象指发生在地表一般还没有合理解释的自然界奇特现象。

（16）自然标志地。自然标志地是指标志特殊的地理、自然区域的地点。

（17）垂直自然带。垂直自然带是指山地自然景观及其自然要素（主要是地貌、气候、植被、土壤）随海拔高度变化而呈现递变规律的现象。

2. 地文景观的亚类分类

包括自然景观综合体、地质与构造形迹、地表形态、自然标记与自然现象。

【导读解析】

从科学的角度分析，武夷山的红色岩层，是由砂岩、砾岩和页岩交间成层的，岩性比较松脆。在地壳抬升的过程中，岩层受到不均匀的应压力的影响，会产生轻微的断裂，形成所谓的“节理”。这种垂直的节理，也就是微小的裂隙，在流水的长年累月的溶解和侵蚀下，逐渐扩大、延长。而岩层底部质地松软的页岩，也就逐渐侵蚀而去，成为扁浅的岩洞。于是，三洞并列，一线见天的自然奇观就出现了。

在旅游资源体系中它属于构造形迹的断裂景观，即自然条件下地壳中的岩层或岩体发生了永久形变而造成的岩块相对位移的踪迹，在细分类别中称为节理景观。

思 考 题

5-1　自然景观综合体包括哪些基本类型？请举例说明。

5-2　地质与构造形迹包括哪些基本类型？请举例说明。

5-3　地表形态包括哪些基本类型？请举例说明。

5-4　自然标记与自然现象包括哪些基本类型？请举例说明。

第六章　中国的水域景观旅游资源

【学习目标】

通过本章学习：

(1) 了解水域景观旅游资源的主要亚类型；

(2) 掌握水域景观旅游资源各亚类的基本类型划分；

(3) 掌握各基本类型资源的含义、代表性景观及其分布状况。

【知识要点】

(1) 各基本类型旅游资源的含义；

(2) 各基本类型旅游资源的代表性景观及其分布。

【案例导读】

钱江潮涌究竟缘何？

每年农历八月十五，钱江涌潮最大，潮头可达数米。海潮来时，声如雷鸣，排山倒海，犹如万马奔腾，蔚为壮观。

观赏钱塘秋潮，在汉、魏、六朝时已蔚成风气，至唐、宋时，此风更盛，历经2000余年，已成为当地的习俗。宋代著名文人米芾作诗《绍圣二年八月十八日观潮浙江亭》赞誉江潮言：

怒势豪声迸海门，州人伟是子胥魂。天排云阵千雷震，地卷银山万马奔。

高与月轮参朔望，信如壶漏报朝昏。吴争越战成何事，一曲渔歌过远村。

诗中言有人说钱江潮与子胥魂有关，其实是一个传说。原先钱塘江的潮来时，跟其他各地的江潮一样，既没有潮头，也没有声音的。在春秋战国时期，吴王夫差打败了今浙江一带的越国。越王勾践表面上向吴国称臣，暗中却卧薪尝胆，准备复国，此事被吴国大臣伍子胥察觉，多次劝说吴王杀掉勾践。由于有奸臣在吴王面前屡进谗言，诋毁伍子胥，吴王奸忠不分，反而赐剑让伍子胥自刎，并将其尸首煮烂，装入皮囊，抛入钱塘江中。伍子胥死后9年，越王勾践在大夫文仲的策划下，果然灭掉了吴国。但越王也较信传言，迫使文仲伏剑自刎。伍子胥与文仲这两个敌国功臣，虽然分居钱塘江两岸，各保其主，但下场一样，同恨相连，他们的满郁恨，化作滔天巨浪，遂掀起了钱塘怒潮。

当然，传说不过是传说而已。钱塘秋潮如此之盛究竟缘何？让我们学习本章的知识来寻找答案。

水是自然资源的主要组成部分，是保证人类生活和生产的重要物质条件。水的存在形式多种多样，有海洋水、河流水、湖沼水、冰川水、地下水等。

水是世界上一切生命的源泉，更是旅游资源的血脉。水域自身的美学特征和文化内涵不仅可以自成风景，而且还是我国诸多地貌景观、生物景观、人文景观等重要的构景要素。大面积的水域可以调节气候，使周边气温更加舒适；也可以增加空气湿度，提高负离子浓度，使空气清新怡人；具有不同自然特征的水体，还可以为人们开展诸如观赏、滑水、游泳、划船、驶帆、冲浪、垂钓、漂流、滑冰、品茗等旅游活动提供载体。

第一节　河　　系

地表上有相当大的水量且常年或季节性流动的天然水流称之为河。河流在我国的称谓很多，较大的称江、河、川、水，较小的称溪、涧、沟、曲等。藏语中称河为藏布，在蒙古语中称为郭勒。

每条河流都有河源和河口，河源是指河流的发源地。其发源地可以是泉水、湖泊、沼泽或者冰川，各河河源情况不尽相同。河口是河流的终点，即河流汇入海洋、其他河流（例如支流汇入干流）、湖泊、沼泽或其他水体的地方。在干旱的沙漠区，有些河流河水在沿途过程中渗漏或蒸发，最后消失在沙漠中，这种河流称为“瞎尾河”。

通常把流入海洋的河流称为外流河，补给外流河的流域范围称为外流流域；流入内陆湖泊或消失于沙漠之中的这类瞎尾河称为内流河，补给内流河的流域范围称为内流流域。我国外流流域面积占全国面积的63.76%。

除河源和河口外，每一条河流根据水文和河谷地形特征，分为上、中、下游三段。上游比降大，流速大，河槽多为基岩或砾石；中游比降和流速减小，流量加大，河流侧蚀有所发展，河槽多为粗砂；下游比降平缓，流速较小，但流量大，多浅滩或沙洲，河槽多细砂或淤泥。

中国境内的河流，仅流域面积在1000平方公里以上的就有1500多条。全国径流总量达27000多亿立方米，相当于全球径流总量的5.8%。由于主要河流多发源于青藏高原，落差很大，因此中国的水力资源非常丰富，蕴藏量达6.8亿千瓦，居世界第一位。我国的河流大多分布在东南部外流区内。秦岭和淮河一线以北的河流，冬季河流结冰，普遍形成枯水期，一些河流甚至断流；西北内陆河较少，一些地方为无流区。这里的河流水源不丰，沿途多沙漠和戈壁，蒸发和渗漏严重，很多河流成为季节性河道。

河流因自然环境及人工活动的影响在不同河段有其独特的形态和景观，因此适宜开展不同种类的旅游活动。河段旅游资源主要包括以下三类。

一、游憩河段

游憩河段是指可供观光游览的河流段落。作为观光游憩河段的水域至少要满足两个方面的条件：

（1）拥有良好的水质，即水体的卫生环境质量，包括在水中微量化学元素和生物含量在内的各种物质的总和。

（2）拥有形态美、色彩美、光影美、奇趣美等美学特征。如江、河、溪、涧等线型水体，其长短、宽窄、曲直变化万千；大海、湖泊、水库等面型水体，有开阔、辽远的美感；河段两岸的山、石、桥梁建筑等在水中影像辉映，构成美景等。

我国主要的观光游憩河段的典型代表有：长江三峡段、桂林漓江、楠溪江、富春江——新安江、丽江、瑞丽江、鸭绿江、雅砻江、舞阳河等。

此外，还有一类位于地面以下的河流，称为暗河，也称作“伏流”“阴河”，是地下岩溶地貌的一种，由地下水汇集，或地表水沿地下岩石裂隙渗入地下，经过岩石溶蚀、坍塌以及水的搬运而形成的地下河道，主要是在喀斯特（岩溶）发育中期形成的。它往往有出口而无入口。高温多雨的热带及亚热带气候最有利于暗河的形成。

暗河在中国西南诸省多处可见，且规模巨大，几乎在有石灰岩出露的地方都有暗河的身影。暗河广泛分布在广西、云南、贵州、湖南、湖北、广东、江西、浙江、辽宁和西藏等省区。

暗河具有神秘、幽深、奇绝的特点，我国著名的暗河有重庆龙桥暗河、广西东安县内地下水系、四川筠连小鱼洞暗河、广东英德仙桥地下河、广东清远连州地下河、广西桂林冠岩地下河等。

龙桥暗河从重庆奉节县南端的龙桥乡潜入地下，暗河出口在湖北恩施的板桥地区，全长 50 千米，是目前世界上已探明的最长暗河，是一条典型而复杂多变的完整暗河系统。令人惊奇的是，它竟然穿越了长江、清江流域间的分水岭，其入口属于分水岭北坡，向南切穿 2000 米高的分水岭主脉，在板桥境内流入沐抚大峡谷，形成清江支流云龙河。在暗河之上，还有竖井 108 口，每逢冬季就如同古长城之上升起的狼烟。

二、瀑布

瀑布是指河水在流经断层、凹陷等地区时垂直从高空跌落的跌水。在河流的时段内，瀑布是一种暂时性的特征，它最终会消失。

形成瀑布的原因很多：有地层抬升、断裂或沉降凹陷而成，若地壳多次抬升或沉降，还可能形成多级瀑布，如庐山三叠泉；有火山爆发、熔岩流堰塞河道而成，如黑龙江镜泊湖吊水楼瀑布；有在石灰岩地区，岩溶作用形成落水洞崩塌而成，如贵州黄果树瀑布，若地面未完全崩塌，则形成“地下暗瀑”，如贵州安顺龙宫的龙门飞瀑；有因地层岩石软硬不一，长期流水侵蚀，使河床断裂面发生明显的高差变化而成，如黄河壶口瀑布；有的是泉水喷涌，越过断崖山洞，飞流直下而成，如湖南衡山水帘洞瀑布；有的是分水岭两侧的河流溯源侵蚀，发生袭夺而成，如贵州灞陵河瀑布（又称滴水滩瀑布）等。

从旅游学的范畴内，我们以瀑布呈现的形态来划分，包括悬瀑和跌水两类。

（一）悬瀑

悬瀑是指从悬崖处倾泻或散落下来的水流，具有声音美、色彩美、形态美的特点。我国国土辽阔，地质构造复杂，成瀑条件优越，南北各地分布有众多的、举世闻名的、不同类型的瀑布，最为著名的是贵州黄果树瀑布、黄河壶口瀑布、黑龙江吊水楼瀑布，并称“中国三大瀑布景观”。此外，著名的瀑布还有很多。

1. 庐山瀑布群

主要瀑布有：三叠泉瀑布、开先瀑布、石门涧瀑布、黄龙潭和乌龙潭瀑布、王家坡双瀑和玉帘泉瀑布等，皆因李白脍炙人口的《望庐山瀑布》而为人熟知。

2. 马岭河瀑布

中国最大瀑布群。马岭河发源于乌蒙山脉，马岭河的瀑布飞泉有 60 余处，而壁挂崖一带仅 2 公里长的峡谷中，就分布着 13 条瀑布，形成一片壮观的瀑布群。最具特色的是珍珠瀑布，4 条洁白而轻软的瀑布从 200 多米高的崖顶跌落下来，在层层叠叠的岩页上时隐时现，撞击出万千水珠，水珠在阳光照耀下闪闪发光，似有人居高临下筛落满崖的浪花。

3. 流沙瀑布

最细腻的瀑布。位于湘西的流沙瀑布落差达 216 米。瀑布从绝壁之上腾空而下，因极高的落差，流水到了下面就散落成流沙状。

4. 九寨沟瀑布

最洁净的瀑布群。位于九寨沟风景区内，主要由诺日朗瀑布、树正瀑布和珍珠滩瀑布组成。

（二）跌水

跌水是指从陡坡上跌落下来落差不大的水流，专指低水头瀑布，具有与悬瀑同样的景观特征，至少规模相对较小，但多级跌水同样具有很高的美学观赏价值。如福建九龙溪由跌水形成的五级瀑布，层层梯落，蔚为壮观。

此外，在跌水落差不是很大的河段内，可以开展极富刺激性的河段漂流旅游项目，因跌水的自然流落形态，使旅游者获得新奇刺激的体验。如湖南常宁的天堂山西江漂流，段内有 3 米高的陡坎跌水，虽有惊但无险，刺激异常。

三、古河道段落

古河道段落是指曾经存在但现在已经消失，一般仍保持着较好的河道形态的历史河道段落。古河道的根本成因是河流改道。构造运动可使河流大规模改道，构造抬升可使废弃河道露出地面，而下降的因堆积作用旺盛，将河道掩埋，形成埋藏型古河道，如中国华北平原地下埋藏着古黄河、古海河等古河道。

河流本身作用引起的改道多发生在平原地区。由于堆积作用旺盛，使河床逐渐淤浅升高成为地上河，当河流决口后，河流循新槽流去，原河道被废弃成为古河道，在地表留下条带状高地，形成裸露型古河道。例如，中国黄河下游是一条善淤善徙的河流，所以在华北平原上留下无数古河道。裸露型古河道可在野外直接追索，也可根据遥感影像判读；埋藏型古河道则需借用钻探、物探等方法以及对沉积物岩性来确定。

古河道既是一种形态物质体，也是一种地貌组合体。是布设农田水利、城镇、聚落的基础，储藏着丰富的地下淡水、建筑材料和砂矿等资源，经合理规划设计，易于开展观光、科普等多种旅游活动。该基本类型的代表有：

（1）塔里木古河道。塔里木河是中国第一大内流河，全长 2179 公里，为世界第 5 大内流河，位于新疆维吾尔自治区塔里木盆地北部。历史上塔里木河河道含沙量大，冲淤变化频繁，河流经常改道，在中游地区造成南北宽达百公里左右的冲积平原，河道曲折，岔流众多，浩浩荡荡形成一派“水上迷宫”景象。

（2）新疆库车盐水沟古河道。“盐水沟”是一条穿越却勒塔格山的干涸河床，位于国道 217 线两侧的崇山峻岭之中，因山沟的溪流含盐量较高而得名。盐水沟古河道从南天山山脉支系，绵延 200 多公里的却勒塔格山山群的褶皱里流出。汉唐时盐水沟是流经库车的三大著名河流之一。盐水沟是古丝绸之路的故道，是古龟兹国通向姑墨国的咽喉地带。其不仅是一条著名的古水系，也是一个著名的古军事关隘。

第二节　湖　　沼

陆地上的洼地积水形成的、换流缓慢的水体。水域比较宽广的称为湖泊；面积较小的称为池沼。

一、游憩湖区

游憩湖区是指湖泊水体的观光游览区与段落。湖泊是在自然地理因素综合作用下形成的，地球的内、外营力作用都可以形成湖盆，湖盆积水形成湖泊。中国湖泊众多，共有湖泊 24800 多个，其中面积在 1 平方公里以上的天然湖泊就有 2800 多个。湖泊数量虽然很多，但在地区分布上很不均匀。总的来说，东部季风区，特别是长江中下游地区，分布着中国最大的淡水湖群；西部以青藏高原湖泊较为集中，多为内陆咸水湖。

外流区域的湖泊都与外流河相通，湖水能流进也能排出，含盐分少，此湖水称为淡水湖，也称排水湖。中国著名的淡水湖有鄱阳湖、洞庭湖、太湖、洪泽湖、巢湖等。

内流区域的湖泊大多为内流河的归宿，湖水只能流进，不能流出，又因蒸发旺盛，盐分较多形成咸水湖，也称非排水湖。如中国最大的湖泊青海湖以及海拔较高的纳木错湖等都属于咸水湖。

本节所指观光游憩湖区，是湖泊水体的观光游览区域段落。中国适宜观光游憩的湖泊类型多样，这里采用成因分类一一介绍。

（一）构造湖

构造湖是指由地壳运动内力的作用，包括地质构造运动所产生的地壳断陷、坳陷和沉陷等所形成的各种构造凹地，如向斜凹地、地堑及其他断裂凹地所产生的构造湖盆，经贮水、积水而形成的湖泊。这类湖泊的特点是：湖岸平直、岸坡陡峻、湖形狭长，深度较大。我国云南的洱海、滇池都属于构造湖。

（二）河迹湖

河迹湖又称牛轭湖，是指由于河流的变迁或改道，曲形河道自行截弯取直后留下的旧河道形成的湖泊。这类湖泊多呈弯月形，水深、面积较小。例如湖北省江汉平原地区，大小湖泊星罗棋布，大都是由长江、汉水带来的泥沙进入古云梦泽堆积形成。位于江汉平原最南部的洪湖是其中最大的一个，素有“千里洪湖”之称。又如乌梁素海，是内蒙古自治区的第二大湖，也是黄河故道残留的河迹湖。

（三）海迹湖

海迹湖是指原为海域的一部分，因泥沙淤积而与海洋分开，形成封闭或接近封闭状态的湖泊。其中最常见的是潟湖，潟湖是由靠近陆地的浅水海域被沙嘴、沙坝或珊瑚礁所封闭或接近封闭而成。有的潟湖保留有海水涨潮时与海相连的狭长通道，有的则完全不通。

我国台湾地区的高雄港即为典型的海成潟湖。还有一些形成年代较久的古潟湖，因长期与海隔离，陆上淡水注入，已逐渐淡化而成淡水湖，称之为残迹湖。例如浙江杭州的西湖，原是一个与钱塘江相通的浅海湾，宝石山和吴山是当年这个海湾南北两侧的两个岬角。长江、钱塘江携带来的泥沙，受两岬角之阻，在海湾口两侧产生堆积，形成了两个沙嘴。由于沙嘴的不断扩张延伸，最终两侧沙嘴相连，隔断了海湾，形成了湖泊。开始时，随着海潮的出没，西湖仍然处于汪洋之中。直到汉朝后期，西湖才完全与海潮隔绝。经过长年累月周边山地来的溪泉的补给和冲洗，湖水被逐步淡化，成为淡水湖泊。

（四）堰塞湖

堰塞湖是指由火山熔岩流、冰碛物、泥石流或由地震活动等原因形成的滑坡体或堆积物堵截山谷、河谷或河床后贮水而形成的湖泊。由火山熔岩流堵截而形成的湖泊又称为熔岩堰塞湖。例如黑龙江省的镜泊湖，在距今1万多年前的更新世中晚期，该地区发生火山活动，喷溢出大量玄武熔岩，把牡丹江拦截，形成了镜泊湖，是我国最大的火山堰塞湖。黑龙江的五大连池，也是16世纪初火山喷发的玄武岩流，堵塞白河河道，形成五个串珠般的湖泊。

由山崩滑坡所形成的堰塞湖多见于藏东南峡谷地区，且年代都不是很久远。如1819年在西姆拉西北，因山崩形成了长24~80千米，深122米的湖泊；1990年由于地震影响暴发了特大泥石流堵截了乍龙湫河道而形成的藏东南波密县的易贡错等。

有些堰塞湖的堵塞物不是固定不变的，在进行旅游开发时应做好前期安全考察及规划工作，如泥石流或地震活动形成的堵塞物易受冲刷、侵蚀、溶解、崩塌等因素影响，一旦堵塞物被破坏，湖水便漫溢而出，倾泻而下，形成洪灾，极其危险。我国2008年5月12日四川汶川特大地震，造成北川部分地区被堰塞湖水淹没，地震形成了大面积堰塞湖泊，其危害性极大。其中唐家山堰塞湖是汶川大地震后形成的最大堰塞湖，库容为1亿立方米，水位不断升高，经国家紧急部署抢险泄洪，其最终化作一湾“人”字形的静水。

（五）火口湖

火口湖是指火山喷发停止后，火山通道被阻塞，由火山口形成封闭的洼地，水体充填而形成的湖泊。这类湖泊的特点是湖泊外形近圆形或马蹄形，深度也较大。我国典型的火口湖有位于吉林省长白山主峰白头山顶的天池。在地质史上长白山是一个火山活动剧烈且多次喷发的地区。公元1702年的一次喷发，形成了天池的湖盆，其形成至今仅有300余年的历史。长白山天池呈椭圆形，南北长约5千米，东西宽3.4千米。平均水深204米，最深达373米，是我国最深的湖泊。

（六）溶蚀湖

溶蚀湖是指由地下水或地表水对石灰岩等可溶性岩石的溶蚀作用形成湖盆，并经积水形成的湖泊。该类湖泊一般呈圆形或椭圆形，深度较小。例如贵州西部乌蒙山区的威宁草海，威宁草海地区的覆盖面积保持在30平方公里以上，此地以水草繁茂而得名。该地区广泛出露下石炭纪浅灰色块状灰岩、白云质灰岩，经长期溶蚀形成洼地，后积水成湖，是贵州最大的淡水天然湖。草海优越的自然条件孕育了丰富的生物资源，因湖水较浅，水质良好，透明度大，且湖底又多为淤泥底质。因而水生高等植物种类繁多，各类水生植物几乎布满湖水，成为百鸟水禽栖集的乐园，鸟种类多达150种。1992年被国务院批准为国家级自然保护区。

（七）冰蚀湖

冰蚀湖是指冰川在重力和压力作用下向下游移动，同时侵蚀地表使其成为洼地，冰川融化后洼地内形成的积水湖。该类湖泊的湖盆一般为坚硬的基岩，盆壁与盆底的基岩面上往往有冰川磨光面、冰川刻槽和擦痕。湖盆平面形态呈长条状，湖岸平缓，常有漂砾残存，部分湖岸地带的现代冰缘形态发育非常典型，湖底湖畔多为巨大的石条、石板平铺，部分为裸露基石。

中国藏北高原的一些湖泊是冰蚀湖，典型的冰蚀湖泊有巴松湖、嘎隆拉冰蚀湖、新疆喀纳斯湖、四川德格新路海和陕西太白山太白池等。

（八）风蚀湖

风蚀湖是指挟带碎屑物的风沙流对地表进行侵蚀和磨蚀，在地表抗侵蚀能力相对较弱的地方，大量物质被吹走形成洼地，洼地内形成的积水湖。

风蚀湖的面积大小不一，且湖水较浅，多为间歇湖或游移湖。湖水可由河流注入，也可由地下水补给。如中国呼伦贝尔沙地中的乌兰湖、浑善达格沙地中的查干诺尔、毛乌素沙地中的纳林淖尔、甘肃敦煌的月牙湖等。

二、潭池

潭池是指四周有岸的小片水域。一般来说潭池面积较小，常常与其他景观配合而产生旅游吸引力。由于我国对湖泊也称为潭、池，如日月潭、五大连池等，所以这里的潭池概念面积尤小，泛指四周有岸的小片水域。例如，我国古典园林中对于水的应用，大都以潭池为中心布局，形成仿效山水的自然画面，由此而创造了众多著名的潭池景观，如北京颐和园昆明湖、北京大观园花溆、苏州拙政园荷花池等。

三、湿地

湿地是指天然或人工形成的沼泽地等带有静止或流动水体的成片浅水区。狭义上一般被认为是陆地与水域之间的过渡地带；广义上则被定义为“包括沼泽、滩涂、低潮时水深不超过6米的浅海区、河流、湖泊、水库、稻田等”。

按《国际湿地公约》定义，湿地系是指不问其为天然或人工、长久或暂时的沼泽地、湿原、泥炭地或水域地带，带有静止或流动，或为淡水、半咸水或咸水水体者，包括低潮时水深不超过6米的水域。潮湿或浅积水地带发育成水生生物群和水成土壤的地理综合体，是陆地、流水、静水、河口和海洋系统中各种沼生、湿生区域的总称。

中国湿地面积占世界湿地的10%，位居亚洲第一位，世界第四位。在中国境内，从寒温带到热带、从沿海到内陆、从平原到高原山区都有湿地分布，一个地区内常常有多种湿地类型，一种湿地类型又常常分布于多个地区。

沼泽（Mire）的界定同样也存在争议。沼泽通常指地表过湿或有薄层常年或季节性积水，土壤水分几达饱和，生长有喜湿性和喜水性沼生植物的地段。广义的沼泽泛指一切湿地；狭义的沼泽则强调泥炭的大量存在，在地理学范畴里属于湿地的次级分类单位，具备湿地的本质属性。中国的沼泽主要分布在东北三江平原和青藏高原等地。

本节内容所指的沼泽与湿地皆属于狭义范畴，不做严格意义上的划分，且不包含人工湿地，泛指地表常年湿润或有薄层积水，生长湿生和沼生植物的地域或个别段落。

沼泽与湿地是人类最重要的环境资本之一，也是自然界富有生物多样性和较高生产力的生态系统。它不但具有丰富的资源，还有巨大的环境调节功能和生态效益。各类湿地在提供水资源、调节气候、涵养水源、促淤造陆、降解污染物、保护生物多样性和为人类提供生产、生活资源方面发挥了重要作用。

我国著名的沼泽与湿地景观有：四川甘南若尔盖、新疆巴音布鲁克、黑龙江三江平原、山东黄河三角洲、黑龙江扎龙保护区、辽宁辽河三角洲等。目前中国已有57处湿地列入《湿地公约》国际重要湿地名录。

第三节 地下水

一、泉

泉是指地下水的天然露头。泉是地下含水层或含水通道呈点状出露地表的地下水涌出现象，为地下水集中排泄形式。它是在一定的地形、地质和水文地质条件下结合产生的。在适宜的地形、地质条件下，潜水和承压水集中排出地面成泉。

泉往往是以一个点状泉口出现，有时是一条线或是一个小范围。泉水多出露在山区与丘陵的沟谷和坡角、山前地带、河流两岸、洪积扇的边缘和断层带附近，而在平原区很少见。它常常是河流的水源，在山区如沟谷深切，排泄地下水，许多清泉汇合成为溪流。在石灰岩地区，许多岩溶大泉本身就是河流的源头，常年不断地汇入河流，是河流补给的重要部分。

泉是一种重要的水体旅游资源，具备较高的旅游价值：

(1) 泉水具有观赏功能。不断喷涌的泉水不仅给所在环境带来生机与活力，其特殊的性状，如水质、水色、溢出状态等，也吸引人们前来观赏，如济南趵突泉、四川广元含羞泉、云南大理蝴蝶泉等。

(2) 泉水具有医疗保健功能。泉水中通常含有多种对人体有益的矿物质或微量元素，能起到预防和治疗某些疾病的作用。尤其矿化度在1克/升以上的矿泉，我国以保健作用为主的饮用矿泉各地繁多，如青岛崂山矿泉等。此外，温泉泉水含有康体疗身的有益成分，许多温泉都被开发成疗养地，并逐渐发展成为旅游胜地，如北京小汤山温泉、辽宁汤岗子温泉等。

(3) 泉水具有品茶酿酒功能。俗语言“地有名泉，必有佳酿”，中国历史上形成了许多品茗佳酿名泉，如杭州虎跑泉、镇江中泠泉、无锡惠山泉、北京玉泉等品茗泉，以及酿制茅台酒所用贵州赤水河两岸的清泉、五粮液所用四川金鱼水泉、白沙液所用长沙白沙井泉、酿制青岛啤酒所用崂山神水泉等。

泉的分类方法很多。按照泉水出露时水动力学性质可将泉分为两大类，一类是上升泉，由承压水补给，在泉出口附近水流在压力作用下呈上升运动，由地下冒出地面，有时可喷涌高出泉口数十厘米。上升泉流量比较稳定，水温年变化比较小，如中国山东省会济南的趵突泉。另一类是下降泉，由潜水或上层滞水补给，地下水在重力作用下溢出地表，在出露口附近水流往往做下降运动，一般从侧向流出。泉水流量和水温等往往呈明显的季节性变化。

按照泉水的矿化度分类可分为淡水泉和矿泉，矿化度小于 1 克 / 升为淡水泉；矿化度大于 1 克 / 升为矿泉。

按照泉水温度分类可分为冷水泉、温泉、热泉、沸泉四大类。冷水泉指泉水温度在 20℃以下；温泉指泉水温度在 20~37℃；热泉指泉水温度在 37℃以上；高热泉指泉水温度在 43℃以上；泉水温度超过当地沸点则成为沸泉。

本节以冷泉和温泉为主要内容进行介绍。

(一) 冷泉

冷泉，从古至今不断地吸引着无数的游人，多少文人墨客都曾不辞辛苦，亲访名泉，成就了不少诗篇。如李白感言“惜彼满日暮，爱此寒泉清。西辉逐流水，荡漾游子情”；朱熹悟醒“问渠哪得清如许，为有源头活水来”。

按照冷泉的旅游功能将其划分为观赏类冷泉、品茗佳酿类冷泉、疗养保健类冷泉。

1. 观赏冷泉类

以泉水的流量来看，我国冷泉中多是中、小泉，而大泉的形成几乎都和“岩溶”有关。我国广西、云南、贵州是岩溶景观最发育的地区，有许多大泉，最著名的是云南丘北六郎泉和广西都安地苏泉，均享有世界名泉的声誉。北方各省的大泉远少于南方，较著名的有山西平定娘子关泉、朔县神头泉、临汾龙子祠泉等。

(1) 云南六郎泉。六郎泉是国内外罕见的大泉，溶洞口高达 80 余米，泉域面积 1000 平方公里。洞内有一个颇大的“地下湖”，起调节出水流量的作用，流量比较稳定。

(2) 广西地苏泉。地苏泉雨期最大流量达每秒 390 立方米，最小的也有每秒 4 立方米，有完整的地下水系，主流全长 50 公里，东西两侧尚有 13 条支流。地面泉域内有成群的岩溶漏斗、落水洞，吸收了大量降水后，浩浩荡荡，由北而南，奔向红水河边。

(3) 山西平定娘子关泉。因唐高祖的三女儿阳平公主曾率娘子军驻扎于此而得名。泉水在关隘下溶洞中涌出，悬空倾泻，水关相映，给雄伟的关隘增添了秀丽的景色。

全国还有许多观赏类冷泉，例如陕西合阳县的瀵泉、河南辉县的百泉、河北邢台的百泉、邯郸的黑龙洞泉、山西太原的晋祠泉、洪洞的广胜寺泉、江苏无锡的惠山泉、浙江绍兴的半月泉、甘肃敦煌的月牙泉、云南大理的蝴蝶泉等。

2. 品茗佳酿冷泉类

自古以来许多名茶名酒都是以泉为水源的。品茗佳酿冷泉主要分为品茗类冷泉和佳酿类冷泉。

(1) 品茗类冷泉。我国盛产茶叶，拥有诸多品类的名茶。古代茶书《煮泉小品》曾言：“品固有嫩恶，若不得其水，且煮之不得其宜，虽佳弗佳也。”明人罗廪的《茶解》云：“煮茶须甘泉”。从唐代至今的茶叶专家、学者在论茶时，差不多都提到了泡茶的“择水”问题，而且尤其强调泉水是最佳。例如，古今品茶名家皆懂得“龙井茶叶虎跑水”，用虎跑泉水冲泡西湖龙井茶，青绿明亮、香气清高、滋味鲜甘而誉满中外。

唐代茶圣陆羽以其对茶叶的研究，对泡茶用水所择之泉做了“天下品茗七泉”的排序，其曰：“楚水第一，晋水最下。庐山康王谷水帘水第一；无锡县惠山寺石泉水第二；蕲州兰溪石下水第三；峡州扇子山下有石突然，泄水独清冷，状如龟形，俗云蛤蟆口水，第四；苏州虎丘寺石泉水第五；庐山招贤寺下方桥潭水第六；扬子江南零水第七。”

1) 庐山康王谷第一泉。庐山康王谷第一泉位于江西省庐山南麓石镜峰下的康王谷中，该谷现名庐山垅。该泉水主要发源于庐山汉阳峰。因瀑布被山岩、巨石阻滞，水流被迫分成如带如丝数不清的细流，涂涂飘洒到崖下，如一幅银色的玉制门帘挂在谷中，因而名为“玉帘泉”“谷帘泉”。

2）无锡惠山第二泉。“无锡县惠山寺石泉水第二”，在江苏省无锡市第一峰的石坞下的锡惠公园内，池深三四尺，水色清明，甘洌清醇，表底无杂质。

3）鄂东浠水第三泉。“蕲州兰溪石下水第三”。兰溪，唐时属蕲州蕲水，现名浠水，位于湖北东部，系大别山区，是中国茶叶传统产区之一。《蕲水县志》载：该泉位于县西三十五里的溪潭坳河滨。泉上系一小山，石壁陡峭，镌有“天下第三泉”五个大字。壁下有石穴为瓮口，深二尺许。泉自其中流出，味极甘洌，当地居民和游人多汲以烹茶。

4）西陵峡第四泉。此泉位于今宜昌市西北二十六公里处长江西陵峡中南岸扇子山，又名明月峰下。泉口在山麓江边，有一巨石，形如蛤蟆，俗称蛤蟆石。从蛤蟆口中、鼻间涓涓不断吐出的一股泉水，这就是“天下第四泉。”

5）虎丘寺畔第五泉。据《苏州府志》记载，茶圣陆羽晚年，曾长期寓居苏州虎丘。一边继续著书，一边研究茶学、研究水质对饮茶的影响。他发现虎丘山泉甘甜可口，遂即在虎丘山上挖筑一石井，称为“陆羽井”，又称“陆羽泉”，并将其评为“天下第五泉”。在继陆羽之后，又被唐代另一品泉家刘伯刍评为“天下第三泉”。

6）庐山招贤寺第六泉。第六泉也在庐山，“庐山招贤寺下方桥潭水第六”，是指位于庐山五老峰、汉阳峰夹持的栖贤谷的栖贤桥，又名三峡桥、观音桥下的潭水。

7）中泠第七泉。“扬子江南零水第七”，南零水，即中泠泉。此泉位于镇江市金山寺西南郭璞墓下的岩石中，当代人们泛指寺西八角亭前的泉池中水。现存长方形泉水，由条石叠砌而成。从金山石砾中流出的泉水，终年不涸，味甘洌清醇。

（2）佳酿类冷泉。我国除产名茶外，亦盛产名酒，历久而不衰。其原因除了原料优质、配方适宜、技艺精湛、要求严格外，隔外注重于水源的清醇。例如，产于山西杏花村的千年汾酒，用的是古井水，“杏花村里井，有水颇清冽，吸取酿汾酒，芳醇莫与匹。”

我国许多古代名酒失传，关键原因就是找不到当时酿酒的水源。如明代末年失传的山西永济县桑落酒，最近根据地方志和史料提供的线索，终于在蒲叶镇东南 20 里中条山下的巨石庙旁找到古井，复原了酒的配方，经专家品尝鉴定，认为它完全可以排入名酒行列。

此外，冷泉中的矿水泉因含过量的二氧化碳，而被誉为“天然汽水”。这类泉数量稀少，极为珍贵。山东即墨崂山著名的矿水泉，二氧化碳含量高达 2.3 克/升，泉水清凉，喝后沁人肺腑；广东龙川县梅子坑矿水泉，生产的矿泉汽水很受国际友人好评；辽宁普兰店区有一眼天然汽水井，井深 200 米，每日自喷水 15 吨，二氧化碳含量更高达 3.6 克/升，还具有人造汽水的味道等。

3. 疗养保健类冷泉

众所周知，温泉对许多疾病具有疗效，冷泉中的矿水泉也有明显的疗养保健作用。据化验，崂山矿水中溶有钙、钾、钠、铁、氯等微量元素，易为人体吸收，长期饮用，对肠胃病、糖尿病、高血压、支气管炎等都有疗效；广东龙川矿水泉同样具有良好的医疗作用，据相关专家表示，此泉水能治疗渗液明显、表皮糜烂的化脓性皮肤病以及肠胃系统的胃溃疡、十二指肠溃疡等症。

（二）温泉

温泉是地热形式的一种，属热水型地热资源，是地热水在地表面的天然出露。温泉水含有硫、硅、锂、锶、硒、磷、钙、铁、锌等有利于人体健康的矿物质及多种微量元素。对皮肤病、关节炎、心脑血管病、神经功能性疾病等有良好的疗效；还可以美白护肤、延缓皮肤衰老、减肥等。

但需要注意的是，俗称人工温泉的深层地热水（即通过人工钻井，从一千米至几千米的地下深处直接抽取出来的深层地下热水）对人体是有害的。因为该地热水是地壳深处稀有放射性元素在蜕变过程中释放的热能加热形成，含有大量的有害微量元素。由于钻井直接抽取的地下水没有通过长时间的自然沉淀过滤和岩石圈的层层渗透，在地下“煲”的时间不够，导致有害物质仍存留在人工抽取出来的地热水中，因此对人体非常有害。

各国对温泉的温度下限规定各有不同，如欧洲把温度定在20℃以上；美国则定为21.1℃；南非和日本则定为25℃。我国于1981年规定温泉的下限温度为25℃。从《地热温泉资源温度分级与主要用途表》可见，25℃以上的地下水出露地表就可称为温泉。根据温度可划分为四种类型的温泉：25~40℃称为低温泉；40~60℃称为中温泉；60~90℃称为高温泉；90℃以上的温泉中达到或略高于当地高程水的沸点的，则称为沸泉。

我国是世界上温泉最多的国家，几乎遍布神州大地。温泉既可观景，又能驱寒、健身，还有利于一些疾病的治疗，其中著名的温泉有：

（1）华清池温泉。陕西省的华清池温泉历史久远，水质纯净温和、芳流千古不竭、名人轶事众多，名冠诸泉之首，享有“天下第一温泉”的美誉。华清池温泉约形成于二三百万年以前，千百年来“不盈不虚，与日月同流”，水温常年恒止在43℃，又因唐玄宗和杨贵妃在此沐浴而闻名于世。白居易的“春寒赐浴华清池，温泉水滑洗凝脂”，正道出了温泉之非凡魅力。

（2）黄山温泉。黄山温泉又名“灵泉”“朱砂汤泉”，与松、怪石、云海并称黄山“四绝”。泉水水质以含碳酸盐为主，水温40℃左右，四季如汤，透明澄清，有诗赞曰：“五岳若与黄山并，犹贝灵砂一道泉。”

（3）汤岗子温泉。汤岗子温泉是东北著名的温泉之一。地处辽宁鞍山市郊15公里处，泉水温度为57~65℃，最高可达72℃。泉底含有天然热沙泥，对风湿性关节炎、类风湿、皮肤病等有一定功效。温泉所在地，已成为我国最大的理疗康复中心。

（4）安宁温泉。安宁温泉地处云南安宁县城西北螳螂川畔，是闻名遐迩的疗养胜地。相传在东汉时就已发现，水温为42~45℃，水色湛绿如碧玉，故有“碧玉泉”之美称。此泉有“三绝”：一是无硫黄质；二是身有污垢，入水俱浮；三是关节炎、皮肤病患者浴后有一定的治疗作用。

（5）庐山温泉。庐山温泉在江西庐山脚下，古有“穴如围一文许，沸泉涌出如汤，冬夏常热”的记载。温泉水含有多种矿质元素，对皮肤病、关节炎、妇女病、气管炎等慢性病皆有较好的疗效。景区风光迷人，是疗养旅游度假的好去处。

（6）汤山温泉。汤山温泉位于江苏南京市东麒麟门外，江宁县东北，泉水平均水温44℃，最高达60℃，水质清澈，含有硫黄、钾、钠等矿物质，对皮肤病有一定的疗效。在此温泉入浴、舒适地泡上一阵子，颇有爽之身飘逸之美感，实乃疗养栖息之胜地，令游人流连忘返。

(7) 眉县汤浴温泉。陕西眉县汤浴温泉，又名“凤凰泉”“西汤浴”，位于眉县太白山北麓的汤浴口，距西安100公里左右。因地处龙凤、凤凰两山环抱之中，故名凤凰泉。隋文帝杨坚曾在此建“凤泉宫”作为避暑洗浴之地，唐玄宗曾三临其地，赐名“凤泉汤”。水温经常保持在60℃左右，水中含有钾、钠、镁、铁、钙、碘等多种元素，其中硫酸钠含量较多。通过多年的实践证明，凤泉水对皮肤病、关节炎等疾病有一定的治疗作用。

(8) 从化温泉。从化温泉位于广东广州市75公里从化县西北部，自古有“从化温汤好，岭南第一泉”的盛名，此处有泉眼12处，水温最高为71℃，最低为30℃，泉水含钙、镁、钠等成分，具有无色、无味、无臭的特点。水滑如油，泡在池中，人能浮起，为世所罕见。对高血压、关节炎、大脑皮层疲劳具有一定疗效。

(9) 高山温泉。高山温泉在长白山黑风口的黑石下面，涌流着1000多平方米的地热温泉群，这里常年热气腾腾、烟雾缭绕，温度大多为60~70℃以上，有的高达82℃。吉林省长白山温泉有“神水”之称，可舒筋活血，驱寒除病，对关节炎、皮肤病疗效显著。

二、埋藏水体

埋藏水体是指埋藏于地下的温度适宜、具有矿物元素的地下热水和热气。根据不同的用途，按温度进行不同分类。从疗养学观点，苏联将地下热水划分为温水（20~37℃）、热水（37~42℃）和高热水（>42℃）。

按形成的地质作用和赋存特征，地下热水可以分为以下三类：

(1) 与火山和岩浆活动有关的地下热水。这些地下热水通常是高温热水或蒸汽，在地面上常出露有热泉、沸泉和喷气孔。这类地下热水酸度较大，常含有较多的硫酸、硅酸、偏硼酸，以及铵、铁、氟、砷、锂等元素，气体成分常有二氧化碳、二氧化硫、盐酸气、硫化氢气等。

(2) 褶皱山地断裂带深循环型地下热水。这些地下热水多为低矿化碱性中、低温地下热水，在断裂和岩层裂隙带常以温泉的形式出露地表。在中国的一些主要褶皱山地或山间盆地有广泛分布，如东部的一些山地、秦岭、吕梁山、天山等。

(3) 沉降盆地型地下热水。在中国许多大型自流盆地内，分布着不同矿化度和气体成分的中、低温地下热水。在东部的一些盆地，如华北盆地在1000米深度内可获得50~70℃的地下热水；而在西部的一些盆地内，一般在1000米深度内能得到40℃左右的地下热水。

（一）中国地热城——陕西咸阳

咸阳处于渭河断陷盆地，具有良好的地热富集赋存条件。1995年对咸阳城区177平方千米范围内的地热进行勘探、普查和测算，地下热水储量相当于合标煤19.7亿吨。同时地热资源质量优良，溶解了围岩中较多的化学元素。根据现已凿成的地热井水质化验结果显示，化学成分均达到优质医疗热矿水的标准。

（二）中国地热城——山东临沂

临沂市地热资源丰富，目前已发现地热异常点49处，地热分布面广，遍布全市每个县区，开发潜力大，利用前景广阔。近年来，临沂市突出地热资源特色，大力发展温泉疗养、温泉旅游、温泉农业、温泉文化及地热供暖等，使地热这一清洁能源的开发利用水平不断提高。

第四节 冰雪地

这里的冰雪地是指可供游客进行参观、考察的雪线以上常年堆积不化的积雪和存留现代冰川的区域。

一、积雪地

积雪地是指长时间不融化的降雪堆积面。高纬度地区和中、低纬度的高山、极高山地区常有常年积雪分布。常年积雪地的纯洁、壮观和神秘，吸引着无数游人前来观光、探险，同时由于冰雪运动参与性极强，富有趣味性和刺激性，常年积雪地正日益成为探险、体育健身的旅游胜地。

我国大部分地区处于温带大陆性气候，冬夏季温差大。我国位于世界上最大的大陆亚欧大陆的东面，西部地区深入亚欧大陆，冬季受大陆高压控制；中西部地区地形大部分为山地，海拔高，气温低，冰雪不易融化。由于这些特殊的地形地势及气候条件，我国常年积雪地相比较世界同纬度的地区分布范围相对更加广泛。

我国冰雪期长的观光地主要分布在东北地区以及一些高山、极高山地区。著名的常年积雪地有黑龙江亚布力、冰城哈尔滨、雪城牡丹江、吉林长白山、云南玉龙雪山、青藏高原上的各拉丹东雪山等。

二、现代冰川

现代冰川是指现代冰川存留区域。现代冰川既是一种固体淡水资源，又是一种具备特殊形态特征和地貌景观特征的水域景观类旅游资源。

冰川是准塑性体，在形成之后，在重力和压力的作用下沿山坡向雪线以下的地区运动，包含内部的运动和底部的滑动两部分，是进行侵蚀、搬运、堆积并塑造各种冰川地貌的动力。这种动力与寒冻、雪蚀、雪崩、流水等各种应力共同作用，形成了冰川地区的地貌景观。

冰川地貌按成因分为侵蚀地貌和堆积地貌两类。冰川侵蚀地貌一般分布于冰川上游，即雪线以上位置，形态类型有角峰、刃脊、冰斗、冰坎、冰川槽谷及羊背石、冰川刻槽等磨蚀地貌。冰川沉积地貌分布于冰川下游，形态类型包括终碛垅、侧碛垅、冰碛丘陵、冰碛台地、底碛丘陵和底碛平原、鼓丘与漂砾扇，以及由冰水沉积物组成的冰砾阜、蛇形丘、冰水阶地台地和冰水扇等。常形成缤纷复杂美丽的冰川地貌景观。

我国是世界上中低纬度地区现代冰川最多的国家。我国的现代冰川集中分布于西部极高山和高山区，属于山岳冰川。北起阿尔泰山，南至云南丽江玉龙雪山，西自帕米尔高原，东到四川贡嘎山的范围内都有冰川分布。多有冰柱、冰塔、冰桌、冰帘、冰丘、冰蘑菇等奇丽多姿的冰蚀地貌，成为优异的风景观光区。如四川甘孜贡嘎山海螺沟冰川、新疆天山一号冰川、云南丽江玉龙雪山冰川、嘉峪关对岸祁连山“七一”冰川等。

第五节 海 面

河口是指河流注入受水体（海、湖、水库、干流）的出口。河流的终段，因受水体可能是海洋、湖泊、水库和河流等，因而河口可分为入海河口、入湖河口、入库河口和支流河口等。

就入海河口而言，它是一个半封闭的海岸水体，与海洋自由沟通，其许多特性影响着近海水域，且由于水体运动的连续性，往往把河口和其邻近海岸水体综合起来研究，因此它是海岸带的组成部分。海岸带往往以独特的阳光、沙滩、海水等资源组合成为旅游者来往不疲的胜地。

一、游憩海域

游憩海域是指可供观光游憩的海上区域，主要集中在滨海和近海。这里空气清新，开阔洁净，舒适宜人，而且沙滩、海岸、珊瑚、水生鱼类和植物丰富了旅游内容，因此成为理想的旅游场所。

观光游憩海域适宜开展观光、休闲、度假、疗养等项目，还可进行海水浴、阳光浴、帆板、冲浪、潜水、垂钓、水上摩托艇、水上跳伞、沙滩排球等娱乐和体育运动。我国著名的观光游憩海域有：辽宁大连海滨、河北秦皇岛北戴河海滨、山东青岛海滨、海南三亚海滨等。

二、涌潮与击浪现象

涌潮与击浪现象是指海水大潮时潮水涌进景象，以及海浪推进时的击岸现象。

（一）涌潮现象

涌潮是指海水大潮时潮水涌进的景象。是由于外海的潮水进入窄而浅的河口后，因惯性力的推动和地形的阻碍使波涛激荡重叠堆积而成。涌潮的成因主要是由于海水在月球和太阳引潮力作用下产生周期性地涨落运动，东汉的王充就已指出：“涛之兴也，随月盛衰。”其次，涌潮还受到地形地势的影响，在一些喇叭形的河口地区，受海底地形影响，常出现来势凶猛、潮端陡立的特殊潮汐现象，称为涌潮或怒潮。同时，有的地区季节性气象气候条件也是涌潮凶猛异常的影响因素，如季风的影响等。我国有多处著名的涌潮景观，其中以浙江钱塘江潮最具有代表性，世界闻名。

世界最著名的涌潮是我国的钱塘江大潮，它是发生在杭州湾（钱塘江的河口段）的一种涌潮。杭州湾是一个外宽内窄的大喇叭口，出海口宽达 100 千米，近岸缩小到 20 千米左右，到了盐官，落潮时江面只有 3 千米宽。每到涨潮，江中一下吞进大量海水，向里推进时，由于河道突然变窄，潮水涌积，酿成高潮。加上澉浦西面水下的一巨大沙洲，河床的平均水深自原来的 20 米左右迅速减到达 2~3 米，形成一道“门坎”，入内的潮水受阻，后浪赶上前浪，形成直立的“水墙”，潮头可达 3.5 米，潮差可达 8.9 米，是世界最著名的涌潮。

（二）击浪现象

击浪是指海浪推进时的击岸现象。海水受引力及地球自转力影响无时无刻不在运动之中，固有“无风三尺浪”。当海岸平沙如镜时，随着习习海风扑面，莹白的浪花如胶似漆的不断涌来，使游客心旷神怡；当海岸悬崖壁立时，百折不挠的海浪如同攻城拔寨的士兵，前拥后挤、争先恐后，常常能欣赏到“惊涛拍岸，卷起千堆雪”的壮观景色；当海面风力达7级以上，大风掀起滔天巨浪，汹涌澎湃，蔚为壮观。我国诸多海岸地带都可以欣赏到不同特征的击浪现象。

三、小型岛礁

小型岛礁是指出现在江海中的小型明礁或暗礁。小型岛礁包括岛屿和岩礁两个部分。

（一）岛屿

四面环水的小块陆地称为岛屿。其中面积较大的称为岛，如我国的台湾地区；面积特别小的称为屿，如厦门对岸的鼓浪屿。聚焦在一起的岛屿称为群岛，如我国的舟山群岛；按弧线排列的群岛又称岛弧，如日本群岛、千岛群岛等；三面临水，一面和陆地相连的称半岛，如阿拉伯半岛。

按岛屿的成因又可分为大陆岛、火山岛、珊瑚岛、和冲积岛四大类。本节所提岛区指小型岛屿上可供游览休憩的区段。典型代表有：

（1）福建湄洲岛。湄洲岛位于福建中部的湄洲湾口，面临中国台湾海峡，离大陆仅1.8海里。全岛南北狭长，形如娥眉，陆域面积14.35平方公里。湄洲岛属典型的亚热带海洋性季风气候，气候温和、风光秀丽、旅游资源独具特色。全岛海岸线长30.4公里，有13处总长20公里的金色沙滩，还有连绵5公里的海蚀岩。

湄洲岛是闻名遐迩的海上和平女神妈祖的故乡，妈祖文化的发祥地，是世界上20多个国家和地区近2亿妈祖信众魂牵梦萦、顶礼膜拜的圣地，被誉为“东方麦加”。

（2）福建鼓浪屿。鼓浪屿位于厦门西南面，与厦门只隔一条宽600米的鹭江，原名“圆沙洲”，明朝改称“鼓浪屿”。岛西南方有一礁石，每当涨潮水涌，浪击礁石，声似擂鼓，人们称鼓浪石，鼓浪屿因此而得名。

鼓浪屿自然风光优美，面积仅有1.91平方公里的岛上岩石峥嵘，挺拔雄秀，因长年受海浪扑打，形成许多幽谷和峭崖，沙滩、礁石、峭壁、岩峰，相映成趣。

鼓浪屿人文景观丰富，被称为“建筑博览馆”。许多建筑有浓烈的欧陆风格，古希腊的三大柱式陶立克、爱奥尼克、科林斯各展其姿；罗马式的圆柱；哥特式的尖顶；伊斯兰圆顶；巴洛克式的浮雕。门楼壁炉、阳台、钩栏、突拱窗，争相斗妍，异彩纷呈，洋溢着古典主义和浪漫主义的色彩。

（3）黑龙江太平岛。太平岛是中俄界河中一处四面环水的江心岛屿，位于黑龙江中心线南侧，距俄岸920米，是旅游观光消著的佳地。岛屿东西长1600米，南北宽510米，面积随水位变化大约在0.8~1.2平方公里之间。由南北两岛组成，北岛隔黑龙江与俄罗斯相望。登岛远眺，异国风光尽收眼底。

（二）岩礁

岩礁是指江海中隐现于水面上下的岩石及由珊瑚虫的遗骸堆积成的岩石状物。单独由岩石形成的称礁石；有珊瑚虫堆积的称为珊瑚礁，其中珊瑚礁更具较高的旅游价值。根据礁体与岸线的关系，可分为岸礁、堡礁和环礁。

（1）岸礁。岸礁沿大陆或岛屿岸边生长发育，亦称裙礁或边缘礁。目前世界最长的岸礁沿红海沿岸发育，绵延约 2700 多公里，分布水深约 36 米。

（2）堡礁。堡礁又称堤礁，是离岸有一定距离的堤状礁体，它与陆地隔以潟湖。目前世界规模最大的堡礁是澳大利亚昆士兰大堡礁，全长约 2000 公里，分布水深约 30 米。

（3）环礁。环礁礁体呈环带状围绕潟湖，有的与外海有水道相通。环礁直径在几百米至几十公里，形态多样。环礁多坐落在大洋火山锥上，孤立于汪洋大海之中，展布受洋底火山作用的控制，某些也可在大陆架上见到。马绍尔群岛上的夸贾林环礁和马尔代夫群岛的苏瓦迪瓦环礁，是世界上最大的两个环礁。

中国是世界珊瑚礁大国之一，总面积约 3 万平方公里，占世界珊瑚礁总面积的 5%。其珊瑚礁主要分布在台湾岛和海南岛的沿岸以及南海诸岛的 128 个以环礁为主要类型的礁区。其中中国台湾地区的恒春半岛和海南岛沿岸有岸礁发育，澎湖列岛与中国台湾地区的东南海岸及其附近的火烧岛、兰屿等都有堡礁发育。

——本章小结——

1. 核心概念

（1）暗河。也称作“伏流”“阴河”，是指地面以下的河流，是地下岩溶地貌的一种，是由地下水汇集，或地表水沿地下岩石裂隙渗入地下，经过岩石溶蚀、坍塌以及水的搬运而形成的地下河道。主要是在喀斯特（岩溶）发育中期形成的。

（2）古河道段落。古河道段落是指曾经存在但现在已经消失，一般仍保持着较好的河道形态的历史河道段落。古河道的根本成因是河流改道。

（3）湖泊。湖泊是指在自然地理因素综合作用下形成的，地球的内、外营力作用都可以形成湖盆，湖盆积水形成湖泊。

（4）湿地。湿地是指天然或人工形成的沼泽地等带有静止或流动水体的成片浅水区。

（5）涌潮。涌潮是指海水大潮时潮水涌进景象，是由于外海的潮水进入窄而浅的河口后，因惯性力的推动和地形的阻碍使波涛激荡重叠堆积而成。

2. 湖泊的成因分类

（1）构造湖。构造湖是指由地壳运动内力的作用，包括地质构造运动所产生的地壳断陷、坳陷和沉陷等所形成的各种构造凹地，如向斜凹地、地堑及其他断裂凹地所产生的构造湖盆，经贮水、积水而形成的湖泊。

（2）河迹湖。河迹湖又称牛轭湖，是由于河流的变迁或改道，曲形河道自行截弯取直后留下的旧河道形成的湖泊。

（3）海迹湖。海迹湖是指原为海域的一部分，因泥沙淤积而与海洋分开，形成封闭或接近封闭状态的湖泊。

（4）堰塞湖。堰塞湖是指由火山熔岩流、冰碛物、泥石流或由地震活动等原因形成的滑坡体或堆积物堵截山谷、河谷或河床后贮水而形成的湖泊。

（5）火口湖。火口湖是指火山喷发停止后，火山通道被阻塞，由火山口形成封闭的洼地，水体充填而形成的湖泊。

（6）溶蚀湖。溶蚀湖是指由地下水或地表水对石灰岩等可溶性岩石的溶蚀作用形成湖盆，并经积水形成的湖泊。

（7）冰蚀湖。冰蚀湖是指冰川在重力和压力作用下向下游移动，同时侵蚀地表使其成为洼地，冰川融化后洼地内形成的积水湖。

(8) 风蚀湖。风蚀湖是指挟带碎屑物的风沙流对地表进行侵蚀和磨蚀，在地表抗侵蚀能力相对较弱的地方，大量物质被吹走形成洼地，洼地内形成的积水湖。

3. 地下热水与温泉的区别

地下热水是地热的一种形式。地热是来自地球内部的一种能量资源，其来源主要是地球内部长寿命放射性元素（主要是铀238、铀235、钍232和钾40等）衰变产生的热能。按照其储存形式，地热资源可分为蒸汽型、热水型、地压型、干热岩型和熔岩型5大类。

温泉是地热形式的一种，属热水型地热资源，是地下热水在地表面的天然出露。

【导读解析】

钱江潮成因有三：

(1) 钱江潮涌受月亮、太阳的引力影响。东汉思想家王充在《论衡》中曾言：“涛之起也，随月盛衰，小大满损不齐同。”在农历每月初一和十五前后，太阳、月亮和地球排列在一条线上，太阳和月亮的引力合在一起吸引着地球表面的海水，所以每月初一和十五的潮汐就特别大，而农历八月十八前后，是一年中地球离太阳最近、引力最大的时候，此时出现的涌潮，自然也就最猛烈。

(2) 钱江潮的形成与钱塘江口状似喇叭形有关。钱塘江外杭州湾，外宽内窄，是一个非常典型的喇叭状海湾。出海口江面宽达100公里，往西到澉浦，江面骤缩到20公里。到海宁盐官镇一带时，江面只有3公里宽，酷似肚大口小的瓶子。起潮时，宽阔的湾口，一下子吞进大量海水，由于江面迅速收缩变窄，夺路上涌的潮水来不及均匀上升，就只好后浪推前浪，前浪跑不快，后浪追上，层层相叠，一浪更比一浪高。到大夹山附近，又遇水下巨大拦门沙坝，潮水一拥而上，掀起高耸惊人的巨涛，形成陡立的水墙，酿成初起的潮峰。

(3) 钱江潮的形成还与水下沉沙及季风有一定关系。钱塘江水下多沉沙，这些沉沙对潮流起阻挡和摩擦作用，使潮水前坡变陡，速度减缓，从而形成后浪赶前浪，一浪叠一浪，一浪高一浪涌潮。

此外，浙江沿海一带，夏秋之交，东南风盛行，风向与潮波涌进方向大体一致，风助潮势，推波助澜。这些特殊条件，能使后浪很快赶上前浪，层层巨浪叠加，形成潮头。

思 考 题

6-1　河系景观包括哪些基本类型？请举例说明。

6-2　湖泊按成因划分为哪些类型？请举例说明。

6-3　简述泉的旅游价值。

6-4　地下热水与温泉有什么区别？

第七章 中国的生物景观旅游资源

【学习目标】

通过本章学习：

（1）了解生物景观旅游资源的主要亚类型；

（2）掌握生物景观旅游资源各亚类的基本类型划分；

（3）掌握各基本类型资源的含义、代表性景观及其分布状况。

【知识要点】

（1）各基本类型旅游资源的含义；

（2）各基本类型旅游资源的代表性景观及其分布。

【案例导读】

花卉旅游热浪频频

“上山、下海、泡汤、花卉”是对历年春季热门旅游主题的形象概括。在2010年春季四大热门旅游主题中，花卉旅游占43.15%，温泉旅游占27.05%，登山旅游占20.4%，海岛度假占9%。通过数据可以看出，花卉旅游的热门程度远超过其他旅游主题。

2010年“五一”期间，北京、洛阳等地花卉客就达220余万人次，江西婺源的油菜花也吸引了超过60万游客前往观赏，其他以桃花、梅花、兰花、樱花等为主的知名花卉旅游目的地也都取得了不错的旅游业绩。

2010年春季花卉旅游热门花卉由高到低的顺序依次为：樱花、油菜花、梅花、桃花、郁金香、牡丹、杜鹃花、茶花、杏花、禾雀、海棠、玉兰、向日葵、玫瑰。其中油菜花的热门程度较去年春季有大幅度的上升，这与近年来农业旅游发展迅速有一定联系。旅游目的地按热门程度由高到低的顺序为：北京、昆明、洛阳、青岛、南京、大连、杭州、广州、成都、武汉。其中，昆明、洛阳等花卉旅游历史比较悠久的城市拥有明显优势，与此同时，很多新兴花卉旅游目的地崭露头角。

为什么花卉旅游会占据如此大的市场，其魅力究竟何在？让我们通过本章内容的学习来寻找答案。

生物是地球上有生命物体的总称，按其性质可分为动物、植物和微生物三大类。作为旅游资源的生物景观，主要由肉眼可见的前两者构成。生物景观因其独特的美学特征和文化内涵拥有较高的旅游价值。一方面，其色彩、形态、声音、习性、运动等外在形式美可吸引游客前来观览，具有极强的观赏价值；另一方面，某些生物具备人们推崇的精神象征、文化体现，具备较高的文化价值；此外，还有些生物的物种和群落是研究生物进化的佐证，具有科研价值；同时，生物能够美化、净化环境，给游人以感官和精神的愉悦，有益于人们的身心健康，具有疗养保健价值。

生物景观旅游资源因存在以上价值，逐渐形成了赏花旅游、观鸟旅游、狩猎旅游、垂钓旅游、科学考察旅游、森林旅游等各种旅游项目。

本章所指的生物景观包括生物群体构成的总体景观和个别的具有珍稀品种和奇异形态个体。

第一节　植被景观

一、林地

林地景观是指生长在一起的大片树木组成的植物群体，包括成片的天然林、次生林和人工林覆盖的土地，但不包括农业生产中的果园、桑园和茶园等的占地。

我国的天然林地主要分布在东北的大小兴安岭和长白山地区、西南的横断山区和藏东南地区，以及长江中下游的山地丘陵地区。其中，东北林区、西南林区、秦岭及江淮以南林区的森林面积和木材蓄积量最大，是我国的三大林区。

我国主要的林地景观有大兴安岭原始森林、长白山原始森林、神农架原始森林、张家界国家森林公园、西双版纳热带雨林、千岛湖森林公园和蜀南竹海等。

（一）大兴安岭原始森林

大兴安岭位于黑龙江省、内蒙古自治区北部，是内蒙古高原与松辽平原的分水岭。森林北起黑龙江畔，南至西拉木伦河上游谷地，为东北——西南走向，全长 1200 多公里，宽 200~300 公里，海拔 1100~1400 米，主峰为索岳尔济山。大兴安岭原始森林茂密繁盛，是我国重要的林业基地之一。主要树木有：兴安落叶松、樟子松、红皮云杉、白桦、蒙古栎、山杨等。

（二）神农架原始森林

神农架原始森林位于湖北、陕西、四川三省的边界。南濒长江，北望武当山，是大巴山脉和秦岭山脉交结的地方，亦是我国南部亚热带向北部温带过渡的地带。全区面积达 3250 平方公里，主峰大神农架高达 3300 米。1978 年，国家决定在其中的大小神农架诸峰周围 20 平方公里地带建立自然保护区，主要保护金丝猴、珙桐等珍稀动植物和森林生态系统。

（三）西双版纳热带雨林

西双版纳热带雨林自然保护区位于云南省南部西双版纳州的景洪、勐腊、勐海 3 县境内，总面积达 2854.21 平方公里。它的热带雨林、南亚热带常绿阔叶林、珍稀动植物种群，以及整个森林生态都是无价之宝，是世界上唯一保存完好、连片大面积的热带森林，深受国内外瞩目。地处云南南端的西双版纳热带雨林是当今我国高纬度、高海拔地带保存最完整的热带雨林，具有全球绝无仅有的植物垂直分布“倒置”现象。

二、独树与丛树

独树与丛树是指单株或生长在一起的小片树林组成的植物群体。

（一）独树

独树是指单株树木，通常因树龄较大、知名度较高、形态奇特、属珍稀物种或与重要事件、知名历史人物相关而具有较高旅游价值。树龄较大的独树，如轩辕庙中的“轩辕柏”，据说有5000余年树龄；晋祠中的“周柏”，据说有3000余年树龄等；形态奇特的独树，如安徽黄山的迎客松、连理松、云南临沧县的“白菜树”等；与知名历史人物相关的树，如轩辕庙中的轩辕柏和挂甲柏、孔庙中的孔子桧、武侯祠中的武侯柏等。

1. 轩辕柏

轩辕柏是陕西省黄陵轩辕庙中的“黄陵古柏”，又名“黄帝手植柏”。据传为轩辕黄帝亲手所植。轩辕柏耸立在桥山脚下的轩辕庙内，侧柏属，树高20米以上，树围7.8米。据说已经历了5000余年的风霜，至今干壮体美、枝叶繁茂，树冠覆盖面积达178平方米，树围号称“七搂八揸半，疙里疙瘩不上算”。由于世界上再无别的柏树比它年代久远，因此英国人称它是“世界柏树之父”。

2. 周柏

晋祠周柏位于山西太原晋祠院内。祠院内共有两株周柏，一株名为“齐年柏”，另一株名为“长龄柏”。其中齐年柏，也名卧龙柏，它形似卧龙，树身向南倾斜，与地面的角度成45度，形若游龙侧卧。根据相关机构的科学检测，其树龄在2600～2990年之间。为国家一级珍稀古树。此树高17.44米，树围5.58米，主干直径1.77米。这株古柏，与晋祠齐年，因而名为“齐年柏”。“古柏齐年”与难老泉、宋塑侍女像合称为“晋祠三绝”，成为晋祠中最让人有回味余地的旅游景观，是晋祠八景之一。

3. 迎客松

迎客松位于黄山玉屏楼左侧、文殊洞之上，倚青狮石破石而生，高10米，胸径0.64米，地径75厘米，枝下高2.5米，树龄至少已有800年，是黄山“四绝”之一。迎客松上有一侧枝桠伸出，如人伸出一支臂膀欢迎远道而来的客人，另一只手优雅地斜插在裤兜里，雍容大度，姿态优美，是黄山的标志性景观之一。

4. 连理松

连理松位于“黑虎松”到“始信峰”途中的左侧，树高20多米，在离地2米处树分两干，并蒂齐肩，其粗细、高低几乎一模一样，连理松为黄山十大名松之一，被列入世界遗产名录。因人们常以连理比喻夫妻，所以常附于此树许多爱恨缠绵的故事。

5. 白菜树

云南省临沧县有一种四季常青的树，树干有手电筒粗，但只有70厘米左右高。这种树能长出白菜来，每棵树上结三、四排球那么大的白菜，菜砍下后还能长出新菜，一年四季都可收获，味道也不错。

6. 挂甲柏

陕西省黄陵轩辕庙内有两株古柏。其中有一株叫“皇帝手植柏”，另一株叫“挂甲柏”，相传是汉武帝挂甲之处，至今树皮还有挂甲痕迹，柏液渗出似有断钉在内。这棵古柏至今仍枝繁叶茂，郁郁葱葱。

7. 孔子桧

山东曲阜孔庙的大成门内，用石栏维护着一棵挺拔苍劲、高达20多米的古桧，树东有一碑，上书“先师手植桧”。据记载，这是孔子所栽。相传孔子曾手植3株桧树，另两株早已枯死，唯此株巍然独立，实乃罕有的活文物。

8. 武侯柏

四川成都武侯祠前，有一株古柏，树干粗壮，像龙一样盘绕，浓荫蔽日，衬托殿宇。相传三国蜀主刘备在成都安葬丞相诸葛亮时亲手种植，称“双文柏”。杜甫《蜀相》诗：“丞相祠堂何处寻，锦官城外柏森森。”李商隐有“蜀相阶前柏，龙蛇捧闭宫”句。

9. 文成柳

西藏自治区拉萨市大昭寺前，有一株闻名遐迩的唐代古柳。相传唐朝贞观十五年（641年），唐太宗养宗室女文成公主远嫁吐蕃松赞干布时，从长安带去树苗种起来的纪念树，故又叫“文成柳”，又称“公主柳”，是汉藏两族人民友好交往的历史见证。

10. 系马槐

河南封丘县东南的陈桥驿东岳有一棵古槐。960年，赵匡胤起事夺取后周，建立大宋王朝时，曾把战马系于这棵槐树上，故名“系马槐”。如今此树枝繁叶茂，树前立有“系马碑”。

念庵松湖南衡山主峰祝融峰附近，有6株黄山松，扎根岩缝之中，最高10米，树姿俊美，如云中仙女舒展玉臂迎客，誉为“迎客松”。明嘉靖二十五年（1546），僧人念庵禅师从庐山带来送给高台寺楚石和尚。

（二）丛树

丛树景观是指生长在一起的小片树木组成的植物群体，俗称树林。丛树景观又以某种特殊植物的群落最具有观赏和科考价值，如广西山口红树林、丽江的万亩杜鹃林、云南大理苍山的冷杉林、贵州赤水的桫椤群落等。

1. 红树林

红树林是一种稀有的木本胎生植物，生长于陆地与海洋交界带的滩涂浅滩，是陆地向海洋过度的特殊生态系。调查研究表明，红树林是至今世界上少数几个物种最多样化的生态系之一，生物资源量非常丰富，例如，广西山口红树林区就有111种大型底栖动物，104种鸟类、133种昆虫，还有159种藻类，其中4种为我国新纪录。同时，由于红树林区内潮沟发达，吸引深水区的动物来到红树林区内觅食栖息，生产繁殖。由于红树林生长于亚热带和温带，并拥有丰富的鸟类食物资源，所以红树林区是候鸟的越冬场和迁徙中转站，更是各种海鸟的觅食栖息，生产繁殖的场所。

2. “万亩杜鹃林”

“万亩杜鹃林”位于丽江市古城区龙山乡光乐村境内，当地纳西人称“美旭阁”，汉语之意为“红杜鹃生长最多的地方”。

“万亩杜鹃林”核心区海拔高度2600米，总面积约4.5万亩，地处东香格里拉，立体气候特征明显，形成了中亚热带、温带、寒带等多种植被分布的景观，森林覆盖率为60%，在以云南松为主的阔、针叶混交林中，混生着十余个种杜鹃科植物，以及国家二级保护植物山茶花等多种高山花卉。

在核心区，杜鹃树约占林地面积的45%。有几十万株不同品种的杜鹃古树，树龄大都在300年以上，是滇西北红杜鹃林最密集的林地。每至杜鹃花期，红、黄、白各色杜鹃千姿百态，杂然相间，一片花海。在满山姹紫嫣红在松树青翠的映衬下，一如斑斓的锦缎起伏绵延，蔚为大观。其中以一红一白两株杜鹃树最为名贵，树围已达两米以上，树高近二十米，盘根错节，干纠枝虬，花大如碗，重瓣叠蕊，颇具王者气势，是杜鹃中的极品，对国内外游客极吸引力。

三、草地

草地是指以多年生草本植物或小半灌木组成的植物群落构成的地区。

中国草地资源按自然条件、利用现状和发展方向可分为蒙新高原草原区、东北草原区、青藏高原草原区、黄土高原草山区、西南山地草山区、东南丘陵草山区以及黄淮平原沿海草滩区等。

我国代表性的草地景观有：

（1）若尔盖大草原。若尔盖大草原是地处四川、甘肃、青海三省结合部的中国西北大草原，由若尔盖、阿坝、红原、壤塘四县组成，是中国五大草原之一。草原面积为35600多平方公里，系以牧为主的藏族聚居地。草原地势平坦，一望无际，人烟稀少。红军二万五千里长征曾多次通过这里，留下了许多可歌可泣的动人故事和革命遗址，这也使得草地声名远播海内外。

若尔盖大草原水草丰茂，原始生态环境保护良好，形成了山水秀丽、景色迷人的草原风光。这里天高气爽，能见度很高，绿草茵茵，繁花似锦，一望无涯。草地游览内容丰富，可赏草地风光，听牧歌悠扬，可垂钓黄河鱼野炊，可骑马驰骋草原，可观梅花鹿牧场，可住帐篷宾馆，也可采撷野菜山菌。

（2）空中草原。空中草原位于河北省涞源盆地和蔚县盆地之间，涞源县城西北26公里处。草原分南北两块，中间由一道山梁相连，总面积为29平方公里，分别隶属于蔚县、涞源县和灵丘县。空中草原在一个巨大的平顶山的山顶，海拔2158米，山体四周是陡峻的山坡，山顶面积却达3.6万亩。草原坦荡如砥，绿草如茵，野花遍地，可“手摸白云天，脚踏花草地”。

（3）呼伦贝尔大草原。呼伦贝尔市位于内蒙古自治区东部，西同蒙古国交界。大兴安岭由北向南纵贯中部，成为呼伦贝尔东西部的天然分界线。东侧是黑土平原—松嫩平原，西侧是著名草原之一的呼伦贝尔大草原。呼伦贝尔大草原广袤无垠，未受污染，被称之为“绿色净土”，也被人誉之为“北国碧玉”。以牧草为主的植物多达1300余种，形成了不同特色的植被群落景观。

（4）那拉提草原。那拉提草原位于新疆维吾尔自治区新源县东部，地处楚鲁特山北坡，发育于第3纪古洪积层上的中山地草场，东南接那拉提高岭。那拉提意为“最先见到太阳的地方”。

那拉提草原系亚高山草甸植物。中生杂草与禾草构成植株高达50~60厘米，覆盖度可达75%~90%。仲春时节，草高花旺，碧茵似锦，极为美丽。

（5）锡林郭勒草原。锡林郭勒草原位于内蒙古自治区锡林浩特市境内，面积107.86

万公顷，1987 年被联合国教科文组织接纳为“国际生物圈保护区”网络成员，是欧亚大陆草原区亚洲东部草原亚区保存比较完整的原生草原部分。保护区内生态环境类型独特，具有草原生物群落的基本特征。保护区内分布有大量反映了蒙古高原区系特点的野生动物，哺乳动物有黄羊、狼、狐等 33 种，鸟类有 76 种。其中国家一级保护野生动物有丹顶鹤、白鹳、大鸨、玉带海雕等 5 种，国家二级保护野生动物有大天鹅、草原雕、黄羊等 21 种。本区是目前我国最大的草原与草甸生态系统类型的自然保护区，在草原生物多样性的保护方面占有重要的空间位置和明显的国际影响。

（6）鄂尔多斯大草原。鄂尔多斯草原旅游区地处鄂尔多斯市杭锦旗境内，同时存有大面积的草原和沙漠，以及上千个大小湖泊。在零星散落的蒙古包映衬下，天空纯净明亮、草地辽阔壮丽、空气清新、牛羊成群，令游客心旷神怡。“天苍苍，野茫茫，风吹草低见牛羊”是鄂尔多斯草原的真实写照。

（7）那曲高寒草原。那曲地区位于西藏自治区北部。那曲藏语意为“黑河”，在那曲地区境内，辽阔的草原和神秘的藏北无人区，都会给旅游者留下深刻的印象。尤其是一望无际的无人区，栖息着野牦牛、藏羚、野驴等许多国家一级保护动物，给这片神奇的土地增添了更加迷人的色彩。

四、花卉地

花卉地是指一种或多种花卉组成的群体。在现代社会，人们经常因为鲜花宜人的外观和香味而以各种方式种植、购买和佩戴花卉，人的一生中会在各种各样的活动和场合中使用鲜花，如庆祝新生或宗教洗礼、社交集会或节日佩戴、表达爱意或敬意、婚礼装饰、家居装潢、纪念礼物、寄托思念等。花卉不仅可以美化环境，供人观赏，而且在一些花身上可以领略到许多传统文化的寓意，具有较高的旅游价值。

中国种植的花卉在物种资源、气候条件、花文化等方面都有极大的优势。全世界约有 3 万种花卉，我国就有约 2 万种，许多国家赞誉“没有中国花卉，便不成花园”，中国花卉被誉为“世界园林之母”。很多世界著名花卉是以我国为分布中心，如杜鹃世界有 800 多种，我国有 600 余种；百合世界有 80 种，我国有 35 种。

中国的花文化极为丰厚，载体形式包括文学戏剧、诗词绘画、电影歌曲等，类型多种多样。例如人们的生活习俗中常会有花，日常中送花已是一种人际交往的礼节；花卉往往成为品格的象征，如梅、兰、竹、菊被称为“花中四君子”；古往今来人们留下了大量关于花卉的诗歌，如陶渊明的“采菊东篱”、周敦颐的“出污泥而不染”等；因花而产生了许多独特语言：“花语”，花语虽无声，但此时无声胜有声，其中的含义和情感表达更甚于言语，比如菊花意指清净、高洁、真情，紫罗兰意指永恒的美、无尽的爱，龙舌兰意指为爱付出一切，蝴蝶兰意指高雅、博学等。

我国目前已经形成了以云南、四川、江苏、浙江、海南为重点的南方热带、亚热带花卉产区；以广东、福建为重点的南方热带观叶植物产区；以浙江、四川、河南、河北为重点的观赏苗木产区；以北京、山东、河北为主的北方花卉产区；以辽宁为中心的东北花卉产区。其中著名的花卉地有河南洛阳和山东菏泽的牡丹、江西井冈山的杜鹃、吉林长白山的野生花卉、河北白洋淀的荷花、浙江杭州超山的梅花等。

花卉地主要分为草场花卉地和林间花卉地两种类型。

（一）草场花卉地

草场花卉地是指在草场环境下，因不同季节气候条件而成片分布的花卉草地。如野生百合花、报春花、野菊花等成片生长，色彩纷呈，使草地景观更添生机，大大提高观赏价值。

我国比较有代表性的草场花卉地有锡林郭勒草原、那拉提草原、南山牧场、甘南夏河草原等。每当春、夏之际，各种野花争相开放，将草原点缀成一块色彩斑斓的天然地毯。

（二）林间花卉地

林间花卉地是指在灌木林、乔木林中成片生长有花卉群落的林间地段。如井冈山十里杜鹃长廊，湖北利川壮观的百里杜鹃长廊等。

(1) 井冈山十里杜鹃长廊。井冈山拥有举世罕见的十里杜鹃花长廊，蔚为壮观。这里的杜鹃植株全部是大树，一般都有六七米高，最高的有十多米。杜鹃品种众多，有猴头杜鹃、井冈杜鹃、鹿角杜鹃、红毛杜鹃、小叶杜鹃、江西杜鹃等 26 种。由于高山气候的影响，再加上各种杜鹃花期不同，所以从每年 4 月上旬一直到 5 月底，杜鹃长廊景象喜人。

(2) 湖北利川百里杜鹃长廊。利川百里杜鹃长廊在利川市谋道镇苏马荡境内。杜鹃长廊方圆百里皆是盛开的杜鹃，这些杜鹃品种繁多、色彩鲜艳，在阳光的照耀下显得更加热情奔放、光彩夺人，极具观赏价值。

第二节　野生动物栖息地

野生动物是指生存于自然状态下，非人工驯养的各种哺乳动物、鸟类、爬行动物、两栖动物、鱼类、软体动物、昆虫及其他动物。野生动物栖息地包括水生动物栖息地、陆生动物栖息地、鸟类栖息地和蝶类栖息地等。野生动物不仅具有经济、科学、文化教育等各方面重要价值，而且以其奇特性、珍稀性和表演性成为深受人们喜爱的旅游景观。

一、水生动物栖息地

水生动物是指在水中生活的异养生物。它们自身不能制造食物，营养靠摄食植物、其他动物和有机残体。水生动物按其生活水域可分为海洋动物和淡水动物。

水生动物栖息地是指一种或多种水生动物常年或季节性栖息的地方。我国许多水生动物栖息地现已建设成国家级自然保护区，见表 7-1。

表 7-1　水生动物栖息地保护区

名　称	主要保护对象
辽宁大连斑海豹国家级自然保护区	斑海豹及其生境
吉林鸭绿江上游国家级自然保护区	珍稀冷水性鱼类及其生境
安徽铜陵淡水豚国家级自然保护区	白鳍豚、江豚等珍稀水生生物及河流湿地生态系统
福建厦门珍稀海洋物种国家级自然保护区	中华白海豚、文昌鱼等珍稀海洋生物及其生境、鹭类及其生境
山东滨州贝壳堤岛与湿地国家级自然保护区	贝壳堤岛、湿地、珍稀鸟类、海洋生物
湖北长江天鹅洲白鳍豚国家级自然保护区	白鳍豚及其生境
湖北长江新螺段白鳍豚国家级自然保护区	白鳍豚、江豚、中华鲟等珍稀水生生物及河流生态系统

续表 7-1

名　　称	主要保护对象
广东珠江口中华白海豚国家级自然保护区	中华白海豚及其生境
广东雷州珍稀海洋生物国家级自然保护区	白蝶贝等珍稀海洋生物及其生境
广东惠东港口海龟国家级自然保护区	海龟及近岸生境、沙滩产卵场等
广西合浦营盘港-英罗港儒艮国家级自然保护区	儒艮、海草及海洋生态系统
四川长江上游珍稀、特有鱼类国家级自然保护区	白鲟、达氏鲟、胭脂鱼等长江上游珍稀特有鱼类产卵场、越冬场、洄游通道及河流生态系统

二、陆地动物栖息地

陆生动物是指在陆地上繁衍生活的动物的总称。

陆生动物栖息地是指一种或多种陆地野生哺乳动物、两栖动物、爬行动物等常年或季节性栖息的地方。我国许多陆生动物栖息地也以建设成国家级自然保护区，见表 7-2。

表 7-2　陆生动物栖息地自然保护区

名　　称	主要保护对象
河北雾灵山国家级自然保护区	温带森林生态系统及猕猴等野生动植物
山西阳城蟒河猕猴国家级自然保护区	猕猴等珍稀野生动植物及其生境
山西历山国家级自然保护区	森林植被及勺鸡、猕猴、大鲵等野生动物
内蒙古赛罕乌拉国家级自然保护区	森林生态系统及马鹿等野生动物
内蒙古乌拉特梭梭林-蒙古野驴国家级自然保护区	梭梭林、蒙古野驴及荒漠生态系统
辽宁蛇岛老铁山国家级自然保护区	蛇岛蝮蛇、候鸟及其生境
吉林珲春东北虎国家级自然保护区	东北虎、远东豹及其生境
黑龙江胜山国家级自然保护区	驼鹿及其生境
江苏大丰麋鹿国家级自然保护区	麋鹿和丹顶鹤等鸟类及滨海湿地生态系统
浙江临安清凉峰国家级自然保护区	梅花鹿、香果树等野生动植物及森林生态系统
浙江九龙山国家级自然保护区	黑麂、黄腹角雉、伯乐树等野生动植物及常绿阔叶林生态系统
安徽扬子鳄国家级自然保护区	扬子鳄及其生境
江西桃红岭梅花鹿国家级自然保护区	野生梅花鹿南方亚种及其栖息地
山东昆嵛山国家级自然保护区	梅花鹿等野生动植物及森林生态系统
河南小秦岭国家级自然保护区	森林生态系统及野生动植物
河南太行山猕猴国家级自然保护区	猕猴及森林生态系统
湖北神农架国家级自然保护区	森林生态系统及川金丝猴、珙桐等珍稀野生动植物
湖北石首麋鹿国家级自然保护区	麋鹿及其生境
湖南张家界大鲵国家级自然保护区	大鲵及其生境
广东内伶仃-福田国家级自然保护区	岛屿、红树林生态系统及猕猴、鸟类等野生动植物
海南大田国家级自然保护区	海南坡鹿及其生境
海南霸王岭国家级自然保护区	黑冠长臂猿及其生境

续表 7-2

名　　称	主要保护对象
四川王朗国家级自然保护区	大熊猫、川金丝猴等珍稀野生动物及森林生态系统
四川雪宝顶国家级自然保护区	大熊猫、川金丝猴、扭角羚等珍稀野生动物及其生境
四川唐家河国家级自然保护区	大熊猫等珍稀野生动物及森林生态系统
四川马边大风顶国家级自然保护区	大熊猫等珍稀野生动物及森林生态系统
四川蜂桶寨国家级自然保护区	大熊猫等珍稀野生动物及森林生态系统
四川卧龙国家级自然保护区	大熊猫等珍稀野生动物及森林生态系统
四川九寨沟国家级自然保护区	大熊猫等珍稀野生动物及森林生态系统
四川贡嘎山国家级自然保护区	高山森林生态系统及大熊猫、金丝猴等珍稀野生动物
四川察青松多白唇鹿国家级自然保护区	白唇鹿、金钱豹等野生动物及其生境
四川海子山国家级自然保护区	高寒湿地生态系统及白唇鹿、马麝、金雕、藏马鸡等珍稀动物
四川美姑大风顶国家级自然保护区	大熊猫等珍稀野生动物及森林生态系统
四川长沙贡玛国家级自然保护区	高寒湿地生态系统和藏野驴、雪豹等珍稀野生动物
贵州梵净山国家级自然保护区	森林生态系统及黔金丝猴等珍稀动植物
贵州麻阳河国家级自然保护区	黑叶猴等珍稀动物及其生境
云南哀牢山国家级自然保护区	原始森林生态系统及黑长臂猿等珍稀野生动植物
云南无量山国家级自然保护区	亚热带常绿阔叶林及黑冠长臂猿等珍稀濒危野生动植物
云南白马雪山国家级自然保护区	高山针叶林生态系统、滇金丝猴及其生境
云南南滚河国家级自然保护区	亚洲象、孟加拉虎等珍稀濒危野生动物及森林生态系统
西藏类乌齐马鹿国家级自然保护区	马鹿、白唇鹿等野生动物及其生境
西藏芒康滇金丝猴国家级自然保护区	滇金丝猴及其生境
西藏珠穆朗玛峰国家级自然保护区	高山森林、湿地、荒漠生态系统及雪豹等野生动物
西藏羌塘国家级自然保护区	藏羚羊等有蹄类野生动物及高原荒漠生态系统
陕西周至国家级自然保护区	川金丝猴、大熊猫等野生动植物及其生境
陕西太白山国家级自然保护区	森林生态系统及大熊猫、川金丝猴、扭角羚等野生动植物
陕西子午岭国家级自然保护区	森林生态系统及豹、黑鹳、金雕等野生动植物
陕西长青国家级自然保护区	大熊猫、扭角羚、林麝等野生动植物及其生境
陕西佛坪国家级自然保护区	大熊猫、川金丝猴、扭角羚等野生动物及森林生态系统
陕西天华山国家级自然保护区	大熊猫、川金丝猴、扭角羚等野生动植物及其生境
陕西牛背梁国家级自然保护区	扭角羚等珍稀野生动植物及其生境
陕西桑园国家级自然保护区	大熊猫等珍稀野生动植物及其生境
陕西青木川国家级自然保护区	川金丝猴、大熊猫等珍稀野生动植物及其生境
甘肃盐池湾国家级自然保护区	白唇鹿、野牦牛等野生动物及荒漠、草原、湿地生态系统
甘肃安南坝野骆驼国家级自然保护区	野骆驼、藏野驴等野生动物及荒漠、草原生态系统
甘肃敦煌西湖国家级自然保护区	野骆驼、白鹳、黑鹳等珍稀野生动物及荒漠、湿地生态系统
甘肃小陇山国家级自然保护区	扭角羚、红腹锦鸡等珍稀野生动植物及其生境

续表 7-2

名　　称	主要保护对象
甘肃白水江国家级自然保护区	大熊猫、川金丝猴、扭角羚等珍稀野生动物及其生境
青海可可西里国家级自然保护区	藏羚羊、野牦牛等野生动物及高原生态系统
新疆阿尔金山国家级自然保护区	藏羚羊、野牦牛、藏野驴等野生动物及高原生态系统
新疆罗布泊野骆驼国家级自然保护区	野骆驼等野生动物及其生境

三、鸟类栖息地

鸟类通常指带羽毛、卵生的脊椎动物，有极高的新陈代谢速率。由于鸟类的长骨多是中空的，所以大部分的鸟类都可以飞。全世界现有鸟类 9000 余种，我国有 1329 种。绝大多数鸟类营树栖生活，少数营地栖生活；水禽类在水中寻食；部分种类有迁徙的习性。我国鸟类主要分布于西南、华南、中南、华东和华北地区。

鸟类栖息地是指一种或多种鸟类常年或季节性栖息的地方。我国许多鸟类栖息地的保护区见表 7-3。

表 7-3　鸟类栖息地自然保护区

名　　称	主要保护对象
河北衡水湖国家级自然保护区	湿地生态系统及鸟类
山西芦芽山国家级自然保护区	褐马鸡及其生境
山西五鹿山国家级自然保护区	褐马鸡、白皮松等野生动植物及其生境
山西庞泉沟国家级自然保护区	褐马鸡及华北落叶松、云杉等森林生态系统
内蒙古阿鲁科尔沁国家级自然保护区	沙地草原、湿地生态系统及珍稀鸟类
内蒙古达里诺尔国家级自然保护区	湖泊湿地、草原生态系统及珍稀鸟类
内蒙古鄂尔多斯遗鸥国家级自然保护区	遗鸥及其生境湿地生态系统等
内蒙古辉河国家级自然保护区	河流湿地、草原、沙地樟子松林及丹顶鹤等珍稀濒危鸟类
内蒙古科尔沁国家级自然保护区	湿地、草原、灌丛、疏林生态系统及珍稀鸟类
内蒙古图牧吉国家级自然保护区	大鸨等珍稀鸟类及湿地生态系统
辽宁蛇岛老铁山国家级自然保护区	蛇岛蝮蛇、候鸟及其生境
辽宁丹东鸭绿江口湿地国家级自然保护区	滨海湿地生态系统及珍稀鸟类
辽宁双台河口国家级自然保护区	珍稀鸟类及沿海湿地生态系统
吉林查干湖国家级自然保护区	湿地生态系统及珍稀鸟类
吉林向海国家级自然保护区	湿地生态系统及丹顶鹤等珍稀鸟类
吉林雁鸣湖国家级自然保护区	湖泊湿地生态系统及珍稀鸟类
黑龙江扎龙国家级自然保护区	丹顶鹤等珍稀鸟类及湿地生态系统
黑龙江珍宝岛湿地国家级自然保护区	丹顶鹤、白鹳等野生动物及湿地生态系统
黑龙江兴凯湖国家级自然保护区	湖泊湿地生态系统及丹顶鹤等珍稀野生动植物
黑龙江三江国家级自然保护区	湿地生态系统及东方白鹳等珍稀鸟类
黑龙江洪河国家级自然保护区	沼泽湿地生态系统及珍稀鸟类

续表 7-3

名　称	主要保护对象
黑龙江挠力河国家级自然保护区	沼泽湿地生态系统及珍稀鸟类
上海九段沙湿地国家级自然保护区	河口沙洲地貌及鸟类等
上海崇明东滩鸟类国家级自然保护区	湿地生态系统及珍稀鸟类
江苏盐城湿地珍禽国家级自然保护区	丹顶鹤等珍稀鸟类及海涂湿地生态系统
江苏大丰麋鹿国家级自然保护区	麋鹿和丹顶鹤等鸟类及滨海湿地生态系统
江苏泗洪洪泽湖湿地国家级自然保护区	湖泊湿地生态系统及大鸨等珍稀鸟类
浙江古田山国家级自然保护区	白颈长尾雉、南方红豆杉等野生动植物及常绿阔叶林生态系统
浙江九龙山国家级自然保护区	黑麂、黄腹角雉、伯乐树等野生动植物及常绿阔叶林生态系统
安徽升金湖国家级自然保护区	白鹳等珍稀鸟类及湿地生态系统
江西鄱阳湖南矶湿地国家级自然保护区	天鹅、大雁等珍稀鸟类及湖泊湿地生态系统
江西鄱阳湖国家级自然保护区	白鹤等珍稀鸟类及湖泊湿地生态系统
山东黄河三角洲国家级自然保护区	河口湿地生态系统及丹顶鹤、白鹳等珍稀鸟类
山东长岛国家级自然保护区	鹰、隼等猛禽、候鸟及其生境
山东荣成大天鹅国家级自然保护区	大天鹅等珍稀鸟类及其生境
河南新乡黄河湿地鸟类国家级自然保护区	天鹅、鹤等珍稀鸟类及湿地生态系统
河南黄河湿地国家级自然保护区	河流湿地生态系统、珍稀鸟类
河南丹江湿地国家级自然保护区	湿地生态系统及鸟类
河南董寨国家级自然保护区	白冠长尾雉等珍稀鸟类及其生境
湖北龙感湖国家级自然保护区	白头鹤、黑鹳等珍稀濒危动植物及湿地生态系统
湖南东洞庭湖国家级自然保护区	珍稀鸟类及其生境、湖泊湿地生态系统
广东内伶仃-福田国家级自然保护区	岛屿、红树林生态系统及猕猴、鸟类等野生动植物
广西金钟山黑颈长尾雉国家级自然保护区	鸟类及其生境
海南大洲岛国家级自然保护区	金丝燕及其生境、岛屿生态系统
四川海子山国家级自然保护区	高寒湿地生态系统及白唇鹿、马麝、金雕、藏马鸡等珍稀动物
贵州威宁草海国家级自然保护区	高原湖泊湿地生态系统及黑颈鹤等珍稀鸟类
云南会泽黑颈鹤国家级自然保护区	黑颈鹤等珍稀鸟类及其生境、湿地生态系统
云南大山包黑颈鹤国家级自然保护区	黑颈鹤等珍稀鸟类及其生境
西藏雅鲁藏布江中游河谷黑颈鹤国家级自然保护区	黑颈鹤等珍稀野生动物及其生境
西藏色林错国家级自然保护区	黑颈鹤繁殖地、高原湿地生态系统
陕西子午岭国家级自然保护区	森林生态系统及豹、黑鹳、金雕等野生动植物
陕西汉中朱鹮国家级自然保护区	朱鹮及其生境
青海青海湖国家级自然保护区	黑颈鹤、斑头雁、棕头鸥等珍稀鸟类及湖泊湿地生态系统
青海隆宝国家级自然保护区	黑颈鹤、天鹅等珍稀鸟类及沼泽、草甸生态系统

续表 7-3

名　　称	主要保护对象
宁夏贺兰山国家级自然保护区	水源涵养林、野生动植物及森林生态系统
新疆巴音布鲁克国家级自然保护区	天鹅等珍稀鸟类及沼泽湿地生态系统

四、蝶类栖息地

蝴蝶是大自然中一种很美丽的昆虫，被称为大自然的精灵。蝶类栖息地是指一种或多种蝶类常年或季节性栖息的地方。

自然保护区是目前我国野生蝶类的主要栖息地和繁殖地，如宁夏蝶类主要栖息地六盘山国家级自然保护区、贵州茂兰国家级自然保护区、陕西平河梁自然保护区、河北小五台山自然保护区、湖南小溪国家级自然保护区、江西井冈山国家级自然保护区、广东省石门台自然保护区等。

——本 章 小 结——

(1) 林地景观是指生长在一起的大片树木组成的植物群体。

(2) 草地景观是指以多年生草本植物或小半灌木组成的植物群落构成的地区。

(3) 花卉地景观是指一种或多种花卉组成的群体。

(4) 水生动物栖息地是指一种或多种水生动物常年或季节性栖息的地方。

(5) 陆生动物栖息地是指一种或多种陆地野生哺乳动物、两栖动物、爬行动物等常年或季节性栖息的地方。

(6) 鸟类栖息地是指一种或多种鸟类常年或季节性栖息的地方。

(7) 蝶类栖息地是指一种或多种蝶类常年或季节性栖息的地方。

【导读解析】

中国花卉旅游日益升温的原因分析如下。

1. 丰富的花卉资源为花卉旅游的开展提供了坚实的基础

全世界约有 3 万种花卉，我国就有约 2 万种，许多国家赞誉“没有中国花卉，便不成花园”，中国花卉被誉为“世界园林之母”。很多世界著名花卉是以我国为分布中心，如杜鹃世界有 800 多种，我国有 600 余种；百合世界有 80 种，我国有 35 种。

2. 花卉文化内涵深厚

中国的花文化极为丰厚，载体形式包括文学戏剧、诗词绘画、电影歌曲等，多种多样，主要从以下几个方面显现：(1) 花卉和习俗。人们采花种花、探花赏花、伤花葬花，蔚为风俗，日常中送花更是一种人际交往的礼节，孕育出绚丽多彩的“花文化”。(2) 花卉和品格。花不仅因颜色、姿容而美，更美在其蕴含的人格寓意、精神力量，如“花中四君子”梅、兰、竹、菊。(3) 花卉和诗歌。陶渊明的“采菊东篱”、周敦颐的“出污泥而不染”，屈原佩兰示节、李白醉卧花丛，古今众多文人墨客以花创造了千古佳作。(4) 花卉和绘画。清代“扬州八怪”，近代齐白石、张大千等都刻意求新，创作出一批具有时代气息的花卉画。(5) 花卉和音乐。《夜来香》醉了多少男女；《花儿为什么这样红》引出了火热甜蜜；《茉莉花》更是红遍五洲四海。

3. 花卉生态功能卓越

大量花木能吸收大量的粉尘及颗粒，减弱噪声；有些花卉分泌物还可杀死空气中的细菌；有一些花卉对空气污染非常敏感，可用作监测空气污染的“指示器”。

4. 花卉审美功能独特

赏花是人们日常生活中的一种享受。花的色、香、姿、韵，是中国传统的赏花标准，在这个标准中，韵就是内在美，色、香、姿是外在美，只有内外美的统一才是真正美。

5. 花卉具有强体健身功效

花卉有益于人体健康，身心健康两方面。通过赏花色、闻花香，以花为食，以花为药，甚至通过养花弄草适度运动，都能起到防病治病，强体健身的作用。

思 考 题

7-1 植被景观旅游资源包括哪些基本类型？请举例说明。

7-2 野生动物栖息地划分为哪些类型？请举例说明。

第八章　中国的天象与气候景观旅游资源

【学习目标】

通过本章学习：

（1）了解天象与气候旅游资源的主要类型；

（2）掌握天象与气候旅游资源各类的基本类型划分；

（3）掌握各基本类型资源的含义、代表性景观及其分布状况。

【知识要点】

（1）各基本类型旅游资源的含义；

（2）各基本类型旅游资源的代表性景观及其分布。

【案例导读】

变化万千的“宝光”之谜

登临峨眉、泰山、黄山等著名大山的游客，有时会有幸在山顶云海环绕的空中偶见一环绕七彩光环的人物影像，神奇美丽，古往今来被意为佛祖的显灵，称之“宝光”、或“佛光”。佛家认为，只有与佛有缘的人，才能看到佛光，因为佛光是从佛的眉宇间放射出的救世之光、吉祥之光。

传说1600多年前，敦煌莫高窟建窟前曾闪现“金光”和“千佛”的奇异景象。公元366年的一天傍晚，在中国西北部的甘肃省敦煌市附近的一座沙山上，“佛光”的一次偶尔呈现被一个叫乐僔的和尚无意中看到。看到“佛光”的乐僔当即跪下，并朗声发愿要把他见到“佛光”的地方变成一个令人崇敬的圣洁宝地。受这一理念的感召，经过工匠们千余年断断续续的构筑，终于成就了我们今天看到的这座举世闻名的文化艺术瑰宝——敦煌莫高窟。在敦煌莫高窟第332窟李克让《重修莫高窟佛龛碑》的碑文上记载了这一段莫高窟创建的原始动机。

由于佛光的神秘性，公众和游客在不同的地点看到佛光，都给它冠以了不同的美丽名称，如“峨眉宝光”“碧霞宝光”等。

峨眉山舍身岩是一个得天独厚的观赏佛光场所，因而有了“峨眉宝光”的名号。在金顶的舍身岩前，据统计，平均每五天左右就有可能出现一次便于观赏佛光的天气条件，其时间一般在午后3：00~4：00之间，云层中骤然幻化出一个红、橙、黄、绿、青、蓝、紫的七色光环，中央虚明如镜。观者背向阳光，会发现光环中出现自己的身影，举手投足，影皆随形。谭钟岳曾有诗云：“非云非雾起层空，异彩奇辉迥不同。试向石台高处望，人人都在佛光中。”

泰山岱顶碧霞祠一带，也经常出现佛光，当地人称为“碧霞宝光”。每当云雾弥漫的清晨或傍晚，游人站在较高的山头上顺光而视，就可能看到缥缈的雾幕上，呈现出一个内蓝外红的彩色光环，将整个人影或头影映在里面，恰似佛像头上方五彩斑斓的光环。据记载，泰山佛光大多出现在6~8月中半晴半雾的天气，而且是太阳斜照之时。

其实“宝光”也并不是十分难觅踪迹，在我国的黄山、庐山等地也能经常欣赏到它的风采；若乘飞机在云彩上飞行，遇上好的天气，眼睛注视飞机影子落在云上的地方或方向，人们几乎随时都可看到“佛光”的呈现。

那么，“宝光”或“佛光”的出现，是“佛祖显灵”呢，还是一种自然现象？通过本章知识的学习，让我们来揭开它神秘的面纱。

第一节　天象景观

一、太空景象观赏地

太空景象观赏地是指观察各种日、月、星辰、极光等太空现象的地方。

（一）日月星辰观察地

观察日月星辰是人们认识宇宙的重要方式，也是古代人们为出行、农耕等判定天气的依据来源。例如：看太阳。“日落西山一点红，半夜起来搭雨篷”；“日晕三更雨，月晕午时风”；看月亮。“月亮撑红伞，大雨在眼前”；“月亮撑黄伞，小雨一两天”；“月亮撑黑伞，多半是晴天”；看星星。“星星眨眨眼，出门要带伞”；“星星布满天，明日大晴天”等。

因古时的科技手段限制，人们通过观察日月星辰的运行，感知四季的变化，创造天文历法。但随着现代科学技术手段的进步，原本观察日月星辰活动的意义范畴有了更广的变化，它既可以是人类研究宇宙自然的科学活动，也可以是天文爱好者的一项兴趣活动，现在还发展成了旅游者了解自然的一项科普旅游活动。

观察日月星辰可以在天文台进行，如中国科学院国家天文台、南京紫金山天文台、河南登封观星台等。

丽江国家天文台隶属于中国科学院国家天文台，位于丽江古城区太安乡“高美古”村。“高美古”在当地的纳西族语言中的意思是“比天还高的地方”。丽江天文台是我国乃至东南亚最优良的天文台址，是亚洲自然教育基地，拥有我国目前最大的天文望远镜。该镜长2.4米，可获高清火星图像和遥望银河系，成为我国天文学前沿在南方的研究基地和高级天文人才的培养基地。

丽江高美古址点海拔3193米，每年平均晴夜达2254天，没有人为光线和沙尘的干扰，加之天光背景暗、空气透明度好，保持了良好的大气宁静度，引起了国内外天文学家的广泛兴趣，已逐步成为国内外天文工作者心中的一块圣地。

还有一些特殊的日月星辰运行现象对旅游者有极大的吸引力，如日出、日落，日食、月食，日月并升，流星雨等。观察日出、日落最佳点大都在可以见到地平线的海滨和前无视线障碍的中低山地峰顶，如登山东泰山顶观“旭日东升”“晚霞夕照”；临安徽九华山赏“天台晓日”；立杭州西湖畔览“雷峰夕照”等。而在我国的浙江云岫山、葛岭、江苏天平山等地，在每年农历十月初可以见到日月并升奇观。日食、月食和流星雨发生的时间和地点不固定，因此最佳观察地也是变化的。

（二）极光观察地

早在2000多年前，中国就开始观测极光，有着丰富的极光记录。极光是指磁极地区上空的彩色发光现象，是地球周围的一种大规模放电的过程。来自太阳的带电粒子到达地球附近，地球磁场迫使其中一部分沿着磁场线集中到南北两极。当他们进入极地的高层大气时，与大气中的原子和分子碰撞并激发，产生光芒，形成极光。在北半球观察到的极光称北极光，南半球观察到的极光称南极光。一般按其形态特征分成五种：极光弧、极光带、极光片、极光芒、极光幔。

极光有时出现时间极短，犹如节日的焰火在空中闪现一下就消失得无影无踪；有时却可以在苍穹之中辉映几个小时。它的运动变化，从规模上可以上下纵横成百上千公里，甚至还存在近万公里长的极光带。从色彩上已不能用五颜六色去描绘，根据不完全的统计，目前能分辨清楚的极光色调已达一百六十余种。其多姿多彩、变化万千，尽情演绎于辽阔无垠的穹窿、漆黑寂静的寒夜和荒无人烟的极区，令人心醉神往，对旅游者具有极大的吸引力。阿拉斯加的费尔班（Fairbanks）一年之中有超过200天的极光现象，因此被称为“北极光首都”。

我国最北端的漠河，是我国观看极光最好的地方。

二、地表光现象

地表光现象指发生在地面上的天然或人工光现象。

（一）光环现象观察地

光环现象观察地是指观察虹霓、佛光的地方。

1. 虹霓

虹霓是指光线以一定角度照在天空中的小水滴上所发生的折射、分光、内反射、再折射等造成的大气光学现象，为雨后或日出、日没之际天空中所现的七色圆弧。虹霓常有内外二环，内环称虹，也称正虹、雄虹；外环称霓，也称副虹、雌虹。

一般来说，这两种现象在下午和傍晚时分常见，而在夏天雨后以及一些瀑布附近也经常可以看到这种现象，如江西井冈山水口彩虹瀑布、岳西大别山彩虹瀑布。

（1）江西井冈山水口彩虹瀑布。井冈山水口彩虹瀑布位于井冈山五指峰左侧。它由两块天然巨石合成一张大嘴的样子，把从双马石和八面山流下的两条山溪汇成一江清水全部吞没，再从嘴角吐出，沿着悬崖峭壁形成一个高96米、宽10余米的梯形大瀑布，水口因此而得名。

每当夏季上午八时至十一时，阳光照射瀑布上，便会出现七色彩虹，叠现在瀑布中，五彩斑斓，瑰丽鲜艳，并随游人的上下移动而变换其位。当游人沿着石阶往上走时，彩虹叠现在瀑布之上首，往下走时，彩虹又叠现在瀑布之下首。因此又叫彩虹瀑。

（2）岳西大别山彩虹瀑布。大别山彩虹瀑布风景区位于岳西与霍山两县交界的黄尾镇黄尾村，彩虹瀑布位于景区内猴河中下游。瀑布高80米，宽30米，水流自猴子崖飞泻而下，气势磅礴，吼声如雷，喷雾行云。因猴河来水量大，四季不涸，无论春夏秋冬，凡有太阳均有彩虹奇观。阳光透过水雾，呈现出一道绚丽的彩虹，蔚然壮观，有人身临其境，人行虹移，似有梦幻的感觉。

2. 佛光

佛光是一种非常特殊的自然物理现象，其本质是太阳自观赏者的身后，将人影投射到观赏者面前的云彩之上，云彩中的细小冰晶与水滴形成独特的圆圈形彩虹，人影正在其中。

佛光的出现是阳光、地形和云海等众多自然因素的结合，只有在少数具备了以上条件的地方才可欣赏到。我国观赏佛光较佳的地点有四川峨眉山、山东泰山、安徽黄山、江西庐山等地。

（1）峨眉宝光。峨眉宝光是指在峨眉山舍身岩周围呈现的佛光。据统计，平均每五天左右就有可能出现一次。其外观为一个红、橙、黄、绿、青、蓝、紫的七色光环，中央虚明如镜，环中呈现身影，神奇异常。

（2）碧霞宝光。碧霞宝光是指在泰山岱顶碧霞祠一带出现的佛光。每当云雾弥漫的清晨或傍晚，在云雾缥缈之处会呈现出一个内蓝外红的彩色光环，将整个人影或头影映在里面，恰似佛象头上方五彩斑斓的光环。

（二）海市蜃楼现象多发地

在平静无风的海面航行或在海边瞭望，往往会看到空中映现出远方船舶、岛屿或城郭楼台的影像；在沙漠旅行的人有时也会突然发现，在遥远的沙漠里有一片湖水，湖畔树影摇曳，令人向往。这些虚幻的景象就称为海市蜃楼。

海市蜃楼是指地球上物体反射的光经大气折射而形成的虚像，是一种因光的折射而形成的自然现象，简称蜃景。古人将海市蜃楼的出现归因于蛤蜊之属的蜃，吐气而成楼台城郭。

海市蜃楼的形成与地理位置、地球物理条件以及那些地方在特定时间的气象特点有密切联系。气温的反常分布是大多数蜃景形成的气象条件。因此蜃景常在海上、沙漠中产生。例如，发生在沙漠里的“海市蜃楼”，就是太阳光遇到了不同密度的空气而出现的折射现象。沙漠里，白天沙石受太阳炙烤，沙层表面的气温迅速升高。由于空气传热性能差，在无风时，沙漠上空的垂直气温差异非常显著，下热上冷，上层空气密度高，下层空气密度低。当太阳光从密度高的空气层进入密度低的空气层时，光的速度发生了改变，经过光的折射，便将远处的绿洲呈现在人们眼前了。

海市蜃楼有两个特点，一是在同一地点重复出现，比如美国的阿拉斯加上空经常会出现蜃景；二是出现的时间一致，比如我国蓬莱的蜃景大多出现在每年的 5、6 月份，俄罗斯齐姆连斯克附近蜃景往往是在春天出现，而美国阿拉斯加的蜃景一般是在 6 月 20 日以后的 20 天内出现。因此，海市蜃楼可以作为一类极具新奇魔力的旅游资源吸引旅游者前往一睹风采。

我国广东澳角、惠来，山东蓬莱、长岛，浙江普陀等地海面上常出现这种幻景。

（1）山东长岛。长岛，历称庙岛群岛，又称长山列岛，是山东省唯一的海岛县，隶属烟台市，是中国海市蜃楼出现最频繁的地域，特别是七八月间的雨后，海市蜃楼出现频繁。

（2）广东惠来。惠来，古称葵阳，地处粤东沿海，背倚大南山，面濒南海，因海市蜃楼的频繁出现而广为人知。海市蜃楼常出现于神泉港西南海面，时间多在春夏之交，天将大雨前夕，所现蜃景内容缤纷多彩，有古代的台榭、亭阁，有现代的高楼大厦。

第二节　天气与气候现象

旅游是指位于地球表面的一种活动行为，离不开天气和气候的影响，并且天气和气候也是旅游中不可缺少的一种资源。首先，一些天气气候现象本身极具美学观赏价值，例如冬日的雪景、夏日的雷电。其次，特殊的气候条件是形成独特自然景观与人文景观的基础，例如干旱地区的沙漠景观、湿润地区的热带丛林、塞外的蒙古包、黄土高原的窑洞等。同时，宜人的气候条件是旅游者向往的胜地佳境，例如夏季北方的清凉避暑胜地、冬季南国的温暖避寒胜地等。

天气与气候现象旅游资源可以分为云雾多发区、避暑气候地、避寒气候地、极端与特殊气候显示地，及物候景观五类。

一、云雾多发区

云雾多发地是指云雾及雾凇、雨凇出现频率较高的地方。

（一）云雾

云雾所构成的气象奇观是温暖湿润地区或温湿季节常出现的气象景观。我国各地云雾奇景颇多，如山东蓬莱的“漏天银雨”“狮洞烟云”；泰山的“云海玉盘”；杭州西湖的“双峰插云”等。再者如黄山、泰山、峨眉山、齐云山、三清山、阿里山的云海，庐山的云瀑等，都是享誉国内外的奇景。

（二）雾凇

雾凇是指在空气层中水汽直接凝华，或过冷却雾滴直接冻结在地物迎风面上的乳白色冰晶，俗称树挂。在北方常见，南方高山地区也有分布。

因为它在不同物体表面所形成的不同形象，又常被赋予很多美丽的名字。例如雾凇因为展现出美丽皎洁、晶莹闪烁的形象，像盎然怒放的花儿，被称为“冰花”；因为它在凛冽寒流席卷大地、万物失去生机之时产生，在斗寒中盛开，凌霜傲雪，被称为“傲霜花”；因为它好似“琼楼玉宇”，为人类带来美意延年的吉祥祝福，被称为“琼花”；因为它常附着于杨柳树上，挂满枝头，绚丽迷人，被称为“雪柳”。其来时“忽如一夜春风来，千树万树梨花开”，使人惊奇、赞叹，美不胜收，因此成为一种独特的旅游资源。我国观赏雾凇的胜地有：

（1）吉林雾凇。吉林雾凇仪态万方、独具丰韵的奇观，让络绎不绝的中外游客赞不绝口。江泽民同志 1991 年在吉林市视察期间恰逢雾凇奇景，写下“寒江雪柳，玉树琼花，吉林树挂，名不虚传”之句。吉林雾凇与桂林山水、云南石林和长江三峡并称为中国四大自然奇观。

（2）伊春库尔滨雾凇。库尔滨河位于黑龙江省黑河市和伊春市的交叉地带，因河水常年不冻，形成了浓浓的雾气，和冷空气融合交锋，便形成了壮观的仿若童话世界的雾凇奇景。库尔滨雾凇形成的周期长，可达 4 个月之久，雾凇每天的停留时间多达 10 小时。河谷两岸每天清晨都挂满雾凇，东岸峭壁如刀削般巍然屹立，洁白如玉；西岸火山岩高低错落，银装素裹。尤其库尔滨水电站下游沿岸长达 15 公里的雾凇林，面积达到 300 平方公里，一派万里银疆的壮观景象。

（三）雨凇

雨凇是指过冷却雨滴碰到冰点附近的地面或地物上，立即冻结而成的坚硬冰层。雨凇比其他形式的冰粒坚硬、透明且密度大（0.85 克/立方厘米），和雨凇相似的雾凇密度却只有 0.25 克/立方厘米。雨凇的结构清晰可辨，表面一般光滑，其横截面呈楔状或椭圆状。

雨凇是在特定的天气背景下产生的降水现象。形成雨凇时的典型天气是微寒（0~3℃）且有雨、风力强、雾滴大，多在冷空气与暖空气交锋，而且暖空气势力较强的情况下才会发生，常见于山地和湖区。中国大部分地区雨凇都在 12 月至次年 3 月出现，其分布特点是南方多、北方少；潮湿地区多、干旱地区少（尤以高山地区雨凇最多）。

雨凇因其呈现的独特外观而体现出较高的旅游美学价值。其点点滴滴裹嵌在草木之上，结成各式各样美丽的冰凌花，有的结成钟乳石般的冰挂；有的装扮为银花盛开的玉树；有的犹如珠帘长垂，晶莹耀眼。徜徉其中如进入了琉璃世界，茫茫一片、光彩照人、光洁剔透、闪烁生辉，蔚为奇观，常吸引游人驻足叹赏，成为一种奇特的旅游资源。

中国雨凇出现较多的地点如四川峨眉山、重庆金佛山等。北方雨凇较多的地方如甘肃华家岭、陕西华山、吉林长白山天池等。

二、极端与特殊气候显示地

极端与特殊气候显示地是指易出现极端与特殊气候的地区或地点，如风区、雨区、热区、寒区、旱区等典型地点。这些地区的特殊气候条件本身具备新奇、独特的特点，往往对猎奇需求的旅游者产生吸引力。此外，在特殊的气候条件影响下常会形成独特的地质、地貌等自然景观和风俗人文景观，同样对旅游者具有极大的吸引力，因此成为一项独特的旅游资源。

我国地广物博、幅员辽阔，各种气候广泛分布，其中不乏具有极端与特殊气候之地。例如黑龙江地区的冬季天寒地冻、冰天雪地，雪乡大海林积雪最长期可达 7 个月；西北大漠的气候更是善变难测，吐鲁番地区常被形容为“早穿皮袄午穿纱，围着火炉吃西瓜”等。

（1）我国著名的风区有新疆维吾尔自治区的达坂城、小草湖以及内蒙古自治区的辉腾锡勒、克什克腾等地。

（2）我国年雨量最大的地方是中国台湾地区的基隆火烧寮；内地大陆年雨量最多的地方是西藏自治区东南部雅鲁藏布下游河谷中的巴昔卡，四川雅安（古称雅州）则有“雅州天漏”之称。

（3）我国干旱的地区多在西部，尤其西北地区，因深居内陆，四周远离海洋，湿润的海洋气流难以到达，自古就有“春风不度玉门关”之说，成为中国最干旱的地区。其中，吐鲁番盆地的托克逊，年降水量仅为 6.3 毫米，而在 1968 年全年降水仅 0.5 毫米，成为全国最少降水的记录。

（4）我国最热的地方是新疆维吾尔自治区的吐鲁番盆地，那里的极端最高气温曾达到 48.9℃；最热月份 7 月份的平均气温为 33℃；最高气温在 35℃以上的日数，年平均是 100

天，而且有40天达到40℃以上，均属全国之最。那里地面的气温更高，经常升到75℃以上，素有“火洲”之称。

（5）我国最冷的地方是中国最北部的黑龙江漠河。此地毗邻俄国西伯利亚地区，是全国气温最低的地方，天气严寒而且常年温度较低。冬季气温一般在零下40℃以下，最低气温可达零下52.3℃。

三、物候景观

物候现象主要指在大自然中受环境（气候、水文、土壤）影响出现的、以年为周期的自然现象，包括三方面：

（1）植物物候，又称为作物物候。如各种植物发芽、展叶、开花、叶变色、落叶等现象，农作物生育期中的物候现象。

（2）动物物候。如候鸟、昆虫及其他动物的迁徙、初鸣、终鸣、冬眠等现象。

（3）各种水文、气象现象。如初霜、终霜、结冰、消融、初雪、终雪等自然现象。

在本书内容中，物候景观专指各种植物的发芽、展叶、开花、结实、叶变色、落叶等季变现象。此类现象对于农业来说，是农民耕种收割的时刻表。鸟语花香、秋山红叶都是大自然向他们述说的语言。杏花开了，就好像大自然在传语他们赶快耕地；桃花开了，又好像在暗示他们赶快种谷子。春末夏初，布谷鸟开始唱歌，农民所听到的就是“阿公阿婆，割麦插禾”；而对于旅游业来说，物候现象所展现出的一年中月、露、风、云、花、鸟推移变迁的过程，却是一道道亮丽的风景，可供游人休闲观赏。

古往今来，这些自然现象不知陶醉了多少诗人。一草一木、一鸟一虫都成了他们讴歌大自然的素材，成了他们抒发感情的凭借。例如苏轼题惠崇《春江晚景》中的“竹外桃花三两枝，春江水暖鸭先知”；秦观《还自广陵》中的“天寒水鸟自相依，十百为群戏落晖，过尽行人都不起，忽闻冰响一齐飞”；黄巢《题菊花》中的“飒飒西风满院栽，蕊寒香冷蝶难来”；李白《塞下曲》中的“五月天山雪，无花只有寒，笛中闻折柳，春色未曾看”；文同《早晴至报恩山寺》中的“烟开远水双鸥落，日照高林一雉飞。大麦未收治圃晚，小蚕独卧斫桑稀”等。

——本章小结——

（1）太空景象观赏地。太空景象观赏地是指观察各种日、月、星辰、极光等太空现象的地方。

（2）极光。极光是指磁极地区上空的彩色发光现象，是地球周围的一种大规模放电的过程。

（3）佛光。佛光是指一种非常特殊的自然物理现象，其本质是太阳自观赏者的身后，将人影投射到观赏者面前的云彩之上，云彩中的细小冰晶与水滴形成独特的圆圈形彩虹，人影正在其中。

（4）海市蜃楼。海市蜃楼是指地球上物体反射的光经大气折射而形成的虚像，是一种因光的折射而形成的自然现象，简称蜃景。古人将其出现归因于蛤蜊之属的蜃，吐气而成楼台城郭，因而得名。

（5）雾凇。雾凇是指在空气层中水汽直接凝华，或过冷却雾滴直接冻结在地物迎风面上的乳白色冰晶，俗称树挂，在北方常见，南方高山地区也有分布。

（6）雨凇。雨凇是指过冷却雨滴碰到冰点附近的地面或地物上，立即冻结而成的坚硬冰层。

（7）物候景观。物候景观是指各种植物的发芽、展叶、开花、结实、叶变色、落叶等季变现象。

【导读解析】

用光学的知识解释，“宝光”和“佛光”就是太阳光从观察者身后射来，在穿过无数组前后两个薄层的云雾滴时，其间的前一个云雾滴层对入射阳光产生分光作用，后一个云雾滴层则对被分离出的彩色光产生反射作用。反射光向太阳一侧散开或汇聚，任一个迎接那些汇聚而来的光线的着眼点（即站在太阳和云雾之间的人），都可见到略有差异的环形彩色光象，这就是佛光。只要光照较强，云雾滴半径较小，大小均一，一般都可见到多个光环明亮程度不同。但色彩排列顺序相同的“佛光”，一般都为 4 圈，因最外层的第 4 个光环圈光强过弱，通常情况下即使出现，人眼亦难于分辨。

“佛光”产生的条件是太阳光、云雾和特殊的地形。早晨太阳从东方升起，佛光在西边出现，上午“佛光”均在西方；下午，太阳移到西边，佛光则出现在东边；中午，太阳垂直照射，则没有佛光。只有当太阳、人体与云雾处在一条倾斜的直线上时，才能产生佛光。如果观看处是一个孤立的制高点，那么在相同的条件下，佛光出现的次数要多些。

“佛光”由外到里，按红、橙、黄、绿、青、蓝、紫的次序排列，直径约 2 米左右。有时阳光强烈，云雾浓且弥漫较宽时，则会在小佛光外面形成一个同心大半圆佛光，直径达 20~80 米，虽然色彩不明显，但光环却分外显现。

“佛光”中的人影，是太阳光照射人体在云层上的投影。观看“佛光”的人举手、挥手，人影也会举手、挥手。

“佛光”出现时间的长短，取决于阳光是否被云雾遮盖和云雾是否稳定。如果出现浮云蔽日或云雾流走，“佛光”即会消失，一般“佛光”出现的时间为半小时至一小时。而云雾的流动，促使佛光改变位置。“佛光”彩环的大小则同水滴雾珠的大小有关，水滴越小，环越大；反之，环越小。

随着科学的发展，人们对佛光现象的加深了解，登峨眉山、泰山、黄山等观看佛光，已不是象征神灵的福佑，而是同登山观日出一样，是一种大自然的赐予，从中得到自然美的享受。

思 考 题

8-1 天象景观旅游资源包括哪些基本类型？

8-2 什么是海市蜃楼，怎么形成的？

8-3 我国有哪些极端气候显示地？

第九章　中国的建筑与设施旅游资源

【学习目标】

通过本章学习：

（1）了解建筑与设施旅游资源的主要亚类型；

（2）掌握建筑与设施旅游资源各亚类的基本类型划分；

（3）掌握各基本类型资源的含义、代表性景观及其分布状况。

【知识要点】

（1）各基本类型旅游资源的含义；

（2）各基本类型旅游资源的代表性景观及其分布。

【案例导读】

千古悬棺之谜

在云南，今昭通地区沿金沙江、白水江、关河流域的悬棺不说是绝无仅有，但肯定是分布最多、最为集中的地区。就已知情况，盐津县的豆沙关、底坪、棺木岩、灵官岩，威信县的瓦石、石洞、永善县地黄华，不下10余处；岩桩、岩墩、岩龛、岩沟、岩洞等各种悬棺葬的形式一应俱全。尤其是豆沙关悬棺，此处悬棺是保存最多、最完好的，地势也是最险峻的，因此被学者称为“上古遗存，天下奇迹”和“悬棺博物馆”。

其中，豆沙关悬棺在盐津县豆沙乡石门村关河南岸的绝壁上，紧傍213国道。秦开“五尺道”、汉修南夷道、隋造偏梁桥阁、唐开石门道，都无一例外地选择豆沙关作为入滇的门户。“关津枢纽”，“南滇锁钥”，名不虚传。关河北岸，“五尺道”贵迹、石门关古城堡、唐贞元十年御史中丞袁滋册南诏题名摩崖，昭示着这里曾有过人文蔚起的繁荣；关河南岸，削壁腾立，参天而起，高达四五百米，悬棺就存放于绝壁半腰一工方形岩坎内。20世纪30年代调查有棺40多具，此后或堕落入关河，或被好奇者、居心叵测者破坏，如今只存有10余具。远眺，在清淡得近乎透明的天穹下，在沉重得势将倾倒的绝壁的阴影中，尸棺累累，凌空悬置，会让人生出许多难以言喻的思绪，臆想出许多神魔怪异的故事。

到底悬棺因何产生，棺又如何悬于崖上？此谜至今虽仍未解，但通过本章内容学习，会对悬棺有个科学的认知和了解。

建筑设施是指人类利用自然界的材料，经过设计、施工修建而成的，供人类生产、生活使用的物体。建筑设施可以集中反映某一时代的科技文化水平。作为旅游建筑与设施，除具有实用性外，更重要的是它的观赏价值。

我国建筑历史悠久，在目前保存的文物古迹中，古建筑占有很大比重。自从原始人类开始加工利用天然山洞居住始，我国建筑历史迄今已有 50 万年。约 1 万年前，我国古代人民已表现出超凡的建筑能力，开始构筑出具有基础、墙壁、屋顶的地面房屋。到奴隶社会时期，奴隶主驱使奴隶为他们建造了豪华的宫殿、坛庙、陵墓及其他各种土木建筑，建筑发展日趋完善。封建社会时期，随着社会经济的发展，科学技术的发展，生产、生活、科技文化、休息娱乐和防御等需要的日益增长，不仅帝王将相、富贾豪绅，一些士大夫阶层也都以建筑来凸显身份地位，以建筑的辉煌豪气相夸耀，因而促使建筑技术不断提高，建筑类型日益丰富，为现代人留下了五彩缤纷的宫殿、坛庙、陵寝、城墙、堡垒、园林、佛寺、道观、民居、衙署、桥梁、堤坝、亭台楼阁、门阙、坊表等建筑体。它们不仅反映了中华民族悠久的历史、灿烂的文化和发达的科学技术，而且为今天的新建筑、新艺术创造提供了重要的借鉴，同时也为现代爱国主义教育和旅游观光留下了重要资源。现代的建筑设施，在数十万年的建筑史积累、先进的科技手段基础上，结合世界文化的进步与融合，更是显现出多姿多彩的一面，不仅注重其实用性和美观性，更多时候包涵了丰富的精神文化底蕴，是旅游业不可或缺的一项重要资源。

第一节 人文景观综合体

人文景观综合体是指整体或局部区段对人有吸引力的人文景观所在地。其中包括社会与商贸活动场所、军事遗址与古战场、教学科研实验场所、建设工程与生产地、文化活动场所、康体游乐休闲度假地、宗教与祭祀活动场所、交通运输场站、纪念地与纪念活动场所等九个基本类型。

一、社会与商贸活动场所

社会与商贸活动场所是指进行社会交往活动、商业贸易活动的场所。在城市中一般为大型商场、特色商贸街、商贸区等；在乡镇一般为集市等；一些少数民族地区还有称呼独特的商贸活动场所，如湘、赣、闽、粤、桂等地区的农村集市称“圩”，新疆的集市称“巴扎”。

新疆维吾尔自治区地处丝绸之路这条中西贸易通道的中段，因此各族人民特别是维吾尔人具有重商、崇商、经商的传统。新疆各地的巴扎就是他们长期从事商贸活动的场所。“巴扎”，系维吾尔语，意为集市、农贸市场，它遍布新疆城乡。在南疆维吾尔人聚居地区，差不多每个乡镇、交通路口都有巴扎。这里平时有若干店铺，供售日杂百货。一到巴扎天（每星期一次，多在星期五或星期日，相邻的几个巴扎，可将时间错开），方圆几十里的群众纷纷前来“赶巴扎”。小商小贩们也抓住时机，在巴扎上占位设摊，扬声叫卖。

经济建设的发展，给古老的巴扎注入了新活力。今日的巴扎已作为繁荣城乡商业活动的重要手段，不断地充实、更新。巴扎既是当地农牧副业产品的集散地、外地外省商品乃至进口商品的销售市场，又是当地的文化中心、交通中心、新闻信息中心以及展示当地民俗风俗、特产风味的广场。因此，近年来，到新疆旅游的中外客人多爱到巴扎逛游、购物，体会西域巴扎的风情。

二、军事遗址与古战场

军事遗址与古战场是指古时用于战事的场所、建筑物和设施遗存，其中包括军事遗址、古战场，以及用于战争的城（堡）、城墙、关隘、烽燧等。

（一）军事遗址

军事遗址是指历史上曾为战争攻防所修建的人工建筑遗迹。在我国富饶辽阔的土地上分布众多的军事遗址。

（1）广东平云山古军事遗址。广东平云山古军事遗址位于广东高州市大坡镇东北部的平云山，与阳春市边界接壤。该遗址是近年才发现的。该遗址在半山腰上，是一处大型石构建筑物。按照古代城墙式样建造，墙体全部用大小不等的石块筑垒而成，大的石块约100公斤，小的有10~20公斤。

（2）广东石龙军事遗址。广东石龙军事遗址位于广东高州市石龙镇旺沙、中和等村，是一批古军事遗址。其中有营垒遗址、烽火台遗址、炮台遗址、垒墙遗址以及堡垒遗址等五大类。

（3）白溢古寨军事遗址。白溢寨位于湖北省五峰土家族自治县城北10.5公里处，高山古寨四面绝壁，是古代土家部落首领的军事险隘和指挥部。白溢寨古来为土家先民抵抗外来侵袭的兵家要塞，寨上自古有东南西北四关扼守绝壁四周入口，有炮台、关口、寨门等古军事遗址。最为雄伟的是明末土司唐镇帮所建“帅府”遗址，号称“藏军洞”，位于寨西绝壁半岩间。洞中有“帅府金殿”，仅石径一线可攀绝壁而上，古称“48步上金殿”。洞外石阶、寨门、制高点炮台、洞内所筑点将台，以及石钟乳天然形成的土司“龙床”遗迹尚存。系“一夫当关，万夫莫越”之天险。

（二）古战场

古战场是指古代战役（战斗）发生的地域、地点。中国上下5000年的历史也是一部战争的历史，大小战争战役不断，战场无数，一般意义上所指的古战场是那些进行过历史上著名战争战役并保有遗迹至今的地方，亦或指时代久远的战场。

著名古战场作为宝贵的人文景观，是人类历史的重要文化遗产，有着很大的旅游开发价值。很多著名古战场发展为重要旅游景点，比如因赤壁之战而闻名的赤壁市。但由于历史模糊、地理不明，常常会存在古战场地点的争议，所以赤壁古战场现有“文赤壁”“武赤壁”之分。中国著名古战场有：

（1）黄帝蚩尤涿鹿大战，位于今河北省涿鹿县或山东泰山西北。

（2）黄帝炎帝阪泉之战，一部分说位于今山西运城解池附近，一部分说位于今河北涿鹿东南。

（3）周武王伐纣牧野之战，位于今河南淇县以南卫河以北地区。

（4）晋楚城濮之战，位于今山东鄄城西南。

（5）吴楚柏举之战，位于今湖北麻城市境。

（6）齐魏桂陵之战，位于今河南长垣西北，另有长葛北之说。

（7）齐魏马陵之战，位于今山东莘县大张家镇马陵。

（8）秦赵长平之战，位于今山西省高平市长平村。

（9）项羽巨鹿之战，位于今河北平乡西南。

（10）项羽刘邦垓下之战，位于今安徽固镇濠城沱河南岸，一说今河南淮阳、鹿邑间。
（11）刘秀王莽昆阳之战，位于今河南叶县。
（12）曹袁官渡之战，位于今河南省许昌市之北。
（13）孙刘与曹赤壁之战，位于今湖北乌林。
（14）曹魏与刘蜀蜀中之战，位于今四川阆中。
（15）吴蜀夷陵之战，位于今湖北宜都和今湖北宜都北古老背。
（16）秦晋淝水之战，位于今安徽寿县瓦埠湖一带。
（17）唐突厥阴山之战，位于今阴山一带。
（18）宋辽澶渊之战，位于今河南濮阳。
（19）宋金颍昌之战，位于今河南临颍。
（20）宋金郾城之战，位于今河南郾城。
（21）宋金和尚原之战，位于今陕西宝鸡西南。
（22）宋元崖山之战，位于广东崖山。
（23）宋元襄樊之战，位于今湖北襄阳樊城。
（24）朱元璋陈友谅鄱阳湖大战，位于今鄱阳湖。
（25）明朝土木之战，位于今河北怀来土木镇。
（26）明清萨尔浒之战，位于今辽宁抚顺东。
（27）康熙噶尔丹乌兰布通之战，位于今内蒙古自治区克什克腾南。
（28）康熙噶尔丹昭莫多之战，位于今内蒙古自治区肯特山南。
（29）中俄雅克萨之战，位于今黑龙江左岸阿尔巴金诺。
（30）上党战役，位于今山西长治。
（31）韩信背水一战，位于今河北井陉一带。

（三）城（堡）

城，本义指城邑的防卫性墙圈。“城”的防卫作用是双重的，既用于防御外来入侵，也用于防范城市居民暴动。其结构一般分两重，里面的叫城，外面的叫郭。城堡是指像堡垒的小城、大型设防的建筑或建筑群。

1. 历史古都城

（1）北京古城。北京古城始创于元代，建成于明代，沿用于清代至民国，经历了七个世纪之久。古城墙呈“凸”字形，城墙周长60里，墙基宽24米，墙高8米，全部为版筑的夯土墙，现已不见踪影。城分宫城、皇城、内城和外城四重。

宫城，又称紫禁城，周长6里，占地72万平方米，有宫城高墙环绕，城高10米，厚6米多，成长方形，南北长961米，东西宽753米，周长7.263公里，城外还有宽52米的护城河，又名筒子河。城四边都有高大的城门楼，南面叫午门，北面名神武门，东边称东华门，西边为西华门。四隅角楼，巍然高耸。

皇城，是保护紫禁城的外围城墙，始建于1417年，城垣较元代萧墙向外扩展，西南缺角，呈不规则方形，周长近11公里。墙用明城砖砌筑，涂红土，黄琉璃瓦覆顶。天安门为皇城的正门，位于皇城南垣正中，明称“承天门”，意为皇帝“承天启运，受命于天”。清初改建，并易名“天安门”。

内城，是明初在元大都城垣基础上改建和扩建的。1436年修筑京师九门城楼、箭楼及城垣、桥闸，此后在城垣内壁加砌砖石，至此内城建制趋于完备，奠定了清代北京的内城城垣格局。内城周长23.3公里，东、西、北垣各建二门，南垣建三门，四隅各建角箭楼。

外城，1553年（明朝嘉靖三十二年）间增筑，与内城构成“回”字形布局。城墙内为夯土，外包砖石。外城城墙、城门和角楼于1951年至1958年陆续拆除。

（2）西安古城。西安古城呈长方形，墙高12米，底宽18米，顶宽15米，东墙长2590米，西墙长2631.2米，南墙长3441.6米，北墙长3241米，总周长11.9公里。有城门四座：东长乐门，西安定门，南永宁门，北安远门。

西安城是在唐皇城的基础上建成的。完全围绕“防御”战略体系，城墙的厚度大于高度，稳固如山，墙顶可以跑车和操练。现存城墙建于明洪武七年到十一年（公元1374~1378年），至今已有600多年历史，是中世纪后期中国历史上最著名的城垣建筑之一，是中国现存最完整的一座古代城垣建筑。

（3）南京古城。南京古城位于江苏省南京市，原称“应天府”，是明初的都城，以高大坚实、雄伟壮观的明代城垣建筑闻名于世，是举世公认的第一大城。公元1366年，明太祖朱元璋听取朱升“高筑墙”的建议，始筑都城垣，至1386年竣工，前后达21年之久。建筑规模宏大，周长33.65公里，气势雄伟。城基宽14米，高14~21米，有垛口13616个，城门13座，其中聚宝（中华门）、三山、通济3门最为壮观。城垣用巨大的条石砌基，用巨砖筑成，十分坚固。

2. 中国的四大古城

（1）阆中古城。阆中古城位于四川阆中新城的旁边、嘉陵江畔，与云南丽江、山西平遥、安徽歙县齐名，号称全国四大古城。

阆中古城已有2300多年的建城历史，向为古代巴蜀军事重镇。古城建址是中国古代建城选址“天人合一”完备的典型范例，是完全按照唐代天文风水理论的一座城市，被誉为风水古城。阆中古城保护完整，风格独秀中华，现有古城面积1.78平方公里，是四川唯一保存规模最大的古城，也是全国保存最完好的四座古城之一。棋盘式的古城格局，融南北风格于一体的建筑群，是中国建筑艺术的实物宝库。

（2）丽江古城。丽江古城具有800多年历史，坐落在丽江坝子中部，面积约3.8平方公里，始建于南宋末年，是元代丽江路宣抚司，明代丽江军民府和清代丽江府驻地。

丽江古城选址独特，布局上充分利用山川地形及周围自然环境，北依象山、金虹山，西忱猴子山，东面和南面与开阔坪坝自然相连，既避开了西北寒风，又朝向东南光源，形成坐靠西北，放眼东南的整体格局。发源于城北象山脚下的玉泉河水分三股入城后，又分成无数支流，穿街绕巷，流布全城，形成了“家家门前绕水流，户户屋后垂杨柳”的诗画图。

（3）平遥古城。平遥古城是国家历史文化名城，是世界文化遗产，位于山西省中部、太原盆地南缘，距省会太原90公里。

平遥古城始建于西周宣王时期，是一座具有2700多年历史的文化名城。明朝初年，为防御外族南扰，始建城墙，洪武三年（公元1370年）在旧墙垣基础上重筑扩修，并全面包砖。以后景泰、正德、嘉靖、隆庆和万历各代进行过十次的补修和修葺，更新城楼，增设敌台。康熙四十三年（公元1703年）因皇帝西巡路经平遥，而筑了四面大城楼，使城池更加壮观。平遥城墙总周长6163米，墙高约12米，城墙以内街道、铺面、市楼保留明清形制。

（4）歙县古城。歙县古城位于黄山市西部。此处山明水秀、风光绮丽。主要景点有太白楼、新安碑园、太平古桥、许国石坊、斗山街、渔梁坝等。太白楼位于太平古桥西侧，为双层楼阁，是典型的徽派建筑。太白楼前的太平桥，建于明弘治年间，为多孔巨型石拱桥的代表。许国石坊位于县城中心，建于公元1584年，牌坊四面八柱，呈口字型，石柱、梁坊、栏板、斗拱、雀替均是重四、五吨的大块石料，且全部为质地坚硬的青色茶园石，雕刻镂刻精美细腻，图案错落有致，疏朗多姿。歙县城内斗山街集古民居、古街、古雕、古井、古牌坊于一体，犹如一幅长长的历史画卷。歙县城内还有二座谯楼，南谯楼建于隋末，东谯楼建于明弘治年间。渔梁坝始建于宋，距今已有千年。

3. 其他著名城堡

（1）公主堡。公主堡位于新疆喀什地区塔什库尔干县城以南约70公里、卡拉奇峡谷的一座海拔4000多米高山上，是我国目前所知最高的古代城堡之一。

公主堡南面为一东西走向的土墙，长约150米，高约10米。公主堡墙以土石与树枝相间垒筑，墙内有居住遗迹13处。从古堡所处地势分析，这里主要是一处军事性质的工程，与保卫古代丝绸之路交通安全有关。

（2）赵家堡。赵家堡位于福建漳浦县畲乡湖西硕高山下，方圆0.5公里，是南宋末年皇族闽冲郡王赵若和流亡避难隐居的一个古城堡，俗称赵家堡。

赵家堡素有“五里三城”之称，其布局立意，处处仿照两宋故都。该城堡内外两道城墙，外城是条石砌基的三合土墙，高6米，宽2米，周长1082米，筑东西南北四个城门。东门横匾刻“东方钜障”，南门刻“丹鼎钟祥”，西门刻“硕高居胜”。

（3）永昌堡。永昌堡位于温州市龙湾区永昌镇，俗称新城，建于1558年。明代，温州沿海备受倭寇侵犯，修建此堡以抗倭。城堡呈长方形，南北长738米，东西阔445米，周长2366米，城墙高8米，基阔4米。用石块斜垒，中夯土。城外环护城河，城内凿有二渠，居民分住渠之两岸，井然可观。该城墙已部分残缺。1982年修复南北城门两旁城垛及城楼。为国家重点文物保护单位。

（4）波罗堡。波罗堡位于陕西省横山县境内。自古以来成为兵家相争之地，成为国家戍边的军事战略重地。据史载：波罗堡为正统十年（公元1445年）巡抚马恭置，在天定河南侧黄云山上，依地势而筑，大致呈方形。今堡城砖石砌筑部分，仅西墙和南、北两城角及北墙稍有残存。其余均被拆毁。夯土墙除南门以东基本被毁掉外，多残存。今尚存砖砌券拱同洞及北门洞，进深10米、宽4米高约5米。南门外筑有一座小瓮城。

（5）清平堡。清平堡位于陕西省靖边县境内，西北距大边15里，东至威武40里，西至龙州堡30里，为延绥镇中路所辖十营堡之一。明时清平堡辖长城“三十一里二百六十步，墩台三十一座”。

（6）石堡城。石堡城位于今青海西宁市西南。唐曾置振武军、神武军、天威军。唐与吐蕃争此城，曾有两次大型战役在此发生。

（四）长城

长城是一个完整、复杂、庞大的军事工程体系，也是我国人文景观第一景。它雄伟壮观、举世无双，是世界建筑史上的奇迹，也是中华民族团结的象征。长城结构复杂，由关隘、城墙和烽火台组成。

关隘是长城沿线的重要驻兵据点，多建在出入长城的咽喉要道上。它由方形或多边形的城墙、城门、城门楼（战斗观察所、指挥所）、瓮城（城门外再构筑成的“门”形城墙，以增大防御纵深）、罗城（类似瓮城，但比瓮城城墙长）、护城河组成。

城墙是由券门（内墙拱形小门，供战士登城之用）、垛口（为瞭望敌情、射击敌人的掩体）、守墙（女儿墙）、马道、城门洞、城楼、城台等组成。城台，即城墙上每隔 200~300 米处有一高出城墙顶面的台子，突出于迎敌方向的墙身以外，用于侧翼射杀架梯攻城的敌人。还可分墙台、敌台、战台。

烽火台设置在长城内外最易瞭望的山顶上。有敌人到来，白日升烟，晚间点火，起通讯联络的作用。

历史上最先出现的长城是楚长城和齐长城。其后秦、魏、赵、韩、燕等国都修筑了长城。秦始皇统一六国后，为防北方少数民族南侵，大举筑长城，形成西起临洮，东到朝鲜大同江，绵延万余里的“万里长城”。汉代长城在秦长城的基础上向西延伸，将长城由永登延伸到酒泉，由酒泉延伸至玉门，再由玉门延伸至罗布泊，使长城东西蜿蜒一万多公里。汉以后各朝代都有修长城之举，唯独唐、元两个朝代，因威鼎盛，边界远在长城以外，所以无需修筑原长城或增筑新长城。明代北部满族兴起，不得不派重兵把守，并组织修筑从嘉峪关至虎山的长城。

中国修筑长城的历史长达 5000 余年，前后经历 20 多个朝代，若把各个朝代所筑长城的长度相加起来，大约有 5 万千米以上。

目前我国保留的长城主要是明长城的遗迹，分布在 17 个省、自治区、直辖市，其中著名的长城景点有：北京八达岭、居庸关、慕田峪、司马台长城，河北金山岭长城、紫荆关长城、“天下第一关”山海关和老龙头长城，天津黄崖关长城，山西雁门关长城，辽宁鸭绿江边的虎山长城和甘肃嘉峪关长城等。

（五）关隘

关隘是指长城沿线的重要驻兵据点，多建在出入长城的咽喉要道上。它是由方形或多边形的城墙、城门、城门楼（战斗观察所、指挥所）、瓮城（城门外再构筑成的“门”形城墙，以增大防御纵深）、罗城（类似瓮城，但比瓮城城墙长）、护城河组成。我国著名的军事关隘有：

（1）居庸关。居庸关是古长城的一个重要关口名。在今北京市昌平区境内。取“徒居庸徒”之意而得名。三国时称西关，北齐时改为纳款关，唐代没有居庸、蓟门、军都等关，辽以后都称此关为居庸关。此关地势险要，历来为兵家所争夺。841 年，幽州（今北京）发生兵乱，雄武军节度使张仲武因扼住居庸，断乱军粮草，使乱军陷于困境，得以收复幽州。

（2）玉门关。古代关隘名，故址在今甘肃省敦煌市西北。此关北依天山余脉，南接阿尔金山，是中国古代通往西域的重要门户，也是汉武帝开辟河西后所置。前 108 年，汉将赵破奴破车师国，前 104 年，李广利两伐大宛国均由此关出师。

（3）嘉峪关。古代关名，在今甘肃省嘉峪关市西。此关南屏祁连山，西北靠嘉峪山，两山夹峙，北大河横贯其间，为古代肃州（今甘肃省酒泉市）西北门户和河西走廊西端之咽喉。明正德年间，即倚此关抵御吐鲁番东侵。

（4）雁门关。古代关名，又称西陉关，在今山西省代县城西北雁门山腰。与附近宁武关、偏关合称三关。此关因“两山对峙，其形如门，蜚雁出于其间”而得名。关附近峰峦叠嶂，峭壑阴森，异常险要，为历代镇守重地。现关城为明洪武七年所建，为当时的军事重镇。唐会昌二年（842年），回纥侵犯唐朝，唐河东节度使刘沔进屯雁门，尔后向大同出击，打退了回纥兵。

（5）平型关。古代关名，在今山西省繁峙县东北。此关西托雁门之险，东拥紫荆之固，山势险要，道路崎岖，为古代出入晋、冀两省北部的重要交通孔道，历为兵家戍守之重镇。

（6）娘子关。古代关名，又称苇泽关，在今山西省平定县东北，晋、冀两省交界处。此关地势险要，两山夹峙，东与井陉相通，为古代太行山重要关口和太原东方的屏障，历为兵戍要地。唐时曾设承天军，宋时设承天塞，明设承天镇。

（7）潼关。古代关名，在今陕西省潼关县北。东汉末在此设关。此关扼黄河要津渡口，锁东西交通咽喉，历来为关中地区的防守重地。211年，曹操派兵以攻汉中为名，由河南进军关中，因马超、韩遂等扼守潼关，致使曹操颇费周折才得以进据关中。

（8）函谷关。古关名，在今河南省灵宝市东北。战国时秦置。因山谷悬崖峭壁，深险如函，关在谷中而得名。东自崤山，西至潼津为函谷。此关地势险要，为历代兵家必争之地。前241年，楚、赵、韩、魏、卫等国联合攻秦，至此为秦据险所败。汉武帝时将故关东移300里到今河南省新安县东，史称新关，原函谷关相应被称作旧关。并改置为弘农县。

（9）虎牢关。古代关名，又称武牢关、成皋关、古崤关、汜水关，在今河南省荥阳市汜不镇。因传闻周穆王曾将进献的猛虎圈养于此而名虎牢。此关地处东西咽喉，由岭夹峙，为历代兵家必争之地。秦时因其地险而设关，以后每逢战乱，多争此关。唐初李世民与窦建德也曾在此一决雌雄。

（六）烽燧

烽燧也称烽火台、烽台、烟墩、烟火台，是古代的报警系统。一遇敌情，白天燃烟，夜晚放火，是古代传递军事信息最快最有效的方法。它往往与长城并存，组成一个完整的军事防御体系。但也有独立存在发挥预警防御作用的，如新疆维吾尔自治区内的烽火台。我国现存著名的烽燧有：

（1）哈密丝路烽燧。哈密地区尚保留各时代的烽燧共51座，是新疆保存烽燧最多和最好的地区。其中尤数巴里坤县保存的烽燧数量最多，共有29座，哈密市和伊吾县则分别有19座和3座。

哈密地区最早的烽燧建于唐代，现境内尚遗存唐烽燧4座，分别是哈密二堡的拉克苏木烽燧、柳树泉的下马不拉克烽燧、巴里昆三塘湖烽燧、伊吾前山阔吐尔肖纳烽燧。它们距今已有1200多年的历史，而现今保存的绝大部分烽燧则都是清代建筑的。目前烽燧分布密度最高的是巴里坤县城往西至萨尔乔克一线，这里每隔2~3千米就有一座，连绵相望有13座之多。岑参曾有诗云：“寒驿远如点，边烽互相望”，实为丝绸之路的一大壮观。

（2）库车的烽燧。库车的烽燧约建于汉宣帝年间，西域都护府在乌垒设立之后建立了该烽燧，并在唐朝时得到了完善。现存烽燧遗址在库车境内分布有三条线，但大都成为废墟。烽燧遗址保存最完整的是克孜尔喀拉罕烽燧，位于县城西北十公里处，烽燧平面呈长方形，由基地往上逐渐呈梯形收缩，高约13米，夯土结构，上建望楼，木栅残迹尚存，是古代西域丝绸之路北道上时代最早、保存最好的一座烽燧遗址。

（3）齐长城烽燧。齐长城考察中共发现烽燧遗址 13 处，多数建在长城上的山峰顶和高岗上，还有的筑在长城外侧 500 米左右丘阜上，也有设在长城内侧的。

（4）杨家山烽燧。杨家山烽燧位于长清与肥城边界海拔 293 米的杨家山顶，石砌，残墙高 1 米。

三、教学科研实验场所

教学科研实验场是指教学单位、科学研究的观光、研究、实习的地方，常可作为开展科普旅游、科技旅游等旅游活动的资源。

我国是教育与科研大国，各种教学科研实验场所十分众多。经常为旅游者游览参观的代表性教学场所多为我国著名的学府，如北京大学、清华大学、中国科技大学、武汉大学等历史悠久、声誉世界的学府；代表性的科研实验场所多是我国的科研机构，如中科院及下设的各学科专业研究所、青海原子弹实验基地等。

由于环境资源的地域分异性，我国教学科研实验场所的分布具有一定的区域差异性。北京、上海、武汉三地是我国教学科研实验场所最为集中的地区。例如，武汉是全国第三大科技和高教基地，拥有的教学科研实验场所资源十分丰富，在汉的高等院校数量位居全国第三，仅次于北京和上海。拥有国家级科研机构 56 个、10 个国家重点开放性实验室和 7 个国家级国家工程研究中心。其拥有的科研机构不仅数量巨大，且均有较高的知名度和较强的独特性，例如，中科院武汉水生所是世界上唯一的活体白鳍豚饲养基地；中科院武汉植物研究所是华中地区最大的植物王国；武汉大学早期建筑、“武汉·中国光谷”里的华中科大激光实验室、楚天激光等高新技术均有极高的科技价值和旅游价值。

四、建设工程与生产地

随着旅游业的不断发展，旅游业与其他产业的融合度越来越高，因此逐渐兴起了工业旅游、农业旅游等新型旅游项目，将更多的人类生产和建设等资源列入了旅游资源行列。建设工程与生产地这一旅游资源的基本类型是指经济开发工程和实体单位，如工厂、矿区、农田、牧场、林场、茶园、养殖场、加工企业以及各类生产部门的生产区域和生产线。

从工业旅游来看，当一个企业或一种产品在市场上树立了良好的品牌形象，取得了良好的发展业绩时，其他的单位、组织就会希望了解其生产过程、学习其企业文化，公众希望了解产品生产过程，于是工业旅游就产生了。目前我国已经开始建设全国工业旅游示范点，首批批复建设的有 103 处，如青岛海尔工业园、北京首钢工业园、上海首钢集团、郑州宇通客车股份有限公司等。

从农业旅游来看，农场、农庄、茶场、咖啡园、梯田等原本就具有良好生态环境的农业生产场所，对久居城市的民众有独特的吸引力，是人们休闲度假的重要场所。目前我国也已经开始建设农业旅游示范点，首批批复建设的有 306 处，类别包括农业博览园、绿色生态园、农业观光园、高科技示范园等。

五、文化活动场所

文化活动场所是指进行文化活动、展览、科学技术普及的场所，包括传统的书场、剧院，现代的文化宫、文化馆、文化俱乐部、电影院等。

例如，上海武定书场、鲁艺书场、雅庐书场、长艺书场、梅文书苑、奉贤老年活动中心书场、青浦文化书场、松江工人文化宫书场、龙珠书苑、七宝书场等十家书场演出场所，经考察评估后，根据文化部《国家级非物质文化遗产保护与管理暂行办法》，成为评弹国家级非物质文化遗产展演基地。

代表性的剧院有中国剧院、中国评剧大剧院、中国木偶剧院、解放军歌剧院、北京人民艺术剧院、北京剧院、天桥剧场、海淀剧院、上海大剧院、四川省川剧院、哈尔滨话剧院、长沙田汉大剧院、保利剧院、塘沽大剧院等。

此外，全国各个城市广泛分布有规模不一、档次不同的各类文化宫、文化馆、文化俱乐部等文化活动场所。

六、康体游乐休闲度假地

康体游乐休闲度假地是指具有康乐、健身、消闲、疗养、度假条件的地方。康体游乐休闲度假是现代旅游发展的一个热点，传统的观光旅游对于旅游者日益丰富的个性化需求已无能为力，人们在猎奇、探知、审美之外，越来越追求舒适、体验、享受、健康等目的。因而一些空气清新、环境优美之地，具有保健、疗养、游乐、休闲设施的度假旅游地日益获得旅游者的青睐。

(一) 疗养院和度假区

疗养院和度假区一般修建在空气清新、温度宜人、环境优美的地区，拥有各种休闲、健康、疗养、娱乐的设施和设备。

我国著名的疗养院如浙江天目山森林康复中心、福建南平茫荡山森林医院、黑龙江五大连池矿泉疗养院、内蒙古自治区阿尔山矿泉疗养院、湖南灰汤温泉疗养院、宁夏回族自治区中卫沙坡头沙疗康复中心、无锡太湖康复中心、江西庐山天沐温泉、四川峨眉山灵秀温泉等。

我国著名的度假区如大连金石滩、青岛石老人、苏州太湖、无锡太湖、浙江之江、上海佘山、福建武夷山、福建湄州岛、广州南湖、广西北海、海南亚龙湾、云南滇池等国家级旅游度假区、云南昆明春城湖畔度假村、广东肇庆广新农业生态园等。

(二) 城市休闲娱乐场所

城市休闲娱乐场所是指为提高市民生活环境质量、丰富市民文化生活而修建的各种公共休闲、健体、娱乐的建筑体。其中包括各类城市公园、休闲广场、游乐场所、休闲康体场所等。较有代表性的如上海人民广场、大连星海公园、青岛五四广场、上海衡山路休闲功能街、青岛中山路购物休闲街、沈阳太原街购物休闲街等。

此外还有一类依据特定主题创造的舞台化效应游憩空间，多为主题公园的表现形式，如中华民俗村、中华民族园、深圳锦绣中华和世界之窗、北京世界公园、广州世界大观、香港宋城、开封清明上河园、西安大唐芙蓉园、上海大观园等。

七、宗教与祭祀活动场所

宗教是指人类社会发展到一定历史阶段出现的一种文化现象，属于社会意识形态，相信现实世界之外存在着超自然的神秘力量或实体。该神秘统摄万物而拥有绝对权威，主宰自然进化，决定人世命运，从而使人产生敬畏及崇拜。

祭祀是华夏礼典的一部分，更是儒教礼仪中最重要的部分。礼有五经，莫重于祭，是以事神致福。

（一）宗教场所

宗教文化是我国传统文化的组成部分，分布于全国各地的宗教建筑都是我国传统文化的瑰宝，也是名扬海内外的旅游胜地。

1. 佛教寺庙

佛教寺庙是指佛教僧侣供奉佛像、舍利，进行宗教活动和居住的处所。佛寺在中国历史上曾有浮屠祠、招提、兰若、伽蓝、精舍、道场、禅林、神庙、塔庙、寺庙等名；或源于梵文音译、意译；或为假借、隐喻；或为某种类型的专称、别名。到明清时期通称寺庙。

“寺”原是古代官署名称。东汉明帝时，天竺僧摄摩腾等携带佛教经像来洛阳，最初住在接待外宾的官署——鸿胪寺，后将此寺改建，称白马寺。后世相沿以“寺”为佛教建筑的通称。佛教在中国流行近 2000 年，虽然不同时代、不同宗派的佛寺在建筑上存在着差异，但大体都是以佛殿或佛塔为主体，辅以讲堂、经藏、僧舍、斋堂、厨库等建筑，布局上沿袭中国传统的庭院形式。

我国著名的佛教古寺有白马寺、灵隐寺、少林寺、寒山寺、隆兴寺、大相国寺、卧佛寺、塔尔寺、扎什伦布寺。

（1）洛阳白马寺。白马寺位于河南洛阳市东郊，称为“中国第一古刹”。白马寺是佛教传入中国后由官方营造的第一座寺。白马寺的营建与我国佛教史上著名的“永平求法”紧密相连。白马寺内主要建筑有天王殿、大佛殿、大雄殿、接引殿、毗卢阁、齐云塔等。

（2）杭州灵隐寺。灵隐寺又名云林寺，创建于东晋咸和元年（公元 326 年）。当时印度僧人慧理来到杭州，看到这里山峰奇秀，认为是“仙灵所隐”，所以就在这里建寺，取名“灵隐”。清康熙南巡时，赐名灵隐寺为“云林禅寺”灵隐寺全盛时期，有九楼、十八阁、七十二殿堂，僧徒达三千余众。灵隐寺建筑中轴线上依次为天王殿、大雄宝殿、药师殿。

（3）登封少林寺。少林寺位于河南登封县城西北 12 公里的少室山麓五乳峰下。因寺院坐落在丛林茂密的少室山阴，以此得名。少林寺始建于北魏太和年间（公元 495 年），被称为禅宗的祖庭。少林寺保存有唐代以来的碑碣石刻共计 300 多块。

（4）苏州寒山寺。寒山寺始建于公元 502 年的梁天监年间，到了二百年后的唐代，相传唐时僧人寒山曾在该寺居住，故改名为“寒山寺”。自从唐代诗人张继题了《枫桥夜泊》一诗后，寒山寺便闻名了。

（5）正定隆兴寺。隆兴寺始建于隋开皇六年（公元 586 年），原名“龙藏寺”。宋初，太祖赵匡胤敕令在龙藏寺内铸造铜佛，并盖大悲阁，以大悲阁为主体的一组宋代建筑先后告成。到了清康熙、乾隆年间，又两次大规模维修和增建，寺院发展到鼎盛时期。清康熙四十八年（公元 1709 年），改龙藏寺为隆兴寺，俗称大佛寺。

（6）开封大相国寺。大相国寺位于河南省开封市自由路西段。“大相国寺天下雄，天梯缥缈凌虚空”（元·陈孚），寺院历史上名僧辈出，名士荟萃，活动频繁，寺藏丰富，鼎盛时期辖 64 禅律院，占地达 540 亩。北宋期间成为中外佛教及文化交流的中心，深为海内外佛教界瞩目。

（7）北京卧佛寺。卧佛寺即“十方普觉寺”，位于西山北的寿牛山南麓、香山东侧，距市区 30 公里。卧佛寺始建于唐贞观年间（公元 627~649 年），原名兜率寺，又名寿安寺，清雍正十二年重修后改名为普觉寺。由于唐代寺内就有檀木雕成的卧佛，后来元代又在寺内铸造了一尊巨大的释迦牟尼涅槃铜像，因此一般人都把这座寺院叫作“卧佛寺”。据元史记载：当时铸铜像冶铜 25 万千克，用工 7000 人。铜佛身长 5 米作睡卧式，头西面南，左手自然地平放在腿上，右手曲肱托头。卧佛后面围坐着 12 圆觉菩萨，他们面部表情沉重悲哀，构成一幅释迦牟尼涅槃于婆罗树下，向 12 弟子嘱咐后事的景象。

（8）西宁塔尔寺。塔尔寺又名塔儿寺，得名于大金瓦寺内为纪念黄教创始人宗喀巴而建的大银塔，古称“佛山”，藏语称为“衮（音 gun）本贤巴林”，意思是：“十万狮子吼佛像的弥勒寺”。它坐落在湟中县鲁沙尔镇西南隅的连花山坳中，是我国藏传佛教格鲁派创始人宗喀巴诞生地，我国藏传佛教格鲁派六大寺院之一，也是青海省首屈一指的名胜古迹和全国重点文物保护单位。塔尔寺初建于明嘉靖三十九年（公元 1560 年），迄今已有 400 多年的历史。塔尔寺整个寺院是由众多的殿宇、经堂、佛塔、僧舍组成的一个汉藏艺术相结合的辉煌壮丽建筑群，占地面积约 600 余亩。

（9）日喀则扎什伦布寺。扎什伦布寺位于日喀则市尼色日山南侧，藏语意为“吉祥须弥山”。扎什伦布寺是西藏佛教格鲁派在后藏地区的最大寺院，又是西藏地区班禅四世之后历代班禅举行宗教和政治活动的中心。扎什伦布寺始建于明正统十二年（公元 1447 年），全寺分宫殿、勘布会议（后藏地方政府最高机关）、班禅灵塔殿、经学院四大部分。

2. 道教宫观

道教宫观是指道教祀神和做法事的处所，亦称作道宫或道观。道教宫观的建筑形式和布局与佛教寺院的建筑大体相仿，也采用中轴线，院落式布局，只是殿堂的名称与所供奉的神像不同。道观从山门开始，先后依次排列着龙虎殿或灵宫殿、三清殿或玉皇殿、四御殿、纯阳殿、重阳殿或老律堂。佛教的“藏经阁”，道教称“三清阁”。中国现存著名的宫观大都为明清时兴建或者重修的，其中还有不少被列为全国重点文物保护单位。

（1）鹿邑太清宫，坐落于老子故里，在唐代时，被奉为皇家祖庙，现属于全真道；

（2）终南山楼观台，为老子向尹喜传道之所，相传始建于周代；

（3）龙虎山天师府，为历代张天师居所和正一道的总部；

（4）青城山常道观，又称“天师洞”，是张道陵修道之所，现属于全真道；

（5）北京白云观，丘处机在此长住且葬于此，是全真道总部和三大祖庭之一，现为中国道教协会所在地；

（6）北京大高玄殿，位于北京故宫西北角，是明、清两朝的皇家道观；

（7）泰山岱庙，位于山东泰安城区，现属于全真道；

（8）嵩山中岳庙，因为临近宋代首都开封，而受到历代北宋皇帝的尊崇；

（9）天津天后宫，三大妈祖祖庙之一，现属于全真道；

(10) 芮城永乐宫，以其精美的壁画而闻名天下；

(11) 解州关帝庙，位于关羽的家乡——山西运城，是普天下关帝庙的祖庙；

(12) 沈阳太清宫，现属于全真道；

(13) 苏州玄妙观，观内三清殿为今已罕见的宋代古建筑；

(14) 武汉长春宫，祭祀丘处机，故名“长春”；

(15) 武当山太和宫，是世界遗产武当山古建筑群的主体；

(16) 成都青羊宫，传说是老子的出生地，现宫观为清代所修，属于全真道；

(17) 昆明太和宫，以拥有铜铸的“金殿”而闻名，现存建筑主要为吴三桂所修；

(18) 西安八仙宫，相传是吕洞宾修仙得道之处。慈禧太后、光绪皇帝避难时曾来此居住；

(19) 承德魁星楼，中国最大的供奉魁星的道观，创建于公元1828年；

3. 清真寺

清真寺，是穆斯林举行礼拜、穆斯林举行宗教功课、举办宗教教育和宣教等活动的中心场所，亦称礼拜寺。系阿拉伯语“麦斯吉德”（叩拜之处）的意译。中国唐宋时期称为“堂”“礼堂”“祀堂”“礼拜堂”，元代以后称“寺”“回堂”“礼拜寺”，明代把伊斯兰教称为“清真教”，遂将“礼堂”等改称“清真寺”，沿用至今。西北地区回、东乡、保安、撒拉等族穆斯林，至今仍沿袭原称“麦斯吉德”，或称“哲马尔提”（即寺坊）。

清真寺与穆斯林的一生息息相关。穆斯林每日“五时拜”，每周的聚礼，每年两次“会礼”，都到清真寺举行；每逢重大时日，如婴儿初生时命名和亡人的殡礼，都要到寺内请阿訇主持举行；一般穆斯林间有关婚姻、遗产、商业等纠纷，也都在清真寺内按教法规定解决或调处。

中国唐、宋、元时期，清真寺的建筑风格主要是阿拉伯式，全部用砖石砌筑，平面布局，外观造型和细部处理多呈阿拉伯伊斯兰风格。广州怀圣寺、泉州清净寺、杭州真教寺、扬州礼拜寺，都是始建于唐宋时期的清真寺，向称中国四大古寺。

元代清真寺的建筑规模和数量远远超过唐宋。仅元大都（今北京）就有清真寺35座。其外观造型基本上保留阿拉伯建筑形式，但已逐步吸收了中国传统建筑的布局和砖木结构体系，形成中、阿混合形制。北京牛街礼拜寺、西安化觉巷清真寺以及定州礼拜寺、松江清真寺等都是典型的中、阿合璧式建筑艺术形制。

明清两代所建的清真寺，受中国传统建筑影响，形式变化很大，寺中增置了讲经堂和沐浴室，总体结构多为传统的殿宇式，大殿结构复式化，由前卷棚、中大殿、后窑殿三部分组成，多为砖木混合结构。

新疆维吾尔自治区喀什的艾提卡尔清真寺与库尔勒市的礼拜寺，其建筑形式更多地保留了阿拉伯伊斯兰特色，多用木料、土坯、砖及琉璃砖砌成圆拱顶或平顶式建筑，采取敞殿堂与封闭殿堂结合。吐鲁番地区多为上下礼拜殿形制。

西南地区清真寺的建筑，也有采用当地民族形式的，拉萨市河坝林清真寺，整体建筑结构和细部装饰为彩画，主殿及邦克楼外的石砌和色彩、线条、花式，完全采用当地藏式建筑艺术手法。

云南西双版纳地区的回族清真寺，采用傣族的竹楼形式，别具一格。

我国首都北京有著名的四大清真寺。包括牛街礼拜寺、东四清真寺、花市清真寺、清真普寿寺。

（1）牛街礼拜寺。牛街礼拜寺是北京市一座著名的古寺，因为它坐落在宣武区回民集中区牛街，所以称为牛街礼拜寺。该寺初建于宋太宗至道二年（公元996年），当时这一带有许多果园，至今仍有以果物命名的街道，如枣林街，樱桃园。牛街是榴街的谐音，是石榴园的所在地，又因这里地势较高，故也称岗上清真寺。

这座古寺面积约6000平方米，寺的建筑和布局，是典型的中国宫殿式和阿拉伯式相结合的手法，在中国传统的木结构形式上带有浓厚的阿拉伯装饰的风格，形成了中国式伊斯兰教建筑的独特形式。

（2）北京东四清真寺。该寺又名法明寺，约创始于元朝至正六年（公元1346年）。明正统十二年（公元1447年），由当时任后军督都府同知的回族陈友独资重建。明景泰元年（1450年），代宗皇帝朱祁钰题“清真寺”匾额，故有官寺之称。全寺建筑分前中后3进院落，占地面积15亩。寺内主要建筑由礼拜大殿，南北讲经堂、图书馆、净水堂等组成。大殿建在寺院西侧，建筑面积500平方米，可容500人同时礼拜。殿高15米，前部为木质结构，造型古朴，为中国庑殿式建筑，殿内可见20根大彩柱，直径有48厘米，柱面彩绘赤金大型荷花，中央3根横梁上彩底金字阿拉伯文库法体《古兰经》节文。后部窑殿是砖砌圆拱顶，不用梁柱，故称“无梁殿”。

（3）北京市花市清真寺。花市清真寺是首都城区四大古寺之一，建于明初永乐十二年（公元1414年），至今已有500余年的历史。清康熙四十一年（公元1702年）经过大规模整修，宽敞壮丽，极一时之盛。雍正七年（公元1729年）建造世宗皇帝御碑亭1座。乾隆年间邻居失火，殃及寺中建筑，后由穆民多次捐修，得以衍传保存。该寺所处京城东南隅，是仅次于牛街的北京回民第二聚居区。

（4）北京清真普寿寺。北京清真普寿寺位于西城区锦什坊街63号，亦称锦什坊街清真寺。始建于明宣德四年（公元1429年）。后各代几经修葺，建筑面积1373平方米，是典型的中国古典宫殿式建筑风格。寺内建筑雄伟壮观，其形状及彩画图案具有明代建筑特色。宣礼楼造型美观，厢房、诵经室布局对称协调，并附设沐浴室、招待所等，是北京市西城区伊斯兰教协会所在地。

4. 基督教堂

基督教是以新旧约全书为圣经，信仰人类有原罪，相信耶稣为神子并被钉十字架从而洗清人类原罪、拯救人类的一神论宗教。现分裂为天主教、新教（耶稣教）、东正教三个教派。教堂是基督教（天主教，新教，东正教等举行弥撒礼拜等宗教事宜的地方）。按照级别分类有主教坐堂，大教堂（大殿），教堂，礼拜堂等。中国著名的天主教教堂有：北京南堂和北堂、利马窦墓、天津老西开教堂、上海徐家汇天主堂、上海佘山圣母大教堂、广州圣心大教堂等；中国著名东正教教堂有：哈尔滨圣索菲亚教堂、上海圣母大教堂等；中国著名新教教堂有：上海国际礼拜堂、上海沐恩堂、上海圣三一堂、上海景灵等。

（二）祭祀场所

祭祀对象分为三类：天神、地祇、人鬼。天神地祇只能由天子祭祀；诸侯大夫可以祭祀山川；士庶人则只能祭祀自己的祖先和灶神。我国祭祀场所主要可分为坛和庙两大类。

1. 坛

在科学不发达的农业立国的封建时代，人们相信“天”是至高无上的，主宰一切。自然界中的日、月、星、辰、雷、电、风、雨和山川河流也都各有神明，支配着农作物的丰歉与人间祸福。因此自古以来，从封建帝王到州、郡、府、县的各级官员，以及黎民百姓都要祭祀天地。

坛是指中国古代用于祭祀天、地、社稷等活动的台型建筑。最初的祭祀活动在林中空地的土丘上进行，后逐渐发展成用土筑坛。早期，坛除用于祭祀外，也用于举行会盟、誓师、封禅、拜相、拜师等重大仪式，后来逐渐成为封建社会最高统治者专用的祭祀建筑。坛的规模由简而繁，体型随天、地等不同祭祀对象而有圆有方，由土台变为砖石砌；并且发展成宏大建筑群。

北京城内的清代祭祀坛有天坛（圜丘坛）、地坛（方泽坛）、日坛（朝日坛）、月坛（夕月坛）、祈谷坛（祈年殿）、社稷坛、先农坛、天神坛、地祇坛、太岁坛、先蚕坛等。其中天坛、地坛、日坛、月坛分别位于都城的南、北、东、西。

天坛是明清皇帝祭天和祈祷丰年的地方。是保存下来的封建帝王祭祀建筑中最完整、最重要的一组建筑，也是现存艺术水平最高、最具特色的优秀古建筑群之一。天坛整个组群由内外两重围墙环绕，总面积 280 公顷。围墙的平面接近正方形，但北面两角采用圆形、南面则为方角，以附会“天圆地方”之说。

2. 庙

庙是中国古代又一类祭祀性建筑。其形制要求严格整齐，大致可分为三类：

（1）祭祀祖先的宗庙。祭祀祖先的宗庙可分为两类：

1）太庙。太庙是中国古代帝王祭祀祖先的宗庙。庙制历代不同，夏 5 庙，商周 7 庙。东汉以后只立一座太庙，分供各代皇帝神主。太庙是等级最高的建筑，后世惯用庑殿顶。

北京劳动人民文化宫是历史上唯一保存下来的太庙建筑。有二重围墙，平面呈南北矩形。南面并列三座琉璃门，门内有金水河通过，跨河有 7 座单孔石桥。金水河北为太庙主体建筑，有内围墙环绕。它的南面为戟门，门外原有 120 杆戟作仪仗用。戟门内中轴线上布置前殿，中殿和后殿三座大殿。前殿，是主殿，皇帝祭祀时行礼的地方，共 11 间，黄琉璃瓦重檐庑殿顶，殿前有月台和宽阔的庭院，东西两侧各建配殿 15 间，分别配飨有功的皇族和功臣；中殿，供奉历代帝后神位，面阔 9 间，黄琉璃瓦单檐庑殿顶；后殿，供奉世代久远的从中殿迁出的帝后神位，面阔 9 间，黄琉璃瓦殿顶。

2）家庙或宗祠。家庙或宗祠是贵族、显臣、世家大族奉祀祖先的建筑。仿照太庙的方位，其设于宅第东侧，规模不一。有的宗祠附设义学、义仓、戏楼，功能已超出祭祀范围。

广州的陈家祠是现存祠堂建筑中保存最为完整、规模较大、建筑极为精美的世家宗祠，具有很高的艺术观赏价值。

（2）奉祀圣贤的庙。祭祀圣贤先哲的庙遍及全国，其中以祭祀孔子的文庙和关羽的武庙最多。

1）孔庙。在众多孔庙当中，曲阜孔庙最大、历史最久、规制也最高。它是我国现存的仅次于北京故宫的巨大古建筑群，也是中国古代大型祠庙建筑的典型，保存着宋金以来的总体布局和金元以来的十座古建筑。现存孔庙总平面为一不等边的近似长方形，东西宽 141~153 米，南北宽 637~651 米，总面积 144 亩。其建筑仿皇宫建制，共分九进庭院，中轴线两侧对称排列。

此外，北京的孔庙、四川富顺孔庙、贵州安顺孔庙、上海嘉定文庙等，在建筑规模和艺术水平上也相当可观。

2）关羽庙。祭祀武圣关羽庙以山西解县最大。此外北京的武庙规模较大，安徽亳县关帝庙的花戏楼和砖坊雕刻艺术堪称一绝。

3）其他圣贤祠堂。如成都杜工部祠、眉山三苏祠、北京文天祥祠、扬州史可法祠等，其规模虽不大，建筑也不甚华丽，但纪念性较强，建筑布局亦有独到之处。

(3) 祭祀山川神灵的庙。祖先在历史发展过程中，认为山支撑着苍穹，与天相接，因而产生了对大山的敬仰，并对山川进行祭拜。我国代表性的祭祀山川神灵的庙有岱庙，又称东岳庙，泰岳庙。位于泰安市东北，是按照唐宋以来祭祀建筑中最高标准、仿效帝王的宫城体制修建的。庙南北长406米，东西宽237米，面积9.6万平方米。有古建筑，仿古建筑160余间，碑碣175块，汉画像石48块，古柏桧212株、观赏植物290多种。城堞环围、宫阙重叠，雕梁画栋、富丽堂皇，是泰山上下最大古建筑群。

八、交通运输场站

交通运输场站是指用于运输通行的地面场站。

(一) 边境口岸

边境口岸是指边境上设立的过境或贸易的地点。中国在陆地上毗邻有15个国家，从东北向西南依次为朝鲜、俄罗斯、蒙古、哈萨克斯坦、吉尔吉斯斯坦、塔吉克斯坦、阿富汗、巴基斯坦、印度、尼泊尔、不丹、缅甸、老挝、越南，因而沿国境线形成许多不同国别的口岸。

我国边境各省分布口岸主要有：

(1) 辽宁省：丹东；

(2) 吉林省：开山屯、南坪、三合、临江、珲春、圈河、集安、图们、珲春、大安港等；

(3) 黑龙江省：绥芬河、东宁、密山、虎林、黑河、逊克、同江、漠河、饶河、抚远、萝北、嘉荫等；

(4) 内蒙古自治区：满洲里、甘其毛道、二连浩特、啊日哈沙特、珠恩嘎达布其、孙吴、呼玛室韦、黑头山等；

(5) 甘肃：马鬃山；

(6) 新疆维吾尔自治区：老爷庙、乌拉斯台、塔克什肯、红山嘴口岸、阿黑土别克、吉木乃、巴克图、阿拉山口、霍尔果斯、木扎尔特口岸、吐尔尕特、伊尔克什坦口岸、红旗拉甫口岸、都拉塔等；

(7) 西藏自治区：樟木、普兰、吉隆、日屋等；

(8) 云南：瑞丽、畹町、河口、磨憨、金水河、天保、猴桥、思茅、景洪等；

(9) 广西壮族自治区：友谊关、水口、东兴、凭祥等。

(二) 车站

车站是指为了装卸客货停留的固定地点。著名的火车站如北京火车站、上海火车站、哈尔滨火车站、武昌、汉口火车站等。

（三）航空港

航空港是指供飞机起降的场地及其相关设施。著名的航空港则有北京首都机场、海口美兰国际机场、上海浦东国际机场、香港启德机场等。

九、纪念地与纪念活动场所

纪念地与纪念活动场所是指为纪念故人或开展各种宗教祭祀、礼仪活动的馆室或场地。

（一）祭拜场馆

祭拜场馆是指为礼拜神灵、祭祀故人所开展的各种宗教礼仪活动的馆室或场地。如祭拜城镇守护神祠的城隍庙、富贵神祠的财神庙、消灾除难的天妃庙、娘娘庙等。

1. 城隍庙

城隍庙起源于古代的水（隍）庸（城）的祭祀，为《周宫》八神之一。“城”原指挖土筑的高墙，“隍”原指没有水的护城壕。古人造城是为了保护城内百姓的安全，所以修了高大的城墙、城楼、城门以及壕城、护城河。他们认为与人们的生活、生产安全密切相关的事物，都有神在，于是城和隍被神化为城市的保护神。

城隍庙在全国分布广泛，代表性的有：

（1）陕西省：西安都城城隍庙、三原县城隍庙；

（2）浙江省：杭州市吴山城隍庙、宁波市城隍庙、嵊州市城隍庙、金华府城隍庙；

（3）湖南省：安仁县城隍庙；

（4）甘肃省：兰州市城隍庙；

（5）广东省：普宁市城隍庙、揭阳市城隍庙、惠州市城隍庙、鹤山市城隍庙、海丰县城隍庙、汕头市三都城隍庙；

（6）河南省：郑州市城隍庙、安阳市城隍庙、洛阳河南府城隍庙；

（7）山西省：长治市城隍庙、芮城县城隍庙、平遥县城隍庙、清徐县城隍庙；

（8）中国台湾地区：台南市城隍庙、澎湖县城隍庙、新竹市城隍庙；

（9）上海市：上海市城隍庙；

（10）江苏省：南京城隍庙、泰州市城隍庙、南通城隍庙、海门市江海城隍庙；

（11）河北省：承德市热河都城隍庙；

（12）福建省：莆田市城隍庙、厦门市城隍庙、石狮市城隍庙、石狮市永宁城隍庙、漳州市龙海海澄城隍庙、泉州市安溪城隍庙、漳州市九峰城隍庙、汀州城隍庙；

（13）安徽省：合肥市城隍庙、阜阳城隍庙；

（14）山东青：岛胶州城隍庙；

（15）贵州省：贵定县城隍庙；

（16）四川省：昭化城隍庙。

2. 财神庙

在道教的神仙谱中，赵公明是五方诸神之一，就是阴阳之神。他头戴黑铁冠，手执玄铁鞭，黑方脸，满嘴的大胡子，骑着一匹黑虎，形象威猛。他与招宝天尊萧升、纳珍天尊曹宝、招财使者陈九公、利市仙官姚少司和称五路财神。财神爷赵公明乃家喻户晓之神，逢年农历正月初五及七月二十二全世界约有四分之一的人要祭祀财神爷。全国各地广泛分布有财神庙，代表性的有：

（1）天下第一财神庙。天下第一财神庙位于杭州北高峰山巅，又叫灵顺寺，始创建于公元 326 年（东晋咸和年间），已有 1600 多年的历史。北宋初年，因寺内供奉“五显财神”，故民间始称“财神庙”。

江南才子徐文长登山游寺留下“天下第一财神庙”墨宝，至今刻匾存于寺内。现存大殿为明末清初所建，规模宏伟，堪称华夏财神庙之最。

（2）中国最早的财神庙。中国最早的财神庙是财神赵公明之神庙，位于日照市天台山，已经有 4000 多年历史。

（二）名人故居与纪念建筑

名人故居与纪念建筑是指有历史影响的人物的住所或为其建设的纪念建筑物。我国历史源远流长，在历史长河中涌现出的著名历史人物如繁星般璀璨，为纪念这些历史名人和事迹，全国各地分布有众多的名人故居、纪念馆和纪念性建筑。

纪念历史人物的故居如河南新郑黄帝故里、湖北秭归屈原故里、陕西韩城司马迁故里、山东淄博蒲松龄聊斋、江苏淮南吴承恩故居、四川成都杜甫草堂，还有近现代的林则徐故居、孙中山故居、宋庆龄故居、鲁迅故居、毛泽东故居、周恩来故居、朱德故居等。

纪念著名人物的纪念建筑或场所如唐宋八大家纪念馆、八大山人纪念馆、文天祥纪念馆、雷锋纪念馆、王进喜纪念馆、焦裕禄纪念园等。

（三）革命战争纪念地

革命战争纪念地是指纪念革命先辈、烈士及历史的纪念地与活动场所。如“九·一八”历史博物馆、侵华日军南京大屠杀遇难同胞纪念馆、八路军太行纪念馆、延安革命纪念地、韶山毛泽东同志纪念馆等。苏区中央机关党总支旧址、遵义会议——四渡赤水纪念地、焦裕禄纪念园、红旗渠纪念馆、中国海关博物馆。

第二节　实用建筑与核心设施

一、特色街区

特色街区是指反映某一时代建筑风貌，或经营专门特色商品和商业服务的街道。

（一）特色街巷

特色街巷是指能反映某一时代建筑风貌，或经营专门特色商品和商业服务的街道。如仿古修复或创建武夷山景区中的宋街、辽宁兴城的古街、四川资中县的新正街；洋溢现代商业气息的黑龙江哈尔滨的中央大街、北京王府井大街、上海南京路、淮海路等。

（二）特色社区

特色社区是指建筑风貌或环境特色鲜明的居住区。主要体现形式是风景如画的古村镇、特色鲜明的古城区、民族色彩浓厚的聚居区等。如江苏的周庄、同里；浙江的乌镇、南浔；安徽的西递、宏村；新疆的八卦城；江西的婺源等。

目前我国对该类旅游资源的开发和保护十分重视，从 2003 年就已经设立项目批准建设国家历史文化名镇及历史文化名村，至今已经先后公布建设了七批共计 312 个历史文化名镇和 487 个历史文化名村，分布范围已覆盖全国 31 个省、直辖市、自治区。这些历史文化名镇名村反映了我国不同地域、不同民族、不同经济社会发展阶段聚落形成和演变的历史过程，真实记录了传统建筑风貌、优秀建筑艺术、传统民俗民风和原始空间形态，具有很高的科学研究和旅游开发价值。

二、特性屋舍

特性屋舍是指具有观赏游览功能的房屋。其中包含传统与乡土建筑和书院。

（一）传统与乡土建筑

传统与乡土建筑是指具有地方建筑风格和历史色彩的单个居民住所。它在我国各族人民居住的地理环境、气候条件、生产方式及生活水平的差异影响下，具有鲜明的历史色彩、民族特点和地方特色。不同民族的居所差异鲜明、色彩纷呈，其旅游价值主要体现在历史文化之美、民族习俗文化之美、造型丰富的建筑艺术美，以及实用性与周围环境协调的和谐之美。

游牧及狩猎民族常居帐篷或毡包，如西藏自治区和内蒙古自治区游牧地区民众常使用的蒙古包和帐篷。

传统汉族居住区常居木构件庭院式住宅，如北方的四合院、江南的四水归堂式建筑。

黄土高原地区民众充分发挥地质优势，以高超的智慧创造出窑洞式民居，如广泛分布在陇东、豫西、晋东南等地的黄土窑院，具有冬暖夏凉、省工省料的特点，形成了“近山不见人，入村不见村，平地起炊烟，蓦然闻鸡犬”的特征。

南方少数民族因自然环境而就地取材设计出干栏式居所，具有通风、防潮、防野兽袭击的好处，如傣族的竹楼、侗族的木楼、苗族的吊脚楼等。

林区居民发挥材料优势，以天然木材堆垛而成墙体，创造出形如井口的井干式房屋，称为垛木房，或木楞房，主要分布于我国东北、西南等林区。

青藏高原及内蒙古高原地区有以乱石垒砌而成的碉堡式房屋，高有三、四层，称碉房等。

还有在客家人聚居地区形成的一类特殊民居，是客家族群由中原向南方迁移之际，出于抵御山林野兽、强盗的需要，以土作墙而建造起来的集体建筑，呈圆形、半圆形、方形、四角形、五角形、交椅形、畚箕形等。如闽西永定客家土楼群。

（二）书院

书院是指旧时地方上设立的供人读书或讲学的处所，是我国封建社会历史上特有的一种教育和学术组织。我国的书院源于唐代，盛于宋代。建筑讲究风景环境的选址和经营，尤以山环水绕、清秀之地最为理想，一般由讲学、藏书和供礼三部分建筑组成。

著名的有宋代四大书院：河南嵩山嵩阳书院、湖南长沙岳麓书院、河南商丘应天书院（又名睢阳书院）和江西庐山白鹿洞书院。此外还有明朝的东林书院等。

三、独立厅、室、馆

独立厅、室、馆是指具有观赏游览功能的景观建筑。

（一）厅堂

在我国的建筑中，厅为会客、宴会、行礼用的房间；堂为单体建筑中居中、向阳而宽大的房间，也是社交活动的场所。厅堂一般是建筑群落中的主体建筑，体形较高大，有良好的观景条件与朝向。代表性的有：

（1）上海席氏厅堂。上海席氏厅堂建于明代嘉靖年间，位于朱家角镇东瑚街席家弄内，是镇上现存较为典型的明代宅第建筑。席氏厅堂，气势恢宏，富丽堂皇。宅第坐南朝北，正墙门面对瑚偕港，向后一直延伸至祥凝浜，前后共五埭厅堂；正墙门前有三级石阶，石阶两旁分竖两座扁圆形石墩，雕有奔腾麒麟，这在民间建筑中十分罕见。沿河有石驳、河埠、水墙门。

（2）徽州会馆厅堂。徽州会馆厅堂位于海门镇街北路西首。主体建筑建于清道光十六年（公元1836年），由徽州人汪英等捐建。厅堂系穿斗式和抬梁式相结合的七檀硬山建筑，前附卷棚式通廊，柱头上置讹角头，月梁扁作，四抹头格子长窗，板门。厅堂的月梁、斗拱、雀替等构件及山花处通体都是花卉、动物图案的浮雕和透雕，图案有牡丹、莲花、孔雀等。

（二）会馆

会馆是指旅居异地的同乡人共同设立的馆舍。主要以馆址的房屋供同乡、同业聚会或寄居。会馆的兴起和发展与我国封建社会的科举制度和商业经济的繁盛有着密切的关系。全国举人的赶考以及商人的异地经商使客居他乡的同乡、同业因共同理想和共同利益产生聚会的需求，会馆就是因这种需求而创建的场所。

中国历史上的会馆兴起于明朝，繁盛于清朝，至民国时期开始衰败。会馆的内部有会场、剧院、宴会厅等，并具有办公和居住等综合功能。现存比较完好的会馆全国共计80多处，著名的有河南开封的山陕甘会馆、河南洛阳的潞泽会馆、山东聊城山陕会馆、天津的天津广东会馆、山东聊城山陕会馆等。

四、独立场、所

独立场、所是指具有观赏游览功能的文化、体育场馆等空间场所。

（一）广场

广场是指用来进行休憩、游乐、礼仪活动的城市内的开阔地。广场通常具备一定的功能，如集会、纪念、休闲、运动以及各种文化活动，有单一功能，也有综合功能，是一个可让人们聚会休息的空间，同时亦是人们逃离城市喧嚣的地方。在广场中或其周围一般布置着重要建筑物，往往能集中表现城市的艺术面貌和特点。

著名的广场都有其特定的内涵，广场的功能越多，其内涵越深，与人的关系越密切，逐渐形成特定的广场文化。广场文化在体现了城市建筑、文化、人群与活动这些显著特征的同时，也体现了人们对大自然的亲近与回归。

目前中国在广场建设中存在盲目求大、缺乏地域特色、经营管理不到位，甚至割裂城市历史文化的误区。今后在广场的建设中应致力烘托广场的文化氛围，以广场为载体，发展文化产业，从而使广场成为展示城市形象的窗口。

我国有世界最大的广场——天安门广场。各地大大小小的城镇几乎都有广场，如上海人民广场；沈阳和平广场、中山广场；济南泉城广场；昆明东风广场；大连海之韵广场、希望广场、胜利广场、华乐广场；青岛的五四广场；云南丽江四方街广场等。

一些机构还评出了中国十大城市广场，包括、北京天安门广场、济南泉城广场、成都天府广场、上海人民广场、哈尔滨索菲亚广场、大连中山广场、青岛五四广场、宁波天一广场、郑州二七塔广场等十处。

（二）展示演示场馆

展示演示场馆是指为各类展出演出活动开辟的馆室或场地，包括各种作为展出临时陈列品之用的展览馆、陈列馆、博物馆、会展中心等。

1. 展览馆类

综合性的展览馆有上海世博展览馆、北京展览馆、中国国际展览中心、广州琶洲展馆、锦汉展览中心、流花展览中心；专业性的展览馆有中国进出口商品交易会展览馆、深圳市工业展览馆、中国国际贸易中心、全国农业展览馆等。

2. 陈列馆类

陈列馆有中共党史陈列馆、蒸汽机车陈列馆、红军文化陈列馆、中国票据陈列馆、中国轴承陈列馆、佛教文物陈列馆、卢沟桥史料陈列馆、民间瓦当陈列馆、旧绘画陈列馆等。

3. 博物馆类

博物馆包括历史类博物馆：中国国家博物馆、西安半坡遗址博物馆、秦始皇兵马俑博物馆、泉州海外交通史博物馆、景德镇陶瓷历史博物馆、北京鲁迅博物馆、韶山毛泽东同志纪念馆、中国共产党第一次全国代表大会会址纪念馆等；

艺术类博物馆：故宫博物院、南阳汉画馆、广东民间工艺馆、北京大钟寺古钟博物馆、徐悲鸿纪念馆、天津戏剧博物馆、聚通源刺绣博物馆等；

自然、科学类博物馆：中国地质博物馆、北京自然博物馆、自贡恐龙博物馆、中国台湾地区昆虫科学博物馆、中国科学技术馆、柳州白莲洞洞穴科学博物馆等；

综合类博物馆：南通博物苑、山东省博物馆、湖南省博物馆、内蒙古自治区博物馆、黑龙江省博物馆、甘肃省博物馆、青铜器博物馆等。

4. 会展中心类

会展中心类有中国国际会展中心、上海的新国际会展中心、光大会展中心、北京煤炭工业展览中心、昆明国际会展中心、东莞国际会展中心、青岛国际会展中心、广州国际会展中心、杭州市国际会展中心等。

（三）体育健身馆场

体育健身馆场是指开展体育健身活动的独立馆室或场地，包括综合性和各种专业性的体育中心、体育场、体育馆、运动场等。现代体育馆场设施设备先进、建筑宏伟、造型独特，为城市增添了一道道亮丽的风景。

例如，2008 年北京奥运会所使用的 37 的场馆：国家体育场（鸟巢）、国家游泳中心（水立方）、国家体育馆、北京射击馆、五棵松体育馆、老山自行车馆、奥林匹克水上公园、中国农业大学体育馆、北京大学体育馆、北京科技大学体育馆、北京工业大学体育馆、奥体中心体育场、奥体中心体育馆、工人体育场、工人体育馆、首都体育馆、丰台垒球场、英东游泳馆、老山自行车场、北京射击场飞碟靶场、北京理工大学体育馆、北京航空航天大学体育馆、国家会议中心击剑馆、奥林匹克森林公园曲棍球场、奥林匹克森林公园射箭场、奥林匹克森林公园网球场、五棵松棒球场、北京朝阳公园沙滩排球场、小轮车赛场、铁人三项赛场、城区公路自行车赛场、青岛国际帆船中心、香港奥运赛马场、上海体育场、天津奥林匹克体育场、沈阳水晶王冠奥林匹克体育场、秦皇岛奥林匹克体育中心等。

（四）歌舞游乐场馆

歌舞游乐场馆是指拥有各种现代化、趣味性的娱乐设施，可以开展歌咏、舞蹈、游乐的馆室或场地。我国北京、上海、广州、深圳等大型城市都有大型歌舞厅，其他全国各地城市都广泛分布有规模不一的歌舞场、剧场，如天津歌舞剧院、杭州歌舞剧院、厦门歌舞剧院、内蒙古民族歌舞剧院等。全国各地也广泛分布有众多的游乐场，如北京的石景山游乐园、北京游乐园、北京欢乐谷；上海的上海欢乐谷、锦江乐园、锦江公园；香港的海洋公园、香港迪士尼乐园；大连市游乐园；苏州的苏州乐园、摩天轮公园等。

五、桥梁

桥梁是指跨越河流、山谷、障碍物或其他交通线而修建的架空通道。桥梁不仅因其是重要的交通建筑，而具有重要的实用价值。桥梁常常因其建筑规模的宏大、技术的高超、造型的独特、悠久的历史、丰富的文化底蕴具有极高的美学观赏及历史文化价值，从而成为吸引旅游者观赏游览的重要旅游资源。

我国造桥历史悠久，最早的桥梁建筑可见于5000~6000年前的半坡遗址中。随着工程技术的发展，古代工匠们创造了各种结构、材料、造型的桥梁。从结构和形式上看，有梁桥、拱桥、索桥、浮桥、廊桥、铁桥、竹藤桥、网桥等。

其中历史悠久、技术独特、艺术价值高的桥有：河北赵州桥、北京卢沟桥、福建泉州洛阳桥、晋江安平桥、山西太原晋祠的“鱼沼飞梁”、广西三江程阳风雨桥等。

随着当代经济发展和桥梁建筑工程技术的提高，越来越多高科技手段及现代化材料的使用，造就了一批宏伟壮观的现代桥梁，成为我国各个地区新的风景线，如武汉长江一桥、二桥；南京长江大桥；上海黄浦大桥、杨浦大桥；兰州黄河大桥等。

六、渠道、运河段落

渠道、运河段落是指正在运行的人工开凿的水道段落，是用以沟通地区或水域间水运的人工水道，通常与自然水道或其他运河相连。除航运外，运河还可用于灌溉、分洪、排涝、给水等。

中国的运河建设历史悠久，秦始皇28年（公元前219年），为沟通湘江和漓江之间的航运就开挖了灵渠，目前我国的京杭运河是世界上最长的运河。

（一）灵渠

灵渠位于广西壮族自治区兴安县境内，是世界上最古老的运河之一，有着“世界古代水利建筑明珠”的美誉。灵渠古称秦凿渠、零渠、陡河、兴安运河，于公元前214年凿成通航，距今已2217年，仍然发挥着作用。

（二）京杭大运河

京杭大运河全长 1747 千米，是世界上最长的一条人工运河。京杭大运河是苏伊士运河的 16 倍，巴拿马运河的 33 倍。其纵贯南北，是中国重要的一条南北水上干线。但由于年久失修，目前，京杭运河的通航里程仅为 1442 千米，其北起北京，南至杭州，经过北京、天津、河北、山东、江苏、浙江六省市，连通了海河、黄河、淮河、长江、钱塘江五大水系。

七、堤坝段落

堤坝段落是指防水、挡水的构筑物段落。堤坝既是水利设施，发挥着防洪、灌溉等实际作用，又因其作为建筑本身与自然环境、人文因素、艺术特征等的结合具有独特的旅游价值。有些堤坝修筑得宏伟壮观、气势凌人，雄踞海、河之滨，任凭风吹浪打，兀自岿然不动，如四川葛洲坝、河南三门峡黄河大堤、湖北荆江大堤等；有些堤坝与周边景色协调一致，出自名人设计修筑，文化气息浓重，如杭州西湖的苏堤和白堤，是历史大文豪苏轼和白居易所主持修筑；有些堤坝历史悠久，但老骥伏枥志在千里，经千年江水淘洗，仍坚守岗位，发挥作用，如四川都江堰，已被列入世界遗产。

都江堰坐落四川省都江堰城西，位于成都平原西部的岷江上，都江堰水利工程建于公元前 256 年，是全世界迄今为止，年代最久、唯一留存、以无坝引水为特征的宏大水利工程，至今仍在发挥作用。它不仅是中国水利工程技术的伟大奇迹，也是世界水利工程的璀璨明珠。

八、港口渡口与码头

港口渡口与码头是指位于江、河、湖、海沿岸进行航运、过渡、商贸、渔业活动的地方。港口渡口与码头是水运方式起始之所，一般建筑规模宏大、技术设备先进、造型独特美观，往往是其所在地的标志性建筑。著名的港口有国际特大型的综合性枢纽港香港和上海、国家大型的综合性骨干港大连、天津、广州、青岛等港口。

（一）香港港

香港港是中国天然良港，是远东的航运中心。地处我国与邻近亚洲国家的要冲，既在珠三角入口，又位于亚洲太平洋周边的中心，是全球最繁忙和最高效率的国际集装箱港口之一，也是全球供应链上的主要枢纽港。目前有 80 多条国际班轮每周提供约 500 班集装箱班轮服务，连接香港港至世界各地 500 多个目的地。

香港港有 15 个港区：香港仔、青山（屯门）、长洲、吉澳、流浮山、西贡、沙头角、深井、银矿湾、赤柱（东）、赤柱（西）、大澳、大埔、塔门和维多利亚。其中维多利亚港区最大，条件最好，其平均超过 10 米深的港内航道，使大型远洋货轮可随时进入码头和装卸区，为世界各地船舶提供了方便而又安全的停泊地。

（二）上海港

上海港位于中国大陆海岸线中部、长江入海口处，前通中国南北沿海和世界大洋，后贯长江流域和江浙皖内河、太湖流域。海港港区陆域由长江口南岸港区、杭州湾北岸港区、黄浦江港区、洋山深水港区组成，目前上海港已经与全球 214 个国家和地区的 500 多个港口建立了集装箱货物贸易往来，拥有国际航线 80 多条。

九、洞窟

（一）石窟

石窟是指临崖开凿，内有雕刻造像、壁画，具有宗教意义的洞窟。

石窟文化艺术是一种宗教文化，取材于佛教故事，兴于魏晋，盛于隋唐。它吸收了印度犍陀罗艺术精华，融汇了中国绘画和雕塑的传统技法和审美情趣，反映了佛教思想及其汉化过程，是研究中国社会史、佛教史、艺术史及中外文化交流史的珍贵资料。

我国现存的主要石窟群均为魏唐之间或宋前期作品，其中以敦煌莫高窟、大同云冈石窟、洛阳龙门石窟最为著名，合称我国“三大石窟”，已被列入世界遗产，加上天水麦积山石窟合称我国“四大石窟”。

1. 莫高窟

莫高窟坐落在河西走廊西端的敦煌，俗称千佛洞。其以精美的壁画和塑像闻名于世，被誉为 20 世纪最有价值的文化发现。

它始建于十六国的前秦时期，历经十六国、北朝、隋、唐、五代、西夏、元等历代的兴建，形成巨大的规模。现有洞窟 735 个，壁画 4.5 万平方米、泥质彩塑 2415 尊，是世界上现存规模最大、内容最丰富的佛教艺术圣地。近代以来又发现了藏经洞，内有 5 万多件古代文物。1987 年，莫高窟被列为世界文化遗产。

2. 云冈石窟

云冈石窟位于山西省大同市，石窟依山而凿，有窟龛 252 个，造像 51000 余尊，代表了公元 5 世纪至 6 世纪时中国杰出的佛教石窟艺术。云冈石窟距今已有 1500 多年的历史，始建于公元 460 年，由当时的佛教高僧昙曜奉旨开凿。整个石窟分为东、中、西三部分，石窟内的佛龛，像蜂窝密布，大、中、小窟疏密有致地嵌贴在云冈半腰。东部的石窟多以造塔为主，故又称塔洞；中部石窟每个都分前后两室，主佛居中，洞壁及洞顶布满浮雕；西部石窟以中小窟和补刻的小龛为最多，修建的时代略晚，大多是北魏迁都洛阳后的作品。石窟雕塑的各种宗教人物形象神态各异，在雕造技法上继承和发展了我国秦汉时期艺术的优良传统，又吸收了犍陀罗艺术的有益成分，创建出云冈独特的艺术风格。

3. 龙门石窟

龙门石窟位于河南省洛阳市区南面 12 公里处，开凿于北魏，后来历经东西魏、北齐，到隋唐至宋等朝代又连续大规模营造达 400 余年之久。密布于伊水东西两山的峭壁上，南北长达 1 公里，现存窟龛 2345 个，题记和碑刻 2680 余品，佛塔 70 余座，造像 10 万余尊。其中最大的佛像高达 17.14 米，最小的仅有 2 厘米。这些都体现出了我国古代劳动人民极高的艺术造诣。

4. 麦积山石窟

麦积山石窟位于甘肃省天水市麦积山西南悬崖峭壁上，有的距山基二三十米，有的达七八十米。在如此陡峻的悬崖上开凿成百上千的洞窟和佛像，这在我国的石窟中是罕见的。石窟建自公元 384 年，后来经过十多个朝代的不断开凿、重修，成为我国著名的大型石窟之一，也是闻名世界的艺术宝库。现存洞窟 194 个，其中有从 4 世纪到 19 世纪以来的历代泥塑、石雕7200余件，壁画1300多平方米。

其他还有天水市大象山石窟、重庆大足区佛教石窟群、霞浦县北壁乡石窟寺、浙江龙游石窟、河北邯郸响堂山石窟、云南剑川石宝山石窟、辽宁义县万佛堂石窟等。

（二）人工洞穴

人工洞穴是指用来防御、储物、居住等目的而建造的地下洞室。全国很多地区保留有因不同目的而修建的大型人工洞穴，如历史上开采矿石留下的洞穴、抗战内战时期留下的防空洞、战时为隐蔽而修建的藏于山洞之中的工业生产旧址等。较有代表性的有：

（1）中国最大的人工洞——涪陵816核洞。涪陵816核洞在地下埋藏40年，其貌不扬的山体外景，隐藏着诸多神奇之处。整个816核洞把一座山挖空了，钢筋水泥把山建成的一座庞大的人工洞穴。816核洞总长约20余公里，完全隐藏在山体内部。洞体施工挖出的石方量有151万立方米，如果将这些石渣筑成一米见方的石墙，长可达1500公里。洞的结构布局宛如蛛网，山体周围共有大小洞口19个，根据不同规划，人员出入口、汽车通行洞、排风洞、排水沟、仓库等应有尽有；里面共有大小洞室18个，道路、导洞、支洞、隧道等130多条。洞内最大洞室为反应堆主厂房，共有9层，高达79.6米，相当于20多层楼房那么高，大小与一个标准足球场相差无几。洞深400米左右，顶部覆盖层最厚达200米，核心部位厂房的覆盖层厚度均在150米以上，为了战备需要，洞体工程设计可以预防万吨级TNT当量炸弹爆炸冲击，能抵抗8级地震的破坏。

（2）最大的火药原料基地——四川省绵阳“硝洞子”。位于四川省绵阳市老君山，其洞规模庞大，是为数众多、年代久远的人工洞穴，也是迄今为止我国规模最大的火药原料——硝的开采提炼基地。其中包括朝阳洞、天雨洞、高官洞、犀牛洞、白人洞、牛角洞、九仙洞、老君洞等十几个人工开凿的山洞。其洞深在数百米至近十公里不等。通过走访当地居民，得知过去这里的人曾把这些洞穴称为“硝洞子”。结合文献资料，初步确认老君山的这些洞穴是为采硝而开凿，开凿时间至少在清代以前。

十、陵墓

（一）陵寝陵园

陵寝陵园是指帝王及后妃的坟墓及墓地的宫殿建筑，以及一般以墓葬为主的园林。一般可分为帝王陵寝、革命烈士陵园和普通陵园三类。

1. 帝王陵寝

君王之墓最早称陵，始于春秋。赵肃候十五年（公元前335年）起寿陵，至秦惠文王规定“民不得称陵”起，陵便成为帝王墓葬专用词了。

《后汉书?明帝纪》载，秦始皇“起寝于陵侧”，即把宗庙之寝移至陵边一侧。西汉在继承这一做法的同时，将宗庙也造到了陵园附近。这就初步形成了陵侧起寝，陵旁建庙的制度，也就是将陵与寝、陵园与宗庙结合起来的陵寝制度。

明时，开创了“前朝后寝”的帝王陵宫制度和“前圆后方”的陵墓格局。这种格局既继承了汉、唐、宋的帝陵形制中的优秀成分，又创建了新的帝陵制度，并规范着此后明清两代500多年20多座帝王陵墓的建筑形制，在中国帝王陵墓建筑史上具有里程碑的地位。

帝王陵寝中，以秦、汉、唐、明、清帝陵规模宏大，保存较好，其中，秦、汉、唐代帝陵，如秦始皇陵及兵马俑陪葬坑、汉阳陵和汉茂陵、唐昭陵和唐乾陵等，都集中在陕西西安附近。明十三陵选址北京昌平。清代皇帝除“关外三陵”之外，分葬于河北遵化之清东陵和河北易县之清西陵。其他帝王陵有宁夏的西夏王陵、河南巩义市北宋皇陵、浙江绍兴的南宋陵等。

2. 革命烈士陵园

革命烈士陵园是指为了国家解放和民族独立而奉献出生命的烈士专用墓园，用于爱国主义教育和勿忘国耻教育。比如江苏徐州淮海战役烈士陵园、江西井冈山革命烈士陵园、董存瑞烈士陵园、云南麻栗坡烈士陵园、重庆歌乐山革命烈士陵园等等。

3. 普通陵园公墓

一般没有特殊要求，主要是安葬社会各界人去世的地方，根据国内目前国情，一般以安葬骨灰为主。普通公众陵园今后将成为陵园安葬逝者最多地方，全国市级城市均有，比如重庆市寺坪陵园、银川松鹤陵园、呼和浩特古林人文纪念园等。

（二）墓（群）

墓（群）是指单个坟墓、墓群或葬地。能够成为旅游资源的墓（群），按其旅游价值内涵可分为以下三类：

（1）民族文化价值陵墓。民族文化价值陵墓是指为祭奠华夏民族祖先，根据传说而建，并无遗骸在内的三皇五帝之墓。有的虽然只是依据传说而建，并非真正墓冢，但因其在历史上的重要地位，迄今祭祀活动不断，如太昊陵、黄帝陵、炎帝陵、女娲陵等。

（2）历史文化价值陵墓。历史文化价值陵墓是指中国社会发展历史上的领袖、名人等墓葬，有纪念意义，可供后人瞻仰，如北京的毛主席纪念堂、江苏南京中山陵、陕西韩城司马迁墓、浙江杭州岳坟、内蒙古呼和浩特昭君墓等。

（3）美学艺术价值陵墓。美学艺术价值陵墓是指由于其特殊的建筑形式及艺术成就而具有独特价值的陵墓，如山东长清孝堂山郭氏墓祠、河南南阳画像汉墓、山东嘉祥武氏墓群石刻等。

（三）悬棺

悬棺是指在悬崖上停放的棺木，是中国南方古代少数民族的葬式之一，属崖葬中的一种。一般是在悬崖上凿数孔，钉以木桩，将棺木置其上；或将棺木一头置于崖穴中，另一头架于绝壁所钉木桩上。人在崖下可见棺木，故名。悬棺葬工程艰险，耗资大，主要在贵族中盛行。

悬棺葬式是一种处置死者尸骨的特殊方式，在我国主要分布于古代南方少数民族地区。对这种富有深厚文化涵容的悬棺葬式，存在着许多令今人无法解释的困惑之处。我国代表性的悬棺景观有以下几种：

（1）龙虎山悬棺。龙虎山位于江西鹰潭市南郊，曾是张天师修炼宝地，是我国道教的发祥地。龙虎山悬棺遗址位于仙水岩一带。岩壁光滑平展，岩脚下便是泸溪河。临水悬崖绝壁上布满了各式各样的岩洞，里面有一百多座二千五百多年前春秋战国时期古越人的岩墓悬棺，其葬位高度为20~50米。在大片岩壁上，洞穴星罗棋布，从泸溪河舟中或地面眺望，可隐约望见洞口或钉木桩，或封木板，“藏一棺而暴其半者”多处可见。

（2）宁武石门悬棺。宁武石门悬棺位于山西省宁武城西70公里处小石门村西极为幽僻的山谷内，据考古专家们考证认为，石门悬棺是迄今中国北方地区发现的唯一的崖葬群，极具考古研究价值。石门悬棺的悬葬方式大致可分为洞穴式、悬吊式、悬桩式、栈道式。洞穴式是在悬崖高处的天然石洞或人工石洞里放置棺材；悬吊式是在悬崖高处用铁链将棺材吊挂起来；悬桩式是在悬崖上凿洞，平插上木桩，将棺材搁到木桩上；栈道式是在悬崖中间凿孔插桩，铺成一个微型栈道，将棺材搁在栈道上。

（3）僰人悬棺。僰人悬棺是明代以前的古代崖葬墓群，是全国重点文物保护单位。悬棺主要集中在麻塘坝和苏麻湾两地，以将死者的棺木放置在悬崖绝壁上为特征。共保存有265具悬棺，是目前门内保存数量最多、最集中的地方。置棺高度一般距离地表10~50米，最高者达100米。僰人悬棺被称为世界之最、巴蜀一绝。

（4）武夷山九曲溪悬棺。武夷山九曲溪悬棺位于武夷山九曲溪两岸的峭壁上，存有悬棺遗迹十余处。经过碳14测定，白岩和观音岩保存完好的两具船棺距今已有三千多年，随葬的龟形木盘是具有商周青铜文化特征的遗物。

（5）雅安碧峰峡悬棺。在四川，除了珙县的“僰人悬棺”外，川西的雅安市也有悬棺。川西悬棺相传是羌人放置。羌族的先民皆是大禹的后裔。大禹率众治水，功高盖世，在羌人中享有天神一般的威望。大禹仙逝飞天后，后人将其遗体挂在绝壁的悬棺中，此后，羌民中的仙逝者，均仿效此法施以了悬棺葬，从而在川西一带留下了诸多的悬棺。

十一、景观农田

景观农田是指具有一定观赏游览功能的农田。休闲农业与乡村旅游的火热，催生了大批的景观农田，越来越多有意思的创意农田景观不断出现。农田景观多是利用多彩多姿的农作物，通过设计与搭配，在较大的空间上形成美丽的景观，使得农业的生产性与审美性相结合，成为生产、生活、生态三者的有机结合体。

（一）稻田画

稻田画是指通过插播、套种等方式使稻田在大地上呈现出预先设计好的图案，在作物成长的不同阶段，颜色不断改变，呈现出“四时风景各不同”的景观。例如：新疆维吾尔自治区伊犁打造了以“飞天”“海浪”“鲨鱼”等图案组成的占地650亩的巨幅稻田画；辽宁省沈阳市沈北新区兴隆台锡伯族镇拍摄的稻田画《中国日子·呱呱叫》；上海为迎接迪士尼开园占地12亩的“米老鼠”稻田画等。

（二）油菜花艺术画

油菜花艺术画是以油菜花的色彩热情，搭配麦子、稻田等农作物，创意出油菜花大地艺术画。例如：2008年四川省江油市出现的“千年李白·回归大地”图案；上海巨型大地“油”画长卷《丝绸之路》；南京用油菜花种出来的龙袍等。

十二、景观牧场

景观牧场是指具有一定观赏游览功能的牧场。牧场主要用于饲养哺乳型食草家畜，如牛、马、羊。我国代表性的景观牧场有仙山牧场、伊利·呼伦贝尔牧场、天野森林有机牧场、天山牧场、瑞穗牧场、赛力克提牧场、若尔盖西部牧场景区、巴音沟牧场等。

（一）宁德仙山牧场

仙山牧场位于福建屏南县县城西北部与古田、建瓯两县交界处，离县城 60 多公里。牧场现有面积 3 万多亩，被誉为“北方少有，南方仅有”的高山牧场。仙山牧场属山地缓坡稀树草场，平均每亩有黄山松 15 棵左右，千姿百态，令人称奇。

（二）伊利 · 呼伦贝尔牧场

伊利 · 呼伦贝尔牧场位于呼伦贝尔草原中心地段——陈巴尔虎旗境内。当地风光旖旎、水草丰美、交通便捷。这里的草原是无边无际的平原，平坦、广阔，像一个硕大无比的墨绿色的大翡翠圆盘，苍茫浩渺，气魄摄人。园区集奶牛养殖、草场改良、农业科技培训、观光旅游为一体，是伊利集团“天然草原牧场”品牌的窗口。

（三）天野森林有机牧场

天野森林有机牧场位于牡丹江市郊，是红星集团按照欧盟标准建造的高标准、现代化的有机牧场，是一个集供给高品质有机奶源、生态观光于一体的旅游景点。牧场周围森林覆盖率高达 60%。这里空气纯净、水源充足、土地肥沃，更适合生产绿色、有机饲料、食品。

（四）天山牧场

天山牧场是新疆的主要天然放牧场，具有面积广大，水源充足，牧草繁茂特点。由于天山牧草品质优良，养育了千万头牲畜，而有名的伊犁马、巴里坤马、焉耆马、新疆黄牛和新疆细毛羊等优良品种都生长于天山草原上。

（五）瑞穗牧场

瑞穗牧场位于中国台湾地区舞鹤风景区内，是一个开放式的牧场。除了每天现挤、现煮的浓醇鲜奶，来到瑞穗牧场还可以吃到他们家招牌的鲜奶馒头，虽然个头不大，但是一口咬下去都是浓浓的奶香，另外还有奶酪蛋糕、鲜奶酪、牛轧糖与乳制冰品等各种限定甜点，深受游客的喜爱。

十三、景观林场

景观林场是指具有一定观赏游览功能的林场。林场是从事培育、管理、采伐森林等工作的单位，承担着扩大森林资源，提高森林质量，充分发挥林地生产潜力，提高生态、社会和经济效益的职责和作用。我国目前每年举办一次中国最美林场评选，评选范围包括事业性质国有林场、企业性质国有林区林场及民营林场。

2017 年评选出的中国最美林场共 35 家，包括：

（1）吉林省蛟河林业实验区管理局；

（2）吉林省磐石市江南林场；

（3）吉林省通化县石湖林场；

（4）安徽省潜山县天柱山林场；

（5）福建省福清市灵石国有林场；

（6）广东省佛山市云勇林场；

(7) 广西壮族自治区桂平市国营金田林场;
(8) 广西壮族自治区南宁树木园;
(9) 黑龙江省凤凰山森林经营所;
(10) 黑龙江省柴河林业局宏声林场;
(11) 黑龙江省萝北县太平沟林场;
(12) 湖北省太子山林场管理局;
(13) 湖北省宜昌市国有大老岭林场;
(14) 江苏省国营东台市林场;
(15) 江苏省常州市虞山林场;
(16) 辽宁省桓仁满族自治县和平林场;
(17) 内蒙古自治区维纳河林场;
(18) 内蒙古自治区牙克石市国有林场;
(19) 江西省安福县明月山林场;
(20) 江西省景德镇市枫树山林场;
(21) 江西省永丰县官山林场;
(22) 江西省信丰县金盆山林场;
(23) 江西省贵溪市双圳林场;
(24) 青海省互助土族自治县北山林场;
(25) 浙江省宁波市林场;
(26) 浙江省庆元县庆元林场;
(27) 山西省永济市国有林场;
(28) 山西省高桥洼林场;
(29) 山西省襄垣县老爷岭国有林场;
(30) 吉林森工集团露水河林业局四湖林场;
(31) 黑龙江大兴安岭地区二十八站林场;
(32) 黑龙江阿木尔林业局龙河林场;
(33) 黑龙江省图强林业局奋斗林场;
(34) 吉林八家子林业局先锋林场;
(35) 吉林长白山和龙林业局广坪林场。

十四、景观养殖场

景观养殖场是指具有一定观赏游览功能的养殖场。养殖场是将一定数量的具有经济价值的动物集中到特定区域内统一饲养、繁殖的场所。很多养殖场因为或是养殖对象独特,或是养殖规模巨大,或是养殖技术先进等形成了独特的观赏价值,成为独特的景观。

(一) 广东沙琅金龟产业园——中国最大养龟之都

金龟产业园占地 2000 亩,投资 4.5 亿元,按“有机龟鳖养殖+生物科技产业+物联网产业”的特色模式,建设成为龟鳖生态养殖加工销售的全产业集聚地。

(二) 青海省共和县龙羊峡水库——中国最大三文鱼养殖场

龙羊峡水库是目前我国海拔最高(2600 米)、最大的三文鱼养殖场。水库面积 383 平方公里，从外国进口鱼苗，然后将鱼苗放在500米的大养殖篓里进行养殖。目前国内市场上三分之一的三文鱼都来自这里。

十五、特色店铺

特色店铺是指销售某类特色商品的场所。特别是那些历史悠久、品牌从古流传至今、产品声誉世界的店铺，俗称“老字号”；或者是一些在历史发展过程中与某些著名历史人物或重大历史事件有关联的店铺。代表性的如北京“全聚德”烤鸭、“同仁堂”药店、“瑞蚨祥”绸布店；天津“狗不理”包子；上海“老介福”呢绒绸缎店；绍兴“咸亨”酒店等。

十六、特色市场

特色市场是指批发零售兼顾的特色商品供应场所。这些市场或因其规模庞大而闻名全国，或因其货物的门类特色而声誉天下，吸引国内外的游客前往参观，具有较高的旅游价值。代表性的如沈阳“五爱市场”、浙江义乌小商品批发市场、西安古玩城、南阳玉雕大世界等。

第三节　景观与小品建筑

景观与小品建筑是指表现一个区域的标志性建筑和从属于主体建筑物，或兼有实用和装饰等功能、独立存在的单体建筑物。包括形象标志物、观景点、亭台楼阁、书画作、雕塑、碑碣、牌楼、塔形建筑等基本类型。

一、形象标志物

形象标志物是指能反映某处旅游形象的标志物。形象标志物是作为旅游目的地的典型代表及核心价值体现，是旅游目的地的代名词，也是旅游者造访的原动力，凝聚着旅游目的地的文脉和精髓。

形象标志物从属于建筑与设施大类，其自身体量也由于其所代表和标志的对象不同而有巨大差异。一个旅游目的地国家的形象标志物可以是一个宏伟建筑，也可以是一个单体建筑，代表性的如中国长城、美国自由女神像；一个旅游目的地城市的形象标志物同样也可以是一个建筑群落，也可以是一个单体建筑，代表性的如北京故宫、巴黎埃菲尔铁塔；一个旅游目的地景区的形象标志物则往往是体量较小的单体建筑或设施，如五台山大白塔、山海关“天下第一关”匾额、留园的“冠云峰”等。此外，如果旅游目的地如果规模较大、历史悠久、文化繁杂，同时拥有数个形象标志物也是合理的，如中国长城、紫禁城、兵马俑；美国白宫、自由女神像、总统山等。

二、观景点

观景点是指用于景观观赏的场所。观景点是承载静态观景活动的区域，是一种特殊的景观构筑物，主要由区域位置和建筑主体、安全休憩设施、周边环境等组成。观景点与风景区景点是相辅相成的关系，对景点的观赏需要有一个或多个观景点的支撑，观景点的主要目的是把景点景色完美的展示在游人面前。

观景角度和观景点的选择大致取决于景观的尺度大小和观赏的目的两方面因素。景观大者宜从远处看，高处看，外面看；景观小者宜从近处看，低处看，里面看。前者能够观赏到景物的整体气势和宏观美，后者则可以欣赏到景观各部分的形态、结构、纹理、质地、色彩等细微的美，具体的美。

（一）张家界黄狮寨观景台

湖南张家界黄狮寨，亦称黄石寨，位于森林公园中部，是一巨大方山台地。其海拔高1080米，是雄伟、高旷的观景台。相传张良师傅黄石公曾到此炼丹，因而得名。寨顶面积16.5公顷，西南略高，东北稍低。周围则悬崖绝壁，绿树丛生，伸出许多凌空观景点。

（二）庐山三叠泉瀑布观景点

三叠泉瀑布是庐山风景名胜区的标志性景点之一，与之相对应的观景点也是三叠泉景区占地面积最大、设施最为齐全、细节处理最为丰富的观景点。该观景点位于峡谷之中，建筑面积相对较大，为综合性仰视观赏为主的观景点。

其设计根据地形的特点和游人观景的需要而分为两个部分：观瀑台和观瀑亭。这两个部分都是位于瀑布的下方位置，如要观赏瀑布全貌的话都需仰视。观瀑台又位于观瀑亭的下方，离瀑布更近且位置相对更低，观赏瀑布的视线与视平线的角度较大，根据人的视觉生理特点，此种状态易于形成对瀑布气势的强化，使游人感受到更为磅礴的瀑布景观。观瀑亭相对位置较高且距离也较远一些，对瀑布的观赏角度则也小一些，使游人能够更为舒适的观赏瀑布。

三、亭台楼阁

亭台楼阁是指供游客乘凉、休息或观景用的建筑。

（一）亭

亭是游览观赏性的小建筑，数量众多，内容丰富，是一种中国传统建筑。多建于路旁，供行人休息、乘凉或观景用，也是园林建筑中常用小品。亭一般为开敞性结构，没有围墙，顶部可分为六角、八角、圆形等多种形状。如我国四大名亭：安徽省滁州市醉翁亭、北京慈悲庵陶然亭、长沙岳麓书院后爱晚亭、杭州西湖上湖心亭。

（1）安徽滁州醉翁亭。醉翁亭坐落在安徽滁州市西南琅琊山麓，是安徽省著名古迹之一。宋代大散文家欧阳修写的传世之作《醉翁亭记》写的就是此亭。醉翁亭小巧独特，具有江南亭台特色，它紧靠峻峭的山壁，飞檐凌空挑出。数百年来虽屡次遭劫，又屡次复建，终不为人所忘。

（2）北京慈悲庵陶然亭。清康熙三十四年（公元1695年），工部郎中江藻奉命监理黑窑厂，他在慈悲庵西部构筑了一座小亭，并取白居易诗“更待菊黄家酝熟，共君一醉一陶然”句中的“陶然”二字为亭命名。这座小亭颇受文人墨客的青睐，被誉为“周侯藉卉之所，右军修禊之地”，更被全国各地来京的文人视为必游之地。清代200余年间，此亭享誉经久，长盛不衰，成为都中一胜。

（3）长沙岳麓书院爱晚亭。爱晚亭位于岳麓书院后青枫峡的小山上，八柱重檐，顶部覆盖绿色琉璃瓦，攒尖宝顶，内柱为红色木柱，外柱为花岗石方柱，天花彩绘藻井，蔚为壮观。此亭为清乾隆五十七年（公元1792年）岳麓书院山长罗典所建，原名“红叶亭”，又名“爱枫亭”。后据唐代诗人杜牧《山行》而改名为爱晚亭，取“停车坐爱枫林晚，霜叶红于二月花”之诗意。

（4）西湖湖心亭。湖心亭在外西湖中心。清雍正《西湖志》云：“亭在全湖中心，旧有湖心寺，寺外三塔，明孝宗时，寺与塔俱毁。”聂心汤《县志》称：“湖心寺外三塔，其中塔、南塔并废，乃即北塔基建亭，名湖心亭。”复于旧寺基重建德生堂，以放生之所。据此，旧湖心寺乃今放生池，而今之湖心亭，乃三塔中北塔之基地。

（二）台

台始筑于奴隶社会（如商纣的鹿台），是指高出平面的凸形地势或置物。台既有自然形成的，如南京雨花台，也有人为建筑的，如登封观星台。后者多为便于在上面远望而建筑，并成为某个地方的标志物；也有怀有纪念意义的台型建筑，如武汉古琴台，为纪念俞伯牙和钟子期的友情佳话。

（1）南京雨花台。雨花台是一座松柏环抱的秀丽山岗，高约100米、长约3.5公里，顶部呈平台状，由2个紧紧相依的山岗组成：东岗名为梅岗，中岗也称凤台岗。由于雨花台是南京城南的一处制高点，成为历代兵家必争之地。东晋豫章太守梅颐曾在此抵抗外族入侵，南宋抗金名将岳飞在此痛击金兵，此后的太平天国天京保卫战，辛亥革命讨伐清兵，抗日战争“首都保卫战”，都曾在此掀起连天烽火，雨花台也因此逐渐荒芜。

1927年以后，雨花台沦为国民党统治者屠杀共产党人和革命志士的刑场。新中国成立后，党和政府决定在此兴建烈士陵园。如今的雨花台，已是一座以自然山林为依托，以红色旅游为主体，融自然风光和人文景观为一体的全国独具特色的纪念性风景名胜区。

（2）登封观星台。登封观星台是一座高大的青砖石结构建筑，由台身和量天尺组成，台身形状是覆斗状，其作用是“昼参日影，夜观极星，以正朝夕”。元代至元十三年（公元1276年）天文学家郭守敬创建登封观星台，是我国现存时代最早、保护较好的天文台，在世界上也属最早的天文建筑之一，也是世界上最著名的天文科学建筑物之一。它反映了中国古代科学家在天文学上的卓越成就，在世界天文史、建筑史上都有很高的价值。

（3）武汉古琴台。古琴台又名俞伯牙台，始建于北宋，重建于清嘉庆初年（公元1796年），位于湖北省武汉市汉阳区龟山西脚下的月湖之滨，东对龟山、北临月湖，与黄鹤楼、晴川阁并称武汉三大名胜，有“天下知音第一台”之称。

据《吕氏春秋》《列子》等记载，春秋战国时期俞伯牙于该处偶遇钟子期，弹奏一曲《高山流水》，伯牙视子期为知音，并相约一年后重临此地。不料，一年后伯牙依约回来，却得知子期已经病故，伯牙悲痛之余，从此不复鼓琴，史称伯牙绝弦。后人感其情谊深厚，特在此筑台以纪念。

古琴台建筑群占地约15亩，除殿堂主建筑外，还有庭院、林园、花坛、茶室等，布局精巧、层次分明。殿堂前有琴台，为汉白玉筑成的方形石台，约20平方米，相传为伯牙抚琴之处。

（三）楼阁

楼阁是指用于藏书、远眺、巡更、饮宴、娱乐、休憩、观景等目的而建的二层或二层以上的建筑。由于体量、高度远远超过周围一般低平建筑，压住周围环境，成为主景。

楼与阁在早期是有区别的，楼指重屋，阁指下部架空、底层高悬的建筑。宋以后楼与阁已无严格区别。按功能分，有观景楼、藏经楼、钟楼、鼓楼、箭楼、城楼、敌楼、戏楼、茶楼、酒楼、过街楼等。其中以建筑艺术高超和观景的楼阁旅游价值高。

在我国古代，不管是佛、道、儒这些宗教门派，还是皇家贵族，都把楼阁看作是神圣、尊贵和威严的象征。在修建的众多楼阁中用于观景、赏景的楼阁很多，也分布很广。这些楼阁一般临水而建，湖光山色，波光粼粼，景色秀美，所以，这些楼阁也是文人雅士们汇聚之所，许多文学名篇也因这些楼阁而诞生，而这些楼阁也因这些文章的流传而声名远扬。较为著名的蓟州区独乐寺的观音阁，长江三大名楼的黄鹤楼、滕王阁、岳阳楼，以及蓬莱观海的蓬莱阁、青岛栈桥迴澜阁等。

（1）观音阁。观音阁始建于天宝十一年（公元752年），重建于辽代统和二年（公元984年），是我国现存最古的阁。阁高三层，但外观为二层，中间为暗层。通高23米，内置16米高的辽塑十一面观音像。阁内开以空井以容纳像身，直通三层。在结构上使用内外两槽的构架和明袱、草袱两套屋架。上下各层的柱子不直接贯通，采用上层柱插在下层柱头斗拱上的“叉柱造”。梁柱接榫部位因位置和功能的不同，共用半拱24种，因而坚固、抗震能力强。

（2）蓬莱阁。蓬莱阁位于蓬莱市北，渤海之滨的丹崖山巅。始建于北宋，明代扩建，清代重修，高15米，双层歇山式。登临此阁，可北望虚无缥缈的长山列岛，东观碧波万里的海疆，这里也是观看海市蜃楼的最佳地点。

（3）滕王阁。滕王阁坐落在江西省南昌市赣江之滨，唐高宗永徽四年（公元653年）建成。滕王阁历经磨难，距今的1300多年历史中屡毁屡建，现存的滕王阁为1983年重建，1989年落成。新阁共9层，高57.5米，是一座大型的仿宋建筑，也是江南三大名楼中最高的楼阁。在阁的第六层东西两面，各挂着写有“滕王阁”三字的大匾，是宋代大文学家苏轼的字体。在第五层的屏壁上，镶嵌着铜制的王勃《滕王阁序》碑；在滕王阁的门柱上，有毛泽东亲笔手书的《滕王阁序》中的佳句“落霞与孤鹜齐飞，秋水共长天一色”。

（4）黄鹤楼。黄鹤楼位于湖北省武汉市。江南三大名楼之一，素有“天下江山第一楼”之美誉。现楼为1981年重建，以清代“同治楼”为原型设计。楼址仍在蛇山头。主楼高49米，共五层，攒尖顶，层层飞檐，四望如一。底层外檐柱对径为30米，中部大厅正面墙上设大片浮雕，表现出了历代有关黄鹤楼的神话传说；三层设夹层回廊，陈列有关诗词书画；二、三、四层外有四面回廊，可供游人远眺；五层为瞭望厅，可在此观赏大江景色；附属建筑有仙枣亭、石照亭、黄鹤归来小景等.。

（5）岳阳楼。岳阳楼位于湖南省岳阳市洞庭湖西岸，它是三国时期（公元215年）东吴将领鲁肃为了对抗驻守荆州的蜀国大将关羽所修建的阅兵台，当时称为阅军楼，是江南三大名楼中唯一的一个木质结构的建筑。从清朝时期重修后，历经百余年加之几十年的战乱而没有被毁。虽说楼的高度仅有19.72米，比滕王阁和黄鹤楼的规模小得多，但是这个屹立在洞庭湖边上的古代建筑，也可以说是江南三大名楼中唯一不是在新中国成立后重新修建的，并且是保留完好的中国古代传统建筑风格的楼阁。

四、书画作

此部分建筑类的书画作品主要是指摩崖字画，即在山崖石壁上镌刻的文字，绘制的图画，又可称为摩崖石刻，包括刻字和岩画。

一方面，摩崖字画拥有丰富的历史内涵和史料价值。许多山崖上镌刻的文字体裁多样，有诗词、碑记、对联、契约、题名题记等，内容丰富多彩，涉及一个地区的历史、地理、军事、宗教、社会风俗等各方面，为研究特定时期的历史发展状况提供了珍贵的资料。

另一方面，摩崖字画具有极高的美学观赏价值。许多摩崖字画为政治或文化名人所题，书法精美，同时，这些不同年代、不同民族文字的摩崖字画、或富于天然之意趣、或体量巨大、气势恢宏、或为名家手笔，为秀美的自然风景增加了深厚的人文内涵。

我国著名的摩崖字画有山东泰山摩崖石刻、福建武夷山摩崖石刻、安徽齐云山摩崖石刻、陕西汉中褒斜道摩崖石刻、江西赣州通天岩摩崖石刻以及宁夏贺兰山岩画、广西左江花山岩画、内蒙古桌子山岩画、新疆阿尔泰山岩画、江苏连云港将军崖岩画等。

五、雕塑

雕塑是指用于美化或纪念而雕刻塑造、具有一定寓意、象征或象观的观赏物和纪念物。雕塑是造型艺术的一种，又称雕刻，是雕、刻、塑三种创制方法的总称。指用各种可塑材料（如石膏、树脂、黏土等）或可雕、可刻的硬质材料（如木材、石头、金属、玉块、玛瑙、铝、玻璃钢、砂岩、铜等），创造出具有一定空间的可视、可触的艺术形象，借以反映社会生活、表达艺术家的审美感受、审美情感、审美理想的艺术。雕、刻是通过减少可雕性物质材料，塑则是通过堆增可塑物质性材料来达到艺术创造的目的。

（一）中原大佛

中原大佛位于河南省平顶山市上汤佛泉寺，它是目前世界上最高的一座雕像。佛像总高208米，身高108米，站立在20米高的莲花座上，有“出污浊世，无所染着”的意思。中原大佛比目前世界上第二高的佛像缅甸 Laykyun Setkyar 佛像高了数十米。

（二）南山海上观音佛像

南山海上观音佛像位于中国三亚，是世界上第四高的佛像，高108米，比自由女神像还要高上15米，可谓是世界最大的白衣观音造像并且是世界上最高的观音像。南山海上观音圣像共有三个面孔，从每一尊的正面看都是一尊观音圣像。

（三）炎黄二帝塑像

炎黄二帝塑像位于河南省郑州市西北部三十公里之处的黄河风景名胜区向阳山（始祖山）上，高106米，面向黄河，意味着中华民族的创始、和谐统一。其中像高者为炎帝，矮者为黄帝。

（四）灵山大佛

灵山大佛位于无锡灵山景区，是无锡的城市标志之一。灵山大佛高88米，大佛慈颜微笑，广视众生，右手“施无畏印”代表除却痛苦，左手“与愿印”代表给予快乐，均是祝福之相，彰显了佛祖慈悲为怀。

六、碑碣、碑林、经幢

碑碣、碑林、经幢是指雕刻记录文字、经文的群体划石或多角形石柱。

（一）碑碣

古人把长方形的刻石叫“碑”。把圆首形的或形在方圆之间，上小下大的刻石，叫“碣”。秦始皇刻石纪功，大开树立碑碣的风气。东汉以来，碑碣渐多，有碑颂、碑记、又有墓碑，用以纪事颂德，碑的形制也有了一定的格式。在唐代，“碑”和“碣”的用法是有区别的，五品以上的用碑，五品以下的用碣，到后世往往混用。

碑碣具有较高的历史文化价值和艺术价值，是旅游资源体系中一个重要的组成部分。一方面，碑碣内容丰富，记事、记人、歌功颂德等，为人们研究各朝代的政治、经济、文化提供了宝贵文字资料。另一方面，碑碣本身也是造型艺术的展现，不仅碑上的文字是书法艺术的体现，而且碑额、碑身与碑座的雕刻纹饰。如人物、蟠龙、凤凰、麒麟、花草、祥云、日月等，种类繁多，精美绝伦，纹饰各异的图案，旨趣各异的装饰艺术，也呈现不同时代的精神象征。

我国较有代表性的碑碣有：

（1）四川成都武侯祠内的唐碑。该碑记载了诸葛亮的一生功德，由唐宰相裴度撰文，著名书法家柳公绰书写，著名石刻匠人鲁建刻字。后人赞美诸葛亮的功绩和裴度的文章、柳公绰的书法、鲁建的刻字合称“四绝”。

（2）河北唐县“六郎碑”。该碑是后人为纪念宋代将领杨延昭（六郎）镇守三关的功绩而建立的，是所谓的“树碑立传”。

（3）河北承德木兰围场的“虎神枪记碑”。“虎神枪记碑”记载了乾隆皇帝用虎神枪猎虎之事；“木兰记碑”记的是木兰围场创建的经过及狩猎的盛况。

（4）四川西昌市郊的光福寺。该碑共有石碑百余块，较详细地记述了西昌、甘洛、宁南等地历史上发生地震的情况，包括明清以来几次大地震的时间、受震范围及震后人畜、建筑所受损害状况，成了很重要的科学史料。陕西西安碑林收藏碑石近 3000 方，是我国收藏古代碑石墓志时间最早、名碑最多的一座艺术宝库，它不仅是中国古代文化典籍刻石的集中地点之一，也是历代著名书法艺术珍品的荟萃之地，有着巨大的历史和艺术价值。

（二）碑林

碑林是指将众多矗立的石碑集中在某一园落里，供人们观瞻欣赏、研习借鉴的场所。古代碑林具有极高的文献价值和艺术价值，是研究祖国历史和艺术的珍贵第一手资料。

我国著名的如西安碑林，陈列汉至清代的各种石碑、墓志二千余件，与曲阜孔庙碑林和泰山岱庙碑林合称中国三大碑林。

西安碑林始建于北宋哲宗元祐二年（公元 1087 年），最初是漕运使吕大忠等人为保藏因唐末五代战乱而委弃市井的唐《石台孝经》《开成石经》及颜真卿、柳公权等所书的著名石碑而兴建的，经金、元、明、清、民国历代的维修及增建，规模不断扩大。碑林不只是以历史悠久、保存碑石之多、规模之大著称于世，而更重要的，还是这些碑石文字珍贵的史料价值和书法艺术价值。

西安碑林现收藏有自汉代至今的碑石、墓志近 3000 件，展出 1089 件，收藏碑石、墓志的数量为全国之最，且藏品时代系列完整，时间跨度达 2000 多年。其中，尤其弥足珍贵的是保存了中国最完整的一套石刻书籍，该书籍是唐文宗开成二年（公元 837 年）刻的十二部经书，共 114 石，228 面，刻六十五万二百五十二字。这些经书，都是我国封建社会知识分子必读之书，因刻成于唐开成年间，又称为《开成石经》。还有巍然高耸的《石台孝经》，碑高近六米，碑顶有雕满卷云的双层华冠，碑座是有线刻狮子、蔓草的三层石台，碑身是有四块巨石合成，上刻唐玄宗李隆基在天宝四年（公元745年）亲自用隶书书写并加以注释的《孝经》，以及他为孝经写的序。

（三）经幢

经幢原是中国古代仪仗中的旌幡，是在竿上加丝织物做成，又称幢幡。随着佛教的传入，特别是唐代中期佛教密宗的传入，早先将佛经或佛像书写在丝织的幢幡上，后为保持经久不毁，改书写为石刻在石柱上，因刻的主要是《陀罗尼经》，因此称为经幢。

经幢一般由幢顶、幢身和基座三部分组成，主体是幢身，刻有佛教密宗的咒文或经文、佛像等，多呈六角或八角形。在我国五代宋朝时期最多，一般安置在通衢大道、寺院等地。

（1）五台山佛光寺经幢。佛光寺有两座唐代经幢，一座建于唐大中十一年（公元857年），高3.24米；另一座建于唐乾符四年（公元877年），高4.9米。两座经幢均为八角形须弥座，上刻陀罗尼经及立幢人姓名。

（2）河北赵州陀罗尼经幢。建于北宋景佑五年（公元l038年），高约18米，是我国现存石经幢中最高的一座。

（3）上海松江唐经幢。建于唐大中十三年（公元859年），现存21级，高9.3米，幢身八面，刻尊胜陀罗尼经全文。

（4）无锡惠山唐宋经幢。江苏无锡慧山寺山门前有南北二幢，南为北宋熙宁三年（公元1070年）建的普利院大白伞盖神咒幢，北为唐乾符三年（公元876年）陀罗尼经幢。二幢形式大小基本相同，上刻“佛顶尊胜陀罗尼经并序”。

（5）杭州凤凰山梵天寺经幢。建于唐乾德三年（公元965年）。经幢共二座，高15.67米，是浙江现存最高的一对经幢。书刻经文精美，华盖按腰檐形式制作，十分别致。

（6）浙江海宁安国寺经幢。浙江海宁安国寺共有三座经幢，分别建于唐会昌二年（公元842年）、四年（公元844年）和咸通六年（公元865年）。幢为石制，刻有《佛顶尊胜陀罗尼经》，腰檐仿木构建筑，是现存发现最早的石构仿木制法古经幢，幢座还有精湛的佛教故事浮雕。

七、牌坊牌楼、影壁

（一）牌坊牌楼

牌坊牌楼是指为表彰功勋、科第、德政以及忠孝节义所立的建筑物，是我国传统的门洞式建筑。牌坊牌楼大量应用于世俗建筑、寺观神庙建筑和宫殿陵园建筑之中，富有特定时代的文化积淀和封建色彩，也是太平盛世的产物。牌坊牌楼可分为冲天式和楼阁式两种。例如安徽歙县棠樾牌坊群、天坛和地坛的牌楼、泰山岱庙前的石坊、北京十三陵的牌楼等。

（二）影壁

影壁是指中国传统建筑中遮挡视线的墙壁。影壁可位于大门内，也可位于大门外，前者称为内影壁，后者称为外影壁。形状有一字形、八字形等，通常是由砖砌成，由座，身，顶三部分组成。墙身的中心区域称为影壁心，简单一点的影壁心可能没有什么装饰，但也必须磨砖对缝非常整齐，豪华的通常装饰有很多吉祥图样的砖雕。有些较为简单的影壁未必齐备三部分，有些没有基座，也有无顶的，最简单的只有墙身，有些墙身也没有外缘和壁心的分界。著名的影壁有故宫的九龙壁、中南海新华门内的为人民服务影壁等。

八、门廓、廊道

（一）门廓

门廓是指门头廓形装饰物。

徽派民居门廓

徽派民居素雅质朴，但对宅门却着力装点，精工细作。徽派民居几乎都建门罩或门楼，门头上覆石、砖或木构屋面罩住门框，屋面高度低于院墙者成为门罩；门头上施数重砖砌之枋，或加牌科等装饰，其上屋面高度超出两旁之墙者称门楼，或称“牌楼门”；门罩装饰以砖雕为主，明代精炼古朴、相互对称，注重实用，景物贴合紧密，与汉代画像砖相仿。到清代砖雕技艺逐渐成熟，透雕、深浮雕、镂空雕被广泛应用，更加奢华细腻；色彩以灰白色调为主，这与徽州人民追求淡泊洒脱的心境有关，形式多样，如：“龛式”“门楣式”“悬柱式”“双柱落地式”“四柱落地式”等；门廓上题材丰富，有神话、戏曲、风俗民谣等，以动植物为主的有狮子、麒麟、蝙蝠、仙鹤、石榴、葡萄等象征吉祥喜庆的图案。

白族民居门廓

白族民居门廓加入了自己本民族的特点，装饰更为繁琐，色彩艳丽、图案众多。装饰手法有石雕、木雕、泥雕、彩绘；色彩上多采用红、黄、蓝等鲜艳色调，极富少数民族特色；结构上一般采用对称的手法，往往是三段屋檐呈“山”字形，中间一段较高，另外两端齐平且相对较低，也有四角屋檐，高高翘起，檐下斗拱相互重叠，结合书法、彩绘、雕塑等艺术形式饰以几何纹、动物纹、植物纹、文房四宝等图案；题材上多喜爱在门头上饰以书法题字、山峦群峰、仙鹤展翅等图案，以另一种方式表现其崇尚仙风道骨的散淡心境。

（二）廊道

廊道是指不同于两侧基质的狭长地带。廊道具有通道和阻隔的双重作用，包括回廊和游廊，具有遮阳、防雨、小憩等功能。园林中的游廊可以划分景区，形成空间的变化，增加景深和引导游人。传统形式廊按横剖面划分可分为：双面空廊、单面空廊、复廊、双层廊、单排柱廊、暖廊。著名的有颐和园前山长廊，长 728 米，为我国长廊之冠；苏州园林中的复廊；北海公园漪澜堂和道宁斋之间的双层廊等。

颐和园长廊在万寿山南麓和昆明湖北岸之间。始建于清代乾隆十五年（公元 1750 年），1860 年被英法联军焚毁后，1888 年又重新建造。

长廊东起邀月门，西至石丈亭，中间穿过排云门，象征春夏秋冬四季。全长 728 米，共 273 间，有 548 根柱子。长廊以其精美的建筑、曲折多变和极丰富的彩画而颇负盛名，是我国古建筑和园林中最长的廊。廊间的每根枋梁上都绘有彩画，共 14000 余幅，色彩鲜明，富丽堂丽。彩画的内容多为山水、花鸟图以及中国古典四大名著的情节。

九、塔形建筑

在佛教传入我国以前，我国并没有“塔”。当梵文的 Stupa 与巴利文 Thupo 传入我国时，曾被音译为“塔婆”“佛图”“浮图”“浮屠”等，由于古印度的Stupa是用于珍藏佛家的舍利子和供奉佛像、佛经之用的，亦被意译为“方坟”“圆冢”，直到隋唐时，翻译家才创造出了“塔”字，作为统一的译名，沿用至今。

佛塔的造型起源于印度。根据佛教文献记载，佛陀释迦牟尼涅槃后火化形成舍利，被当地八个国王收取，分别建塔加以供奉。在汉代时，佛塔随着佛教传入中国。在漫长的历史发展过程中，我国劳动人民以自身伟大的智慧，吸收了古印度和尼泊尔的佛教艺术，融合了中国传统建筑精华而创造出了独具特色的中国式“塔”。

我国的佛塔按建筑材料可分为木塔、砖石塔、金属塔、琉璃塔等，两汉南北朝时以木塔为主，唐宋时砖石塔得到了发展。按类型可分为楼阁式塔、密檐塔、喇嘛塔和金刚宝座塔等。塔一般由地宫、基座、塔身、塔刹组成，塔的平面以方形、八角形为多，也有六角形、十二角形、圆形等形状。塔的层数一般为单数，如三、五、七、九、十一、十三层等。在中国，若论塔的数量和它们形式的多样，风格的丰富，可以说在世界上也是绝无仅有的。各种极富有建筑装饰美感的塔，与山川、河流、村落共同构筑了中华民族独特的人文自然景观。

（一）楼阁式塔

楼阁式塔的形式来源于中国传统建筑中的楼阁，这种塔在中国古塔中历史悠久，形体最高大，保存数量也最多。它们的特征是：每层之间的距离较大，塔的一层相当于楼阁的一层，各层面大小与高度，自下而上逐层缩小，整体轮廓为锥形。楼阁式塔的平面，唐代为方形，宋、辽、金时代为八角形，宋代还出现过六角形。明、清时代仍采用八角形和六角形。

塔的结构，唐代为单层塔壁，中空，内部呈筒状，设木楼梯、楼板。宋、辽、金各代均在塔的中心砌“砖柱”。柱与塔壁之间为登临的楼梯间或塔内走廊。底部设简单台基，宋以前多不用基座。塔身每层都砌出柱、额、门窗。唐代用方柱和八角柱。辽、宋多用圆柱，栏额之上用普柏枋。各层檐下都用砖或石制成斗拱，式样与当时的木结构相似。木结构楼阁各层有平座及栏杆，但砖石楼阁式塔，南北朝至唐代多不用平座，宋、辽、金始用平座。

早期著名的楼阁式塔如西安大小雁塔、杭州六和塔、银川海宝塔、四川泸州报恩塔、河南卫辉市镇国塔等。

（二）复钵式塔

复钵式塔又称喇嘛塔或藏式塔，是喇嘛教建塔常用的形式。这种塔的塔身是一个半圆形的复钵，源于印度佛塔的形式。复钵上是巨大的塔刹，复钵下建一个高大的须弥座。

这种塔在元代开始流行，明清时期继续发展。著名的复钵式塔如北京妙音寺白塔、宁夏青铜峡市一百零八塔、山西五台山舍利塔、北海白塔等。

（三）密檐式塔

密檐式塔的第一层特高，以上各层骤变低矮，高度面阔亦渐缩小，且愈上收缩愈急，各层檐紧密相接，故名。现存最古的砖塔河南登封市的嵩岳寺塔即属于密檐式塔，其他还有北京天宁寺塔、西安小雁塔等。

（四）金刚宝座塔

金刚宝座塔源于印度菩提伽耶的金刚宝座塔。塔的下部是一个巨大的金刚宝座，座的下部有门。宝座上建五个小塔，供奉着佛教密宗金刚界五部主佛舍利。这种塔在中国从明代以后陆续有修造，但是数量很少，全国现存十多处。著名的有北京真觉寺金刚宝座塔、内蒙古自治区呼和浩特慈灯寺金刚宝座舍利塔等。

（五）中国十大名塔

1. 山西飞虹塔

飞虹塔在山西洪洞县一座小山顶上的广胜上寺广胜寺内，重建于明正德十年至嘉靖六年间（公元1515-1527年），为砖砌楼阁式塔，八角十三层，通高47米。外形轮廓由下至上逐层收缩，形如锥体。塔身用砖砌，外镶黄、绿、蓝三色琉璃烧制的屋宇、神龛、斗拱、莲瓣、角柱、栏杆、花罩及盘龙、人物、鸟兽和各种花卉图案，把塔身装饰得绚丽多姿，金碧辉煌。飞虹塔轮廓线不是魏晋隋唐以来常见的柔和的抛物线，而是一条直线，比较僵直，但铺满全塔的琉璃贴面反映了山西民间高超的琉璃烧造技艺。塔中空，有踏道翻转，可攀登而上，设计十分巧妙，为我国琉璃塔中的代表作。清康熙三十四年（公元1695年）临汾盆地八级地震，此塔安然无恙。

2. 登封嵩岳寺塔

嵩岳寺塔是中国现存最早的砖塔，该塔位于登封市城西北约6公里，太室山南麓的嵩岳寺内，建于北魏孝明帝正光元（公元520年），距今已有1470年的历史。嵩岳寺塔上下浑砖砌就，层叠布以密檐，外涂白灰，内为楼阁式，外为密檐式，是我国现存最古老的多角形密檐式砖塔。总高41米左右，周长33.72米，塔身呈平面等边十二角形，中央塔室为正八角形，塔室宽7.6米，底层砖砌塔壁厚2.45米。该塔虽高大挺拔，但却是用砖和黄泥粘砌而成，塔砖小而且薄，历经千余年风霜雨露侵蚀而依然坚固不坏，至今保存完好，充分证明我国古代建筑工艺之高妙。嵩岳寺塔无论在建筑艺术上，还是在建筑技术方面，都是中国和世界古代建筑史上的一件珍品。

3. 大理千寻塔

大理三塔在大理城西郊的洱海之滨，原是崇圣寺的一部分，现寺已无存，塔却依然屹立如故。大塔又名千寻塔，高69.13米，是座方形密檐式的砖塔，共有16层，造型与西安小雁塔相似，为唐代典型的塔式之一。塔心中空，在古代有井字形楼梯，可以供人攀登。塔顶四角各有一只铜铸的金鹏鸟，传说用以镇压洱海中的水妖水怪。自塔顶向东眺望，洱海胜景尽入眼底。

4. 应县释迦塔

应县释迦塔是中国辽代高层木结构佛塔，位于山西省应县城内西北佛宫寺内。因塔内供释迦佛，故名，又因塔身全是木制构件叠架而成，所以俗称应县木塔。辽清宁二年（公元1056年）建造，是世界现存最古老最高大的全木结构高层塔式建筑。

5. 西安大雁塔

大雁塔位于陕西省西安市南郊慈恩寺内，建于唐代，是全国著名的古代建筑，被视为古都西安的象征。玄奘大法师从印度取经回来后，专门在此处从事译经和藏经。因仿印度雁塔样式的修建故名雁塔，由于后来又在长安荐福寺内修建了一座较小的雁塔，为了区别，人们就把慈恩寺塔叫大雁塔，荐福寺塔叫小雁塔，一直流传至今。大雁塔平面呈方形，建在一座方约45米，高约5米的台基上。塔七层，底层边长25米由地面至塔顶高64

米。塔身用砖砌成，磨砖对缝坚固异常。塔内有楼梯，可以盘旋而上，每层四面各有一个拱券门洞，可以凭栏远眺。长安风貌尽收眼底。

6. 杭州雷峰塔

雷峰塔原建造在雷峰上，位于杭州西湖南岸南屏山日慧峰下净慈寺前。雷峰为南屏山向北伸展的余脉，濒湖勃然隆起，林木葱郁。雷峰塔相传是吴越王为庆祝黄妃得子而建的，故初名“黄妃塔”。但民间因塔在雷峰之上，均呼之为雷峰塔。原塔共七层，重檐飞栋，窗户洞达，十分壮观。至明朝嘉靖年间，塔外部楼廊被倭寇烧毁。塔基砖被迷信者盗窃，致使塔于1924年倒塌，现已重建。

7. 苏州虎丘塔

虎丘塔位于苏州西北七公里处，高高耸立于景色幽雅的虎丘山巅，是苏州现存的最古老的一座塔，由于风格与同一时期建的杭州雷峰塔相似，被誉为江南二古塔。该塔始建于五代周显德六年（公元959年），建成于北宋建隆二年（公元961年）。虎丘塔高七层，塔身平面呈八角形，是一座砖身木檐仿楼阁形宝塔。

8. 杭州六和塔

六和塔位于杭州钱塘江畔月轮山上，始建于北宋开宝三年（公元970年）。宣和五年，塔被烧毁，南宋绍兴二十四年重建，清光绪二十五年重修塔外木结构部分。六和塔的名字来源于佛教的“六和敬”，当时建造的目的是用以镇压钱塘江的江潮。塔高59.89米，其建造风格非常独特，塔内部砖石结构分七层，外部木结构为8面13层。从六和塔内向江面眺望，可看到壮观的钱塘江大桥和宽阔的江面。

9. 苏州报恩寺塔

苏州报恩寺塔又称北寺塔，位于江苏省苏州市内北部偏西报恩寺中。该塔号称“吴中第一古刹”。报恩寺塔是中国楼阁式佛塔，八角9层，砖身木檐混合结构。塔高76米，占地1.3亩。全塔连同铁制塔刹共高约76米，其中塔刹占全高约1/5，底层副阶柱处平面直径约30米，外壁处直径17米。尺度巨大，但比例并不壮硕，翘起甚高的屋角、瘦长的塔刹，使全塔在宏伟中又蕴含着秀逸的风姿。

10. 开封铁塔

铁塔位于河南省开封城内东北铁塔公园内。其以精湛绝妙的建筑艺术和雄伟秀丽的修长身姿而驰名中外，被人们誉为“天下第一塔”。铁塔建于北宋1049年，该塔因当年建筑在开宝寺内，称开宝寺塔，又因塔全部用褐色琉璃砖砌成，远看近似铁色，故人们又俗称铁塔。铁塔的前身是一座木塔，系中国北宋时期著名建筑学家喻浩为供奉佛祖释迦牟尼佛舍利而建造的。可惜这个木塔在宋仁宗庆历四年（公元1044年）夏天，便被雷火所焚，仅存五十多年。宋仁宗下诏在距此不远的夷山上，仿照木塔的式样，建造了我们今天所看到的这座铁色琉璃砖塔。

铁塔现高56.88米，为八角十三层，是国内现在琉璃塔中最高大的一座，它完全用了中国木质结构的形式，塔向修长，高大雄伟，通体遍砌彩色琉璃砖，砖面蚀以栩栩如生的飞天、佛像、伎乐、花卉等，图案达50多种。令人惊奇的是塔为仿木砖质结构，但塔砖如同斧凿的木料一样，个个有榫有眼，有沟有槽，垒砌起来严密合缝。据统计，塔的外部采用经过精密设计的二十八种标准砖型加工合成。环挂在檐下的104个铃铎，每当风度云穿时，悠然而动，像是在合奏一首优美的乐曲。塔内有砖砌蹬道 168 级，绕塔心柱盘旋而上，游人可沿此道扶壁而上，直达塔顶。登上塔顶极目远望，可见大地如茵，黄河似带，游人至此，顿觉飘然如在天外。

（六）塔林

我国有五大塔林，鬼斧神工，各具特色。

1. 五台山塔林

五台山塔林位于山西五台县佛光寺东山腰和西北塔坪里，唐代始建。现存古塔 7 座，其中 4 座为唐代墓塔，形制特别，古老质朴，有原形覆钵体塔身、八角形和六角形塔身，宏伟壮观，为我国塔林中首屈一指的塔林。

2. 少林寺塔林

少林寺塔林位于河南登封嵩山西麓五乳峰下。塔林共有唐、宋、元、明、清各朝代的砖石塔 2209 座，是我国现存最大的塔林，塔高度均在 15 米左右，绝大多数有雕刻和题记，其造型有四角、六角、锥体、瓶体、抛物线形等，风格各异。

3. 灵岩寺塔林

灵岩寺塔林位于山东省济南市长清区方山向阳坡上，计有墓塔 167 座，另有墓碑 300 多幢，碑文题记极多，达 10 万余字，为国内罕见。该塔林造型优美，形制多样，其中以唐代慧崇和尚塔为最早建筑，是研究我国佛教历史的珍贵资料。

4. 青铜峡塔林

青铜峡塔林位于宁夏青铜峡市峡口黄河西岩一个陡峭的山坡上，背山临水，共 108 座塔。该塔林建筑奇异，是我国唯一的大型白塔林。

5. 飞龙山白塔林

飞龙山白塔林位于云南景洪县大勐龙乡曼飞龙村后的山上，是小乘佛教建筑。该塔林始建于傣历 565 年（公元 1204 年），塔林由大小 9 座白塔组成，巍峨参差，耸入云天，为当地一大胜迹。这 9 座塔均建在高 4 米的圆形基座上，中为主塔，高达 21 米，雄伟挺拔。其余 8 座小塔分列八角，高 10 米，形似莲花，宛似群星拱月，壮丽奇特。

十、景观步道、甬路

景观步道、甬路是指用于观光游览行走而砌成的小路。很多景观内的步道、甬路精心设计，给游人新奇或优美的感受，比如彩色路面，不仅颜色鲜亮活泼，而且可以通过颜色传递很多信息；鹅卵石艺术铺装，经工匠们的巧手搭配出美观耐用的路面效果；铺装环保实用的透水砖，具有保持地面的透水性、保湿性，防滑、高强度、抗寒、耐风化、降噪、吸音等特点；经典的木栈道，是最生态的道路形式等。

（一）福州最美步道“福道”

福州城市森林步道“福道”，是全国唯一的钢架镂空步道，其创意设计来自新加坡亚历山大城市森林步道设计团队。主轴线长 6. 3 公里，环线总长约 19 公里，福道东北接左海公园，西南连闽江廓线，中间沿着金牛山山脊线，贯穿左海公园、梅峰山地公园、金牛山体育公园、国光公园、金牛山公园。踏上福道，让人们快乐地尊享福州的美景。

（二）中华孝道

即沈阳北票大黑山森林公园步道，这条游步道是全国第一条无障碍游步道，全程 4500

米，平缓没有一个台阶，除了适合老人、幼小的孩童，还适合残疾人游览，被誉为“中华孝道”。

十一、花草坪

花草坪是指天然或人造的种满花草的地面。天然的花草坪常常分布在草原、森林边缘和河流附近，因南北气候差异和海拔高度差异特色纷呈，代表性的如婺源的油菜花海、新疆伊犁的薰衣草花海、云南香格里拉花海、西藏灵芝桃花花海、无锡鼋头渚樱花花海、四川金川梨花花海、罗平油菜花花海、井冈山杜鹃花海等。

人工的花草坪最早源于工业加工用花、种子种球生产用花的生产基地，常常连片种植观赏价值高、开花茂密的大田作物、留种蔬菜、观花类苗圃、果园等，也能形成优美花海景观。如江苏大丰荷兰花海、广东番禺百万葵园等。

十二、水井

水井是指用于生活、灌溉用的取水设施，包括井、灌区、提水设施三部分。

（一）井

井是指向下开凿到饱和层并从饱和层中抽水的深洞，是人们日常生活必不可少的建筑，在全国各地广泛分布。其中能够成为旅游资源的井，常因其年代久远、水质独特，与著名历史人物或重大事件有密切联系等原因，具备独特的旅游价值。

例如，江西瑞金沙洲坝的红井是当年红军在此驻扎时，毛泽东同志为解决当地百姓喝水困难而带领红军挖的井，这口井成为井冈山革命根据地军民鱼水情深的见证，有歌谣唱道：“喝水不忘挖井人，时刻想念毛主席”。其他著名的还有长沙白沙井、杭州龙井、成都龙泉井、广州烟雨井、神农架长寿井等。

此外，具有较高旅游价值的还有新疆的坎儿井，巧妙地适应了干旱地区山前地带的自然条件，既能减少水分蒸发，又便于取水、输水。由地下廊道和一系列竖井构成。中国新疆至今仍有2000条坎儿井在使用。

（二）灌区

灌区是指引水浇灌的田地。一般有可靠水源和引、输、配水渠道系统和相应的排水沟道，使一些自然条件本来较为恶劣的地区也能大规模发展农业，形成与周边自然景观差异较大的一个半人工的生态系统，具有一定观赏性和体验价值，因而吸引游人的注意。

我国是农业大国，全国各地广泛分布灌区。根据我国水利行业的标准规定，控制面积在2万公顷以上的灌区为大型灌区，目前我国有大型灌区400余处。著名灌区有新疆维吾尔自治区坎儿井培育的沙漠绿洲、宁夏的“塞上江南”、湖南韶山灌区、陕西宝鸡峡灌区等。

1. 宁夏青铜峡灌区

宁夏青铜峡灌区由青铜峡水利枢纽引水，地处宁夏回族自治区黄河冲积平原上的大型灌区。其地势南高北低，黄河贯穿其中，水源充沛，土壤肥沃，日照充分，适于发展农业灌溉。灌区已有2000多年历史，经历代整治，沿用至今，由于稻、麦生产丰盛，素有“塞上江南”之称。

2. 湖南韶山灌区

湖南韶山灌区韶山灌区的枢纽工程引水坝，位于湖南省湘江流域中游丘陵地区，它拦截涟水上游集水面积5050平方公里，是湖南省的大型引水工程。韶山灌区的渠道共长240公里，有总、南、北、左、右干渠及宁乡、韶山分渠，自流灌溉着湘乡、湘潭、宁乡、双峰和韶山等县市100万亩的良田。韶山灌区的干渠上共有渡槽26座，总长6243米，隧洞10孔，总长6545米。如"涓江飞涟""双江纵横""白浪滔天""石牛横渡""碧星飞渡""芦塘巧渡"等渡槽，"山舞银蛇""龙跃关"等隧洞。韶山灌区不仅有灌溉、发电、通航之利，也是游人观赏景观之佳地。

（三）提水设施

提水设施是指提取引水的设施，主要用于工农业生产和生活。某些提水设施因其历史悠久而具有丰厚的文化价值；某些提水设施因其独特的地方特色而具有观赏价值；有些提水设施因其较高的科技含量和巨大的经济价值也能够成为旅游资源。

1. 古代提水设施

从水利史的角度来看，古代提水设施的发展经历了从人力、畜力到水力风力等自然能应用两个发展阶段。虽然现代诞生了使用电能的抽水机，但是古老的提水设施在有些边远的山区和农村至今仍在使用。

（1）桔槔。桔槔的构造运用了杠杆原理，取水时可一按而下，木桶盛满水后，杠杆的前端由重点变为力点，借助安置于后端的重物，只用较少的力上提，水桶就上来了。桔槔一直是我国北方地区比较常见的提水机械。如图9-1所示。

（2）辘轳。辘轳是一种提水的设施，始于汉代，又被称作"椟栌"。辘轳的关键设备是辘轳轴，利用轮轴原理做功，辅助的设备有支撑架、盛水具、绳索等。辘轳的出现，解决了深井的取水问题，标志着人类利用地下水进入新的阶段。辘轳逐渐成为北方地区使用最普遍的提水机械，明清时华北地区出现了畜力辘轳，在机械传动部分加了动力轮——平轮，盛水器由一桶改为多桶，牛马环绕立柱做圆周运动，井水不断上提。如图9-2所示。

（3）机汲。机汲是一种利用滑轮提水的设施，适合远距离高落差的地方提取河水。如图9-3所示。

图9-1　桔槔取水图

图9-2　辘轳取水图

图9-3　机汲取水图

（4）水车。古代水车是轮转提水机械的统称，按动力分有人力、畜力、水力和风力，因为动力装置不同而有不同形制。用人力或畜力的水车称"龙骨水车"（见图9-4）；利用水流冲动来提水的水车称“水力水车”(见图 9–5、图 9–6)；利用风力的水车称“风力水车”(见图 9–7)。

图 9–4　不同动力驱动的龙骨水车

图 9–5　水力水车—水转翻车

图 9–6　水力水车—高转筒车

图 9–7　风力水车

2. 现代风力提水设施

将风能转换为能够利用的能量，最普通的方法就是发电和提水。利用风能提水比风力发电更容易实现。如风力气压自控扬水机组，该风力提水机借助自然风力和空气压缩原理提水（三级以上风力就可以工作），利用风能使风叶旋转带动风力机空压泵产生压缩气体，用导气管传递动力，将压缩气体输送到远处水源中的气压自控扬水机中进行扬水作业。实现提水机械化，并能充分利用小水源，低水高扬、零存整取、贮用结合。风力提水既省时省力，又低碳环保，同时还具有一定的景观效益。

十三、喷泉

喷泉是指人造的由地下喷射水至地面的喷水设备。这类水景在建筑领域广泛应用，发展速度很快，种类繁多，有音乐喷泉、程控喷泉、摆动喷泉、跑动喷泉、光亮喷泉、游乐趣味喷泉、超高喷泉、激光水幕电影等。

1. 青岛世园会音乐喷泉

青岛世园会音乐喷泉位于李沧区百果山森林公园内天水湖里。大型水舞秀是整个世园会核心园区景观之一，水舞秀的奥妙在于湖水下的数百个喷泉。这些喷泉均安装在一个长120米、宽90米的钢结构平台上，平台可以上下浮动升降，形成水舞表演的舞台。水舞秀是水与科技相结合的艺术，伴随或激昂或舒缓的音乐，水柱编织出了种种美妙图案，最高可达80余米。

2. 广东河源新丰江音乐喷泉

广东河源新丰江音乐喷泉主喷169米的水柱直冲云霄，气势雄伟，蔚然壮观，显示出欲与天公试比高的气派，为亚洲第一高喷泉；副喷由1068个喷嘴、618盏水下彩灯组成，在欢快愉悦的乐曲中，通过直喷、水帘、水浪、水松、内抛、摇摆、编网等8种水型，不断组合成数十个变幻莫测、绚丽多姿的喷泉景观。

十四、堆石

堆石是指由石头堆砌或填筑形成的景观。堆石景观一般常见于中国古典园林，是造园的必备要素，即叠山堆石。叠山堆石的原则是“追求自然，高于自然”，极力追求自然山石的效果。

叠山堆石之前，首先要充分了解自然山石的特性、形状、纹理、色彩等，然后再结合园林的大小、需要等具体情况加以布置，力求做到因地制宜的原则。如小型园林的面积有限，如果没有很好的水源，则不宜辟水源，那么山石就成了主景，或是与园内主体建筑成为对景，如留园冠云峰；而大型园林往往山水参半，山石相伴，山石相依。

（一）寿山艮岳

寿山艮岳是宋徽宗赵佶参与设计和主持修建的，将园林空间的营造与诗情画意融为一体。《艮岳记》中记载了寿山艮岳的整体布局，即“左山右水，后溪而旁陇，连绵弥漫，吞山怀古。”艮岳的堆石叠山十分秀美，主山万岁山，先用土堆筑而成，山体轮廓模仿杭州凤凰山，后又置太湖石堆叠，形成一座大型的人造山，长数百步，高达百尺，大洞数十，悬崖峭壁，沟壑纵横。

（二）扬州个园——四季假山

扬州个园是利用堆石创造了独具特色的四季假山。个园假山选用笋石、太湖石、黄石、宣石创造出了春夏秋冬四景，并且按春是开篇，夏为铺展，秋到高潮，冬作结尾的顺序，将春山宜游，夏山宜看，秋山宜登，冬山宜居的山水画理论在园林叠山堆石中发挥得淋漓尽致。恰如宋代山水画家郭熙在《林泉高致》中的描绘：“春山艳冶而如笑，夏山苍翠而如滴，秋山明净而如妆，冬山惨淡而如睡。”

——本章小结——

（1）人文景观综合体。人文景观综合体是指整体或局部区段对人有吸引力的人文景观所在地。其中包括社会与商贸活动场所、军事遗址与古战场、教学科研实验场所、建设工程与生产地、文化活动场所、康体游乐休闲度假地、宗教与祭祀活动场所、交通运输场站、纪念地与纪念活动场所等九个基本类型。

（2）社会与商贸活动场所。指进行社会交往活动、商业贸易活动的场所。

（3）教学科研实验场所。教学科研实验场所是指教学单位、科学研究的观光、研究、实习的地方，常可作为开展科普旅游、科技旅游等旅游活动的资源。

（4）建设工程与生产地。建设工程与生产地是指经济开发工程和实体单位，如工厂、矿区、农田、牧场、林场、茶园、养殖场、加工企业以及各类生产部门的生产区域和生产线。

（5）文化活动场所。文化活动场所是指进行文化活动、展览、科学技术普及的场所，包括传统的书场、剧院，现代的文化宫、文化馆、文化俱乐部、电影院等。

（6）康体游乐休闲度假地。康体游乐休闲度假地是指具有康乐、健身、消闲、疗养、度假条件的地方。

（7）特色街区。特色街区是指反映某一时代建筑风貌，或经营专门特色商品和商业服务的街道。

（8）景观与小品建筑。景观与小品建筑是指表现一个区域的标志性建筑和从属于主体建筑物，或兼有实用和装饰等功能、独立存在的单体建筑物。包括形象标志物、观景点、亭台楼阁、书画作、雕塑、碑碣、牌楼、塔形建筑等基本类型。

【导读解析】

关于悬棺的起源及悬置方法，至今虽有众多猜测，却仍未有令人信服的科学解释。由于地域和文化的差异，其起源更是扑朔迷离。一般多是传说的意会和“死不入土”的解释。

而关于悬棺的悬法，猜测也有许多。

一说来自古时南朝人顾野王，把武夷山中搁置悬棺的崖洞称为“地仙之宅”，意思是神仙以法力悬空置棺，说明古人多认为若非神仙出手，仅靠常人是难以实施凌空悬案这种奇特的葬法的。

二说源于唐朝张鷟《朝野佥载》，曾记有古人在临江高山半山腰间开凿石穴安葬死者，办法是从山顶上放绳索把棺木吊下来。

三说源自清朝许瓒曾《东还纪程》记载，湖南常德沅江流域有一“倒水岩，石皆壁立水滨，逶迤高广”，壁上凿有十个洞穴，下临绝壑，其中有个洞穴内藏有五具棺材。许瓒便向当地人请教，当地人提供先人的传说，据讲是趁沅江涨水时由“健鬼引絙而上”。其中科学的部分即利用水位抬高，以船载棺而将之运进预先看好的天然洞穴或人工凿成的崖窦里，等水位降低后，便有了石壁悬棺下临绝壑的奇特景观。

也有人参照菲律宾巴拉望岛的古代居民安葬瓮棺的办法，提出另一种设想：依靠绳索、长梯之类的攀缘工具，将包裹尸骸的麻袋及板材、殉葬物品和必要的制棺工具等，借单个人力运送到事先选定的洞穴中，然后现场制棺成殓并予安葬。

此外，还有人根据在四川珙县、兴文和贵州松桃等地悬棺葬遗存的考察，指出也存在古人架设栈道升置悬棺的可能性。

思　考　题

9-1　什么是人文景观综合体，包括哪些基本类型？

9-2　实用建筑与核心设施包括哪些基本类型？请举例说明。

9-3　景观与小品建筑指什么，包括哪些类型？

9-4　什么是宗教与祭祀活动场所？请举例说明。

9-5　什么是特色街区？请举例说明。

第十章　中国的历史遗迹旅游资源

【学习目标】

通过本章学习：

(1) 了解历史遗迹旅游资源的主要亚类型；

(2) 掌握历史遗迹旅游资源各亚类的基本类型划分；

(3) 掌握各基本类型资源的含义、代表性景观及其分布状况。

【知识要点】

(1) 各基本类型旅游资源的含义；

(2) 各基本类型旅游资源的代表性景观及其分布。

【案例导读】

“2011年度的十大考古新发现”为遗址遗迹旅游再添新兵

人民网北京4月13日电：“2011年度的十大考古新发现”今天下午揭晓，它们分别是：

(1) 河南郑州老奶奶庙遗址暨嵩山东南麓旧石器地点群；

(2) 福建漳平奇和洞遗址；

(3) 浙江余杭玉架山史前聚落遗址；

(4) 内蒙古自治区通辽哈民史前聚落遗址；

(5) 四川宜宾石柱地遗址；

(6) 湖北随州叶家山西周早期曾侯墓地；

(7) 辽宁建昌东大杖子战国墓地；

(8) 江苏盱眙大云山江都王陵；

(9) 山西大同云冈石窟窟顶北魏辽金佛教寺院遗址；

(10) 山东京杭大运河七级码头、土桥闸与南旺分水枢纽遗址。

此外，2011年发现的遗址遗迹还有陕西在初评中入围的黄陵寨头河战国戎人墓地和洛南盆地张豁口旧石器时代遗址。

在我国广阔的疆域上，已经挖掘出土了众多的人类活动遗址。这些遗址遗迹的发现再次丰富了我国研究人类社会进化发展的资源体系，同时也为遗址遗迹旅游的发展增加了资源。通过本章内容的学习，大家可以对我国可供开发利用的人类活动遗址遗迹有更系统和全面的了解。

历史遗迹形成于人类社会发展的不同历史阶段，是人类活动的产物。它真实地记录了人类各时期的发展历史，凝聚着人类智慧，昭示着特定的历史特征，是当地历史文化的反映。遗址遗迹是历史文化的精华和综合体，具有丰富文化内涵，它们既是历史的见证，又是旅游者猎奇、探知、审美的对象。

第一节　物质类文化遗存

一、建筑遗迹

建筑遗迹是指具有地方风格和历史色彩的历史建筑遗存，包括人类活动遗址、文化层、文物散落地、原始聚落、废弃生产地、交通遗迹、废城与聚落遗迹、长城遗迹、烽燧等。

（一）人类活动遗址

人类活动遗址是指史前人类聚居、活动的场所。按照史前时期的界限划分，主要包括旧石器时代、新石器时代以及青铜时代。

1. 旧石器时代遗址

旧石器时代专指以使用打制石器为标志的人类物质文化发展阶段。地质时代属于上新世晚期更新世，从距今约 250 万年前开始，延续到距今 1 万年左右止。其时期划分一般采用三分法，即旧石器时代早期、中期和晚期，大体上分别相当于人类体质进化的能人和直立人阶段、早期智人阶段、晚期智人阶段。

经过半个多世纪的工作，我国已经发现了许多旧石器时代的遗址。

（1）蓝田人遗址。1963 年 7 月发现，位于蓝田县城西北约 10 公里处。蓝田人属我国早期人类，其前额低平、较宽，眉骨粗壮隆起，骨壁较厚，眼眶略方，嘴部前伸。该地同时出土了旧石器时代人类使用的许多生产工具，有尖状器、砍砸器、刮削器和石片、石核等打制石器。

（2）大荔人遗址。1978 年发现，位于大荔县西北解放村。与大荔人同出的石器和石制品约 500 多件，原料以石英岩为主，燧石次之，还有少量脉石英、火成岩等。石制品中，大多数是石片和石核，石器约占 30%。

（3）梁山遗址。20 世纪 80 年代初发现，位于汉中地区南郑区汉水南岸，地质时代属中更新世，即旧石器时代中期。遗物以石制品为代表，已发现 1000 多件，包括石器、石核、石片三类，尤以石器为最多。原料主要有石英岩、脉石英和火山岩三种，均为河流砾石。石核的打制台面以利用砾石平面者为多。打击石片采用直接打击法、碰砧法和砸击法。大多数石片宽大长，石片形状缺乏规律。

（4）长武遗址。1972 年发现，位于陕西长武县城关镇窑头沟及鸭儿沟。这里发现石器标本近 200 件，石料 80%为石英岩，石器中 60%标本都保留有砾石面。石器的器形有刮削器、尖状器、砍砸器等。石器以小型为主，多用砾石片制成，加工粗糙，类型简单，外形多依砾石的原始形态。

（5）韩城遗址。1973 年发现，位于韩城县城东北的黄河禹门口西侧，地质时代属晚更新世。文化遗存主要有石制品、用火痕迹和一些动物化石。石器的原料主要有石英石和燧石，表面多保留砾石面。石片、石核多不规整，打制方法为锤击法。石器器型较小，有砍砸器、尖状器和刮削器，以刮削器最多。

2. 新石器时代遗址

新石器时代是指以使用磨制石器为标志的人类物质文化发展阶段，属于石器时代的后期。年代大约从1.8万年前开始，结束时间从距今5000多年至2000多年不等。

（1）老官台遗址。1955年发现，位于华县县城西南，渭河支流西沙河东岸。出土物以陶器为主，陶质多夹砂粗红陶和细泥红陶，还有少量细泥黑陶，偶见细泥白陶。

（2）李家村遗址。位于西乡县城西1.5公里的李家村附近，发现房址一座、陶窑一座、四座墓葬。另外，还发现有袋形、圆形、椭圆形、锅底形和不规则形灰坑。石器中打制占56%，磨制占36%。典型器为磨光扁平舌状石铲，利用河卵石打制而成的尖状器、刮削器也很有特点。

（3）白家遗址。1956年发现，位于今临潼区油槐乡白家村的渭河北岸。遗址面积120000平方米，掘出灰坑35个，房址2座，墓葬17座，出土大量的陶器、骨器、石器和蚌器。

（4）北刘遗址。1958年发现，在渭南市南约16公里的河西乡北刘村西南清水河和稠水河交汇处的二级台地上，属新石器时代。石器有斧、刀、锛、矛、球、切割器、镞等，多为打制。骨器有鱼叉、铲、锥等。还有蚌锯、蚌刀等少量蚌器。

（5）半坡遗址。位于今西安东浐河右岸的半坡村北，属新石器时代仰韶文化的聚落遗址，总面积约5万平方米。遗物有石、骨、角、陶器。有开垦耕地、砍劈用的石斧、石锛、石铲，收割禾穗的石刀、陶刀，加工谷物的石磨盘、石磨棒。

3. 青铜时代

中国的青铜时代始于公元前21世纪，止于公元前5世纪，大体上相当于文献记载的夏、商、西周至春秋时期，约经历了1500多年的历史。中国步入青铜时代，大体经历了早、中、晚期几个不同的发展阶段。

早期，以河南偃师二里头遗址为代表，年代大约在公元前2080至公元前1580年间，还有山东岳石文化遗址、辽宁长城东边的夏家店下层文化遗址、黄河上游的四坝文化遗址等，都相继出现了品类繁杂的青铜制品。

中期，包括商代至西周前期，以河南郑州二里冈文化遗址为代表，此时期奴隶制国家进一步发展，青铜器数量大增，常伴有成套礼器，贝币大量出现，人殉、人牲更为普遍。此外还有安阳殷墟、西周的周原遗址和丰镐遗址等。

晚期，从西周后期至春秋时期，是中国奴隶制社会逐渐走向衰落的阶段。此时期列国都城形成繁荣的政治经济文化中心，金属货币大量流通。青铜铸造工艺取得突出发展，出现了分铸法、失蜡法等先进工艺技术。代表为湖北铜绿山古矿冶遗址。

（二）文化层

文化层是指史前人类活动留下来的痕迹、遗物和有机物所形成的堆积层。每一层次代表一定的时期，根据文化层的包含物和叠压关系，可以确定遗址各层的文化内涵和相对年代。我国众多史前遗址中有许多代表性的文化层。

1. 渭南北刘遗址文化层

文化层分早、晚两期，早期文化层厚0.14~1.2米，属新石器时代早期老官台文化；

晚期文化层厚 0.3~2.6 米，属仰韶文化庙底沟类型。

2. 西安半坡遗址文化层

文化层最厚处为 2 米左右，大体分为两期：下层，厚 1 米左右，文化内涵丰富，为仰韶文化半坡类型，距今约 6700 年；上层，厚 1 米，属仰韶文化半坡晚期类型或称西王村类型，距今约 5600 年。

3. 宝鸡北首岭遗址文化层

遗址文化层堆积厚 4 米，分三期：早期为公元前 5150~5020 年，文化层厚 0.8~1.20 米；中期为公元前 4840~前 4170 年，文化层厚 2.40 米，文化面貌为半坡类型；晚期为公元前 4080~前 3790 年，文化层厚 0.70 米。

4. 长武县下孟村遗址文化层

文化层堆积 2~4 米，从下到上可分为半坡类型、庙底沟类型。

5. 华阴市横阵遗址文化层

横阵遗址文化层属新石器时代仰韶文化和龙山文化。仰韶文化层厚度约 1 米左右，龙山文化层厚度为 2 米左右。

6. 临潼姜寨遗址文化层

文化层厚达 3~4 米，文化堆积层由下向上，依次为半坡类型、史家类型、庙底沟类型、半坡晚期类型（西王村类型）和陕龙山文化。

7. 河南龙山遗址文化层

文化堆积层厚达 4 米，为龙山、西周、春秋、战国、汉、宋、明、清 8 个时期连续叠压，为研究龙山文化向夏文化过渡、史前城址聚落形成、我国文明起源、国家的形成等提供了重要的实物资料。

8. 四川三星堆遗址文化层

四川三星堆遗址发掘出 4 个文化层，据此可以研究古蜀之地在新石器时代晚期、夏、商、周初时期不同的政治、经济、文化形态，为探索古代文明的起源和发展提供了实证。

（三）文物散落地

文物散落地是指在地面和表面松散地层中有丰富文物碎片的地方。文物有历史、艺术、科学价值，是一个历史时期综合的艺术、科学发展水平的体现。

我国目前发现的众多史前文化层中均出土丰富文物及碎片，例如华县老官台遗址出土大量陶器，皆为手制，器壁薄厚不均匀，纹饰有划纹、绳纹、线纹、附加堆纹、锥刺纹，器形有三足罐、三足钵、杯、小口平底鼓腹瓮等；西乡县李家村遗址出土陶器，均为手制，陶质疏松，火候较低，常见的纹饰有绳纹、线纹、也有少量的附加堆纹、剔刺纹和布纹，代表的器物有圈足碗、三足器、平底钵、圜底钵、凹底罐等；临潼区白家遗址出土的全部陶器均为夹砂陶，容器主要有圆底钵、圈足钵、三足罐、小口鼓腹罐等；渭南市北刘遗址出土文物有陶器、石器、骨器，陶器有敛口钵、双唇口尖底瓶、喇叭口瓶、曲腹盆缸、瓮、灶、斧、盂、甑、纺轮、圆环、圆球、刀等。

（四）原始聚落遗址

原始聚落遗址包括史前人类居住的房舍、洞窟、地穴及公共建筑等。

我国目前发现的原始聚落遗址有：河南渑池仰韶村的仰韶文化遗址、浙江余姚河姆渡村的河姆渡遗址、陕西西安市半坡村的半坡遗址、浙江余杭区的良渚文化遗址等，其中西安半坡遗址是古人类居住区规模最大、功能最全、人类文化层最多的一处原始聚落遗址。

1. 西安半坡聚落遗址

西安半坡聚落遗址内发现有村落、房屋建筑、墓葬等。半坡类型聚落范围，大体为南北长、东西窄的不规则圆形。发掘出房屋遗迹 46 座，窖穴 200 座，长方形圈栏两座，大沟一条，陶窑 6 座，小孩瓮棺葬墓 73 座，成人墓葬 174 座。居住区分两片，可能分属氏族内的两个群团或经济共同体。每片里有一座大房子，可能是氏族首领住所兼氏族成员的聚会场所，周围是小居室。

半坡类型的房屋，除少数为方形、长方形外，绝大多数为圆形，有半地穴式和地面建造两种形式。

2. 宝鸡市北首岭村落遗址

宝鸡市北首岭村落遗址是一处仰韶文化的村落遗址。发现房址 50 座，灰坑 75 个，窑 4 座，排水沟 2 条，灶坑 2 个，墓葬 451 座。其中晚期遗存一处保存较好的聚落遗址，中心是南北 100、东西约 60 米的广场。其北面和东南有 3 个房屋群落，房屋 49 座，门向多数朝中心广场。房屋为圆角方形、长方形、圆形半地穴居址几种。房屋门凸出屋外。

3. 长武县下孟村聚落遗址

在长武县下孟村聚落遗址中共清理出房址 7 座，均为方形圆角半地穴式，以坑壁为墙，居住面和墙壁均抹草泥土，居面中部有圆形或瓢形灶坑，后部有保存火种的陶罐，门开在房屋的东壁上。窖穴 107 座，有圆底形、长方形、锅底形、椭圆形、不规则形等，其中一些袋状坑底部有二层台或三层台阶旋转而下，有些窖穴抹有草泥土并经火烤过，坚硬平整。

4. 临潼区姜寨聚落遗址

姜寨新石器聚落遗址分为居住区、窑场和墓地三个部分。居住区略呈圆形，西南临河，东、南、北三面都有人工挖成的防御性壕沟作为屏障。居住区总面积近 2 万平方米，中央有面积较大的广场，似应为公共活动的场所。在广场周围分布着 100 多座房子，分为 5 个群体。各个群体中都有一座较大的房子。其他较小的房子绕着大房建筑，房门向着中心广场。用于储藏食物和其他东西的窖穴分布在房子附近。此外，在居住区内还有许多儿童瓮棺葬和家畜的圈栏。

发掘的房屋基址大小不一，有地面建筑、半地穴和地穴式 3 种，平面呈方形或圆形。4 座大型房子均为方形，每座面积达 80 平方米左右。各个文化层房屋基址的特征比较明显，由地穴式到半地穴式，再到地面建筑，然后出现大房中有隔间，体现出当时建筑技术和房屋形制的演变。

姜寨遗址发掘的墓葬较多，总数有 600 余座，其中的 400 座属于半坡类型。成人墓葬一般为单人仰身直肢葬，分布在遗址壕沟外的墓地上。儿童的瓮棺葬只有少数与成人葬在一起，大都分布在居住区的房屋附近，是以瓮与陶盆、陶钵或陶罐与陶钵相扣合。

（五）废弃生产地

废弃生产地是指已经消失或废置的矿山、窑、冶炼场、工艺作坊等。多是历史上曾经兴盛一时的生产场所，后因各种原因废弃，具有较高的科学考察价值，已成为一种珍贵的旅游资源。如河南古荥镇汉代冶铁遗址、河南宝丰宋汝窑遗址、湖北大冶铜绿山宋铜矿遗址、广东肇庆端溪砚坑遗址、福建泉州古码头遗址、云南大理的大理石采矿遗址、广西兴安的灵渠船闸遗址等。

1. 河南古荥镇汉代冶铁遗址

河南古荥镇汉代冶铁遗址是在1965年文物调查发现，遗址南北长400米，东西宽300米，总面积12万平方米。1975年，郑州市博物馆对遗址的冶炼区发掘1700平方米，在发掘范围内，发现炼铁炉炉基两座、炉底积铁十余块，最大的重约23吨、矿土堆约60立方米、水井一眼、水池一处、四角柱坑、烘范炉十三座、船形坑一个等遗迹。出土铁器318件、陶器380余件、石器8件。

2. 宝丰汝窑遗址

由于文献记载不详，汝官窑口之谜一直困扰着中国古陶瓷研究人员。自20世纪50年代开始寻找汝窑，直到80年代才在河南省宝丰县发现。从1987年开始到目前为止，对汝窑址已进行了五次发掘，发掘品中除了与原世品中相同的完整器和碎片外，还出土一些传世品中见不到的新器形，如镂空香炉，乳钉器及天蓝釉刻花鹅颈瓶等，获得了一批重要的实物资料，为传世汝窑器鉴定与鉴赏提供了可行的实物依据及新资料。

3. 广东肇庆端溪砚坑遗址

广东肇庆端溪砚坑遗址位于广东肇庆市东郊羚羊峡东端南岸的斧柯山（又名烂柯山）和肇庆市北郊北岭山一带。各砚坑都有其不同的开采历史，采出的砚石也各具特色。较为著名的端砚砚坑有水岩、坑仔岩、麻子坑、宋坑、梅花坑、绿端、宣德岩、朝天岩、白线岩、古塔岩等，其中又以水岩、坑仔岩、麻子坑和宋坑所产的砚石最为著名。

（六）交通遗迹

交通遗迹是指已经消失或废置的交通设施。我国的交通发展可以一直追溯到原始社会传说中的三皇五帝时期，传说黄帝、炎帝、尧舜禹等人都比较重视交通建设。至有史记载，周朝在镐京（今西安附近）与洛邑（今洛阳）之间修建了一条宽阔平坦的大道，号称“周道”；春秋时期为了打通陕西到四川的通道，修建了从秦岭北麓眉县到南麓褒城县的褒斜栈道；楚国修建了从郢都通往新郑的通道；晋国打通了穿越太行山的孔道；齐鲁两国修建形成了四通八达的黄淮交通网络；燕国开辟了直达黄河下游和通往塞外的交通线等；汉朝开辟了丝绸之路；唐朝修建了唐蕃古道；明清时期修建了滇藏地区的茶马古道等。

1. 褒斜道

在秦岭山脉中，有一条贯穿关中平原与汉中盆地的山谷，其南口曰褒，在今汉台区北15公里；北口曰斜，在眉县西南15公里，长凡235公里。自战国起，就有人在谷中凿石架木，修筑栈道，历代踵继，多次增修，后人就命名为“褒斜道”。

2. 丝绸之路

丝绸之路简称丝路，是指西汉时，由张骞出使西域开辟的以长安（今西安）为起点，经甘肃、新疆，到中亚、西亚，并联结地中海各国的陆上通道。因为由这条路西运的货物中以丝绸制品的影响最大，故得此名。其基本走向定于两汉时期，包括南道、中道、北道三条路线。

3. 唐蕃古道

唐蕃古道是我国古代历史上一条非常著名的交通大道，也是唐代以来中原内地去往青海、西藏乃至尼泊尔、印度等国的必经之路。它起至陕西西安（即长安），途经甘肃、青海，至西藏拉萨（即逻些），全长3000千余公里。整个古道横贯中国西部，跨越举世闻名的世界屋脊，联通我国西南的友好邻邦，故亦有丝绸南路之称。

4. 茶马古道

茶马古道是指存在于中国西南地区，以马帮为主要交通工具的民间国际商贸通道，是中国西南民族经济文化交流的走廊，茶马古道是一个非常特殊的地域称谓，是一条世界上自然风光最壮观，文化最为神秘的旅游绝品线路，它蕴藏着开发不尽的文化遗产。

茶马古道起源于唐宋时期的“茶马互市”。因康藏属高寒地区，海拔都在三四千米以上，糌粑、奶类、酥油、牛羊肉是藏民的主食。在高寒地区，需要摄入含热量高的脂肪，但没有蔬菜，糌粑又燥热，过多的脂肪在人体内不易分解，而茶叶既能够分解脂肪，又防止燥热，故藏民在长期的生活中，创造了喝酥油茶的高原生活习惯，但藏区不产茶。而在内地，民间役使和军队征战都需要大量的骡马，但供不应求，而藏区和川、滇边地则产良马。于是，具有互补性的茶和马的交易即“茶马互市”便应运而生。茶马古道因此得名。

（七）废城与聚落遗迹

废城与聚落遗迹是指已经消失或废置的城镇、村落、屋舍等居住地建筑及设施。

我国原始社会新时期时代晚期，农业和手工业经济的发展使各个部落有了更多的剩余产品，从而扩大了以物易物的交换领域。氏族首领攫取到越来越多的财富，也不断追求从交换中获得的精美陶器、铜器和玉石装饰品。交换使人口集中、地点比较固定的一些集市成为周围地区政治、经济和文化、技术交流的中心，城市就在集市的基础上发展产生了。

为了维护本氏族的利益，保护新兴贵族的财富，许多氏族聚落周围过去的壕堑已不适应经济发展的新形势，而改之以修筑坚固的高大围墙，这就是中国大陆最早出现的城堡。主要用于防卫的城堡和附近的物资交易集市相结合，形成了分布在各地的城市。

现在发现的废城聚落遗迹有河南境内的有登封王城岗、淮阳平粮台、郾城郝家台、安阳后冈、辉县孟庄等处；山东境内的城址有章丘龙山镇、邹平丁公村、寿光边线王村、临淄田旺村等；此外，在内蒙古河套地区、辽西地区和长江流域，也有一些龙山文化时期的城址发现。

1. 安阳后冈城址

当时清理出围绕遗址的西面和南面两部分墙址，长约70余米，墙宽2~4米。由于历代毁坏严重，很难窥测这个古城的全貌。

2. 登封王城岗遗址

登封王城岗遗址位于登封市东南告城镇，西北距县城15公里，颍河与五渡河在镇西南交汇。著名的王城古城就坐落在五渡河西岸。这座城堡有东西两城，城呈方形。西城的西墙长94.8米，南墙长97.6米，城内面积不足1万平方米，规模较小。根据这座城堡所处的地理位置与时代，有些考古学家认为该城即为古史传说中夏禹最早建都的阳城。

3. 淮阳平粮台城址

淮阳平粮台的城址呈方形，长宽各为185米，整个城堡所占面积约5万平方米，城内面积34000平方米。发掘时清理城墙残高约3米，墙顶宽达10米，为小板板筑法砌成，夯层清楚。城角为弧形，南城墙有城门，门两侧有土坯建筑的门卫房。

4. 辉县孟庄镇城址

辉县孟庄镇的龙山文化城址规模较大，面积达16万平方米。这座城堡北依太行山，南临黄河故道，修筑在一处坡岗上。城址呈正方形，城墙长宽均约400米。主城墙顶宽5.5米，底宽8.5米，残存高度为0.2~1.2米左右，部分地段保存着高达2米的墙体。除西墙大部分遭到破坏外，其余三面保存较好。城墙为黄花土夯筑而成，土质坚硬，内含较多料礓石及少量龙山文化时期的陶片，夯层厚约8~15厘米。

5. 邹平县丁公村遗址

1991年邹平县丁公村遗址，在邹平县苑城乡的丁公村发现了一座保存较好、面积较大的城址。这座古城平面呈圆角方形，面积11万平方米。

6. 寿光市边线王村城址

1986年发现，城墙和城内的堆积都已受到历代的破坏，但两圈城墙的基槽尚存，内圈基槽平面呈不规则方形，面积约1万平方米，东、西、北三面各有一门，南面因挖土破坏，城门已不复存在。

（八）长城遗迹

中国长城的修筑始于春秋战国时代，已有两千多年的历史，其中尤以秦、汉、明三时期的规模最大。唐朝时，由于北方的突厥已经被平定而不再成为威胁，未修长城；元朝统治者是蒙古人，仅对一些关口做了修缮，只起到盘查路人和作为商路驿站的作用；与元朝类似，清朝也未修长城。按照历史修建顺序，长城遗迹主要包括以下几类。

1. 春秋战国长城

长城虽然在春秋战国时期即已修筑，但是由于诸侯林立，属境较小，一般小国长城都只有几百里，一些大的诸侯国家的长城也不过三四千里。

2. 秦长城

公元前214年，秦始皇派将军蒙恬率领三十万人攻击匈奴，占据河套，并开始秦、赵、魏、燕各国修筑的旧城墙连接起来，从临洮到辽东绵延万里，从此始有“万里长城”之称。在修筑北方长城的同时，原诸侯国间用以“互防”的城墙被拆毁。

秦长城可大致分为西段和北段。西段起于今甘肃省岷县，循洮河北至临洮县，经定西县向东北至宁夏固原县、甘肃环县、陕西靖边、横山、榆林、神木，然后向北折至今内蒙古托克托南，抵黄河南岸；北段即黄河以北的长城沿阴山西段的狼山，向东至大青山北麓，再向东经今内蒙古集宁、兴和至河北尚义，再向东北经今河北张北、围场，再向东经抚顺、本溪后向东南，终于朝鲜清川江入海处。现在临洮附近，阴山、大青山一线，都有秦长城遗迹残存。

3. 汉长城

西汉继续对长城进行修建，以抵御北方匈奴的侵袭。从汉文帝在位时到汉宣帝在位时止，先后筑成了一条西起大宛贰师城、东至朝鲜平壤南部大同江入海口、全长近一万千米的长城。汉长城是历史上最长的长城。随着吉林省通化县境内新近发现11处秦汉长城遗址，秦汉长城的东北界限进一步北扩。东汉亦筑长城，但规模较小。

英国探险家 William Lindesay 在蒙古境内戈壁沙漠深处，发现一段保存相对完好的长城遗址。经考察和研究，该段长城遗址很有可能始建于汉代，其后经过数次修复和续建，实为万里长城的一部分。

4. 北朝及隋长城

北朝的北魏、东魏、北齐、北周对长城进行了修筑与增建。其中以北齐年间修建规模最大，公元 555 年，北齐文宣帝“发夫一百八十万筑长城”。北周在大象元年（公元 579 年）“发山东诸州民修长城”，东魏时修长城修到古北口。隋长城在前代北魏和北周、北齐长城的基础上，将东起紫河，经朔方、灵武直至榆谷以东的长城、筑垒基本连成一线和增建。

5. 辽金长城

辽朝为防御高丽、女真，金朝为防御蒙古高原诸游牧部落，大筑长城。金朝所修的长城，史称金界壕或金边堡。

6. 明长城

从明太祖洪武至明神宗万历，经过先后 20 次大规模的修建，以牺牲累计约 200 万～300 万人为代价，在累计 200 年时间内筑成了一条西起甘肃嘉峪关，东至山海关，全长 6350 千米的长城。这也是现在所见到的大部分长城。

此外，还有南长城，位于中国湘黔边界，又称苗疆长城，是 2000 年 4 月被发现的苗族边防。始建于明神宗万历年间，北起湖南湘西古丈县的喜鹊营，南到贵州铜仁境内的黄会营，全长 190 千米。

二、可移动文物

可移动文物是指历史上各时代重要实物、艺术品、文献、手稿、图书资料、代表性实物等，分为珍贵文物和一般文物。

可移动文物主要是指馆藏文物和流散文物。它们体量小、种类多。根据它的体量的大小和珍贵程度，分别收藏于文物库房，甚至文物柜或文物囊匣内。根据保管、研究、陈列的需要随意移动，变换地点，这对其本身的价值不仅没有影响，而且是更好地发挥其作用。可移动文物主要有：石器、陶器、铜器、铁器、金银器、玉器、瓷器、漆器、工艺品、书画、古文献，等等。

我国历史长河泱泱流淌，留下了数不尽的珍贵文物，代表性的如：

（1）司母戊大方鼎。司母戊大方鼎是商后期（约公元前十四世纪至公元前十一世纪）铸品，原器 1939 年 3 月出土于河南安阳侯家庄武官村。此鼎形制雄伟，重达 832. 84 千克，高 133 厘米、口长 110 厘米、口宽 79 厘米，是迄今为止出土的最大最重的青铜器。司母戊鼎初为乡人私自挖掘，出土后因过大过重不易搬迁，私掘者又将其重新掩埋。司母戊鼎在 1946 年 6 月重新出土。新中国成立后，于 1959 年入藏中国历史博物馆。

（2）清明上河图。清明上河图是中国十大传世名画之一，被誉为“中华第一神品”。此画为北宋风俗画，是北宋画家张择端仅见的存世精品，属国宝级文物，现藏于北京故宫博物院。

清明上河图宽 25. 2 厘米，长 528. 7 厘米，绢本设色。作品以长卷形式，采用散点透视构图法，生动记录了中国十二世纪北宋汴京的城市面貌和当时社会各阶层人民的生活状况，是汴京当年繁荣的见证，也是北宋城市经济情况的写照。这在中国乃至世界绘画史上都是独一无二的。

(3) 越王勾践剑。越王勾践剑是春秋晚期越国青铜器，国家一级文物，现藏于湖北省博物馆。

茎上两道凸箍，圆首饰同心圆纹，铸工精湛。剑身上被镀上了一层含铬的金属而千年不锈。经无损科学检测，其主要合金成分为铜、锡、铅、铁、硫等。花纹处含硫高，因硫化铜可防锈，被称为“天下第一剑”。

(4) 马踏飞燕。马昂首嘶鸣，躯干壮实而四肢修长，腿蹄轻捷，三足腾空、飞驰向前，一足踏飞燕。现藏于甘肃博物馆。其身高34.5厘米，身长45厘米，宽13厘米。“马踏飞燕”自出土以来一直被视为中国古代高超铸造业的象征，它是东汉艺术家的经典之作，是中国古代雕塑艺术的稀世之宝，在中国雕塑史上代表了东汉时期的最高艺术成就，也是中国青铜艺术的奇葩。

(5) 金缕玉衣。整件玉衣设计精巧，作工细致，是旷世难得的艺术瑰宝。现藏于河北省博物馆。1968年，这件金缕玉衣出土时，轰动了世界。

(6) 镶金兽首玛瑙杯。镶金兽首玛瑙杯是至今所见唐代唯一的一件俏色玉雕，也是玉器做工最精湛的一件。现藏于陕西省历史博物馆。此杯选用世界上极为罕见的红色玛瑙琢制，而兽嘴镶金的工艺处理，也是匠心独运，它金光闪闪，克服了兽嘴处材质色泽太深的不足，使兽头的造型之美更为突出。

(7) 曾侯乙编钟。曾侯乙编钟是由六十五件青铜编钟组成的庞大乐器，其音域跨五个半八度，十二个半音齐备。1978年在湖北随县（今随州市）出土，战国早期文物是中国首批禁止出国（境）展览的文物。现藏于湖北省博物馆。它高超的铸造技术和良好的音乐性能，改写了世界音乐史，被中外专家、学者称之为“稀世珍宝”。

(8) 鎏金舞马衔杯纹银壶。舞马衔杯纹银壶高18.5厘米，扁圆腹，莲瓣纹壶盖，弓形提梁，一条细链连接着壶盖与提梁。壶底与圈足相接处有“同心结”图案一周，系模仿皮囊上的皮条结。圈足内墨书“十三两半”，是壶的重量。壶腹两侧用模具冲压舞马图，马肥臀体健，长鬃披垂，颈系花结，绶带飘逸。现藏于陕西省历史博物馆。

(9)“大禹治水”大玉山。“大禹治水”的玉山用料产自新疆维吾尔自治区和田，为致密坚硬的青玉。现藏于北京故宫博物院。这件文物是中国玉器宝库中用料最宏，运路最长，花时最久，费用最昂，雕琢最精，器形最巨，气魄最大的玉雕工艺品，也是世界上最大的玉雕之一。

第二节　非物质类文化遗存

一、民间文学艺术

民间文学艺术是指民间对社会生活进行形象的概括而创作的文学艺术作品。中国是个多民族的国家，汉族是大民族，还有55个少数民族。各族人民在社会发展历史中都创造和传承着丰富多彩的民间文学艺术。它包括民间文学、民间曲艺、民间戏曲、民间美术、民间音乐、民间舞蹈等。

由于历史长、民族多，各自的文化背景不同，我国各民族的民间文学艺术形式千变万化，种类繁多，各民族、各地区都形成了各具不同特点、不同风格的艺术品种和形式。作品的题材十分广泛，内容极为丰富，全面、真实地反映了我国各民族发展的历史，反映了社会生活各方面的情况。

（一）民间歌谣

我国56个民族都有自己独特的民歌、民谣。歌谣数量之多、流传之广，并且随着时代的发展，其内容和形式不断翻新，层出不穷。代表性歌谣有《弹歌》《诗经》等民歌。

（二）民间谚语和谜语

我国的民间谚语虽然很短小，有时甚至只有一句话，但它表现的思想很深刻、完整。特点是通俗、简练、含蓄、生动、形象，哲理性强，寓意深，结构严密，音韵铿锵，顺口好记。因此，流传很广。

我国在古代就产生了谜语，《周易》中就记载了我国古代谜语。汉代在儿童和群众游戏中就有猜谜活动。到宋代，猜谜活动已成为群众性的传统游戏项目，在街头巷尾市场勾栏都有活动，并出现了专以谜语为业的艺人。明代以来，群众猜谜活动普及于全国各地。现代的猜谜活动更为活跃，并作为讽喻和宣传的武器发挥了一定的作用，字谜也曾作为群众识字活玩的辅助工具以增加学习的兴趣。

（三）民间故事

我国的民间故事历史悠久，在古代文献中记载了许多民间故事资料。汉代有专门的官吏搜集民间故事以观民风。历代作家都很重视收集民间故事，因此留下了大量的民间故事资料。据不完全统计，全国已收集到传统的民间故事近200万篇。代表性的如女娲补天、夸父逐日、神农尝百草、大禹治水、炎黄之战等。

（四）民间长诗

我国各民族都有自己的民间抒情长诗和民间叙事长事，长诗的片段常常在民间作为民歌流传，只有优秀的专业艺人和杰出的业余歌手才能完整地演唱长诗。演唱长诗的专门艺人，傣族称“赞哈”、哈萨克族称“阿肯”、柯尔克孜族称“玛纳斯奇”、藏族称“钟恳”等。代表性的如藏族的《格萨尔王传》、蒙古族的《江格尔》、柯尔克孜族的《玛纳斯》、纳西族的《游悲》、彝族的《我的幺表妹》、壮族的《为哥情重又回生》等。

（五）民间曲艺

我国的民间曲艺是一种说唱艺术，已流传一两千年，很受各族人民欢迎。全国各地的曲艺形式有340多种，分快板、快书类，弹词类，渔鼓道情类，大鼓类，琴书类，牌子曲类，时调小曲类，走唱类，评书类，相声类。其中快板快书、评话、相声以说为主，其他七类则以唱为主。

（六）民间戏曲

民间戏曲是我国独特的戏剧艺术，它综合了诗歌、音乐、舞蹈、曲艺、美术、杂技、武术以及表演动作和表情的多种艺术技巧，形成独特的表演形式和艺术风格，讲究唱、念、做、打，剧中人物分别由生、旦、净、末、丑等角色行当来扮演，动作程式化。经过一两千年的历史发展，涌现出的剧种约有350多个。

（七）民间音乐

我国民间音乐包括民间歌曲、民间器乐、民间舞蹈音乐、民间说唱音乐、民间戏曲音乐等五大类。由于我国地域广阔民族众多，它们在各民族和各地区，又形成了丰富多样，各具不同特点和不同风格的艺术品种和形式。

（八）民间舞蹈

我国各民族能歌善舞，民间舞蹈历史悠久，全国各民族民间舞蹈形式有近1000种，分为娱乐舞蹈、民俗舞蹈、宗教舞蹈、祭祀舞蹈、礼仪舞蹈、歌舞小戏等几大类。各民族的民间舞蹈都有鲜明的民族风格和浓郁的地方特色，流传于广大的乡村城市。代表性的如佤族舞蹈《跳木鼓》、景颇族舞蹈《跳木脑》、壮族舞蹈《铜鼓舞》等。

（九）民间美术

我国民间美术非常丰富，其中年画、木刻、版画、剪纸、泥塑、玩具、印花布、挑花刺绣、皮影、石雕、木雕、编织、陶器等，有悠久的历史和丰硕的成果。

二、地方习俗

地方习俗是指社会文化中长期形成的风尚、礼节、习惯及禁忌等。因其独特的地方特色与神奇魅力，能够满足旅游者猎奇、探知、体验、休闲等多种需求，地方习俗成为旅游资源中一个重要的基本类型，如饮食习俗、婚嫁习俗等。

（一）饮食习俗

我国地大物博，各地区自然条件、人文环境差异较大，形成了我国的五彩缤纷的地域食风。按照自然区域来划分，可分为：

（1）古朴粗犷的西北食风。西北一带的食风显得古朴、粗犷、自然、厚实。其主食是玉米与小麦并重，也吃其他杂粮。受气候环境和耕作习惯限制，食用青菜甚少，农家用膳常是饭碗大而菜碟小，一年四季有油泼辣子。

（2）庄重大方的华北食风。华北地区民风俭朴，饮食不尚奢华，讲求实惠；食风庄重、大方，素有“堂堂正正不走偏锋”的评语。这里的面食卓有创造，日本汉学家早有“世界面食在中国，中国面食在华北，华北面食在山西，山西面食在太原”的美誉。它不仅有抻面、刀削面、小刀面、拨鱼面“4大名面”，不仅有形神飞腾、吉祥和乐的像生“礼馍”；而且家庭主妇都有“三百六十天、餐餐面饭不重样”的本领。

（3）广博新异的中南食风。中南人的食性普遍偏杂，有“天上飞的除了飞机，水上游的除了轮船，地上站了除了板凳，什么都吃”的夸张说法。由于“花草蛇虫，皆为珍料，飞禽走兽，可成佳肴”，所以该区的居民几乎不忌嘴，烹调选料广博为全国所罕见。

（4）豪爽大度的东北食风。人们称它“北有粮仓，南有渔场，西有畜群，东有果园，”一年四季食不愁。因为气候严寒，居家饮膳重视火锅，“白肉火锅”“野意火锅”等颇有名气，在清宫盛极一时。

在不同地域的食风之中，许多地区和民族保留有独特的饮食习俗，代表性的有：

（1）蒙古族奶茶。蒙古族嗜茶，且视茶为“仙草灵丹”，过去一块砖茶可以换一头羊或一头牛，草原上有“以茶代羊”馈赠朋友的风俗习惯。蒙古族牧民日常饮用的奶茶，蒙古语叫“乌古台措”。这种奶茶是在煮好的红茶中，加人鲜奶制成。在蒙古族牧民家中做客，主人用茶碗斟上飘香的奶茶，放少许炒米，双手恭敬地捧起，由贵客长辈开始，每人各敬一碗、客人则用右手接碗。否则为不懂礼节。如果你少要茶或不想喝茶，可用碗边轻轻地碰一下勺子或壶嘴，主人就会明白你的用意。奶茶、炒米是蒙古族茶俗中的一大特色。

(2) 白族三道茶。白族饮茶有“酒盅要粗糙，茶盅要精巧”之说，说明白族重茶俗胜于重酒俗。当你做客跨进白族人家的大门，主人会热情地让你在火塘边就座。此时，主人一边与客人聊天，一边将熬茶的砂罐烤在火上，等砂锅预热后，放入少许茶叶，并不断地抖动，等茶叶渐渐变黄，发出清香对，冲入少许开水，这时只听“呲啦”一声，泡沫杂质从罐口溢出，这就是“雷响茶”。如果没有泡沫从罐口溢出，则称为“哑巴茶”“老婆婆茶”。这种茶是不能敬客的，要倒掉重烤。用“雷响茶”敬客，每一盅内只倒两三滴茶汁，兑适量的开水，使茶水呈琥珀色，清香扑鼻。在一般情况下，一罐茶敬给客人，只斟三杯。头道斟两盅，主客各一杯，其余两道茶客人独饮，“头苦、二甜、三回味”，其乐无穷。

有的地区，头道茶为苦茶，用质次的菜叶熬成；二道茶叫“核桃茶”，是将核桃切成薄片，加红糖烤茶，甘甜爽口；三道茶加蜂蜜和四粒花椒，用苦茶水冲制而成，叫‘蜂蜜茶”。这种茶道同样含有“头苦、二甜、三回味”的意义，饮之余味无穷。白族“三道茶”蕴涵着“先苦后甜”的人生哲理，过去是长辈出远门时施行的一种仪礼，后来变为待客的茶俗。

(3) 藏族人的糌粑。藏族人一日三餐都有糌粑。吃糌粑，是将青稞晒干炒熟、磨细、不过筛，制成炒面，碗里放上一些酥油，冲入茶水，加点炒面，用手不断搅匀。拌时，先用中指将炒面向碗底轻捣，以免茶水溢出碗外；然后转动着碗，并用手指紧贴碗边把炒面压入茶水中；待炒面、茶水和酥油拌匀，能用手捏成团，就是可以吃得糌粑了。

(二) 婚嫁习俗

我国各民族发展历史中形成了千姿百态的婚恋方式。以下对部分民族的婚嫁习俗进行介绍。

1. 布依族

布依族的男女青年婚前恋爱自由，各地未婚的男女青年都喜欢借助年庆节俗、赶集和集体聚会的时机，以三五人到七八人自由组合的方式，通过谈天说笑和唱歌对调，倾诉或表达彼此的感情。

当一个男子看上某一个姑娘时，按照传统，必须找第三者做伴，有的则由自己的姐嫂出面介绍。若女方有此意思，即可单独相约到幽静处进一步对唱山歌，表达情意，直到双方互赠信物，就表明他俩已盟誓终身了。

结婚时，新郎不迎亲，只请几个相好的男女青年代为相迎。结婚当天新婚夫妇不同房，次日即返娘家。

2. 白族

新娘娶回后要拜客，由新郎、新娘对家庭中的长辈一一敬拜。新娘出嫁要一路哭到男家。新娘的哭一般按白族妇女特有的哭腔进行，其声凄泣委婉哀怨感人，倾诉了父母养育之恩和兄弟姐妹间的难舍之情。新娘进入洞房要由新郎背着，并且吃放了辣椒面的交杯酒，吃辣椒面表示亲亲热热、白头到老的意思。

3. 苗族

苗族的婚恋讲究抢婚和咬手定情。现存的抢婚，事先已得到女方默契，由男方邀约伙伴“佯抢亲”，事后议定聘金举行婚礼；也有以象征性的抢婚作为婚礼仪式的，已是抢婚习俗的残余。咬手定情的含义从民谣中可以体会：伸手给哥咬个印，越咬越见妹情深，青山不老存痕迹，见那牙痕如见人。

三、传统服饰装饰

传统服饰装饰指具有地方和民族特色的衣饰。中国是一个多民族国家，绚丽多彩的民族服饰既相互渗透、相互影响，又自成体系，很多时候，单凭服饰便可判断其民族身份。代表性的如：

（1）蒙古族的蒙古袍和蒙古靴；

（2）藏族的氆氇和褚巴；

（3）维吾尔族的袷袢和“尕巴”（四楞小花帽）；

（4）彝族女子的百褶裙和男子的“英雄结”；

（5）满族的旗袍和坎肩；

（6）苗族的银饰；

（7）纳西族的“披星戴月”；

（8）傣族的筒裙等。

中华民族多姿多彩的服饰，品种之多、款式之奇、色彩之艳、花样之繁，无不让人惊叹，已成为引人入胜的旅游资源。

四、传统演艺

传统演艺是指民间各种传统表演方式，是创于民间并传承发展于民间的各种表演方式。因其地方特色、戏剧艺术、文化内涵等价值成为旅游资源。代表性的传统演艺如下所示：

（1）二人转。二人转史称小秧歌、双玩艺、蹦蹦，又称过口、双条边曲、风柳、春歌、半班戏、东北地方戏等。东北特色二人转主要来源于东北大秧歌和河北的莲花落，它植根于民间文化，属走唱类曲艺，流行于辽宁、吉林、黑龙江三省和内蒙古东部等地。

（2）麦西莱甫。维吾尔族是一个能歌善舞的民族，民间歌舞形式丰富多样，著名的麦西莱甫就是其中之一。麦西莱甫在维吾尔语中译为“歌舞晚会”，它是民间娱乐和风俗习惯相结合的一种娱乐形式，是维吾尔族人民在长期生活中留传下来的一种集体娱乐活动。它是进行道德品行教育，批评坏人坏事，在良好的艺术环境与和谐欢乐的气氛中培育一种具有集体组织原则的优良传统习俗。

（3）皮影戏。皮影戏是中国汉族民间的一门古老传统艺术，老北京人都叫它“驴皮影”。皮影不仅属于傀儡艺术，还是一种地道的工艺品。它是用驴、马、骡皮，经过选料、雕刻、上色、缝缀、涂漆等几道工序做成的。皮影制作考究，工艺精湛，表演起来生趣盎然，活灵活现。受到外在环境以及兽皮材料质地上的差异等种种因素影响，皮影戏偶造型风格各地不同。

（4）凤阳花鼓。凤阳花鼓又称“花鼓”“打花鼓”“花鼓小锣”“双条鼓”等，是一种集曲艺和歌舞为一体的民间表演艺术，但以曲艺形态的说唱表演最为重要和著名。主要分布于凤阳县燃灯、小溪河等乡镇一带。其曲艺形态的表演形式是由一人或二人自击小鼓和小锣伴奏，边舞边歌。

五、传统医药

传统医药是指当地传统留存的医药制品和治疗方式，一般指中医中药。中药按加工工艺分中药材和中成药。中药材指经加工炮制可直接供药房配剂及药厂制剂使用的半成品药。主要名贵中药材有：

(1) 人参——大补元气、固脱、生津、安神；

(2) 三七——散瘀止血、消肿定痛；

(3) 冬虫夏草——补虚损、益精气、止咳化痰；

(4) 鹿茸——壮元阳、益经血、强筋骨；

(5) 阿胶——滋阴养血、补肺润燥、止血安胎。

中成药是指经精加工可直接使用的成品药，它是医药学家根据各种验方、秘方确定的方剂配伍，制成的各种携带、服用方便的剂型的统称。它分丸、散、膏、丹、片、口服液、药酒等。著名的中成药有：

(1) 山西定坤丹——调经活血、平肝益肾、理气健脾、补血止血、镇痛强壮；

(2) 大活络丹——舒筋活络、祛风除湿；

(3) 漳州片仔癀——清热解毒、消炎消肿、止痛等；

(4) 安宫牛黄丸——解热、解毒、镇惊、避秽、除痰开窍，开窍镇惊安宫之作用；

(5) 山西龟龄集——延年益寿，强身健脑、固肾补气、增进食欲；

(6) 云南白药——活血、止血、止痛。

六、传统体育赛事

传统体育赛事是指当地定期举行的体育比赛活动，包括地方性体育健身比赛、竞技活动。该类型旅游资源既具有观赏性，又有很强的参与性，深受旅游者的追捧。

代表性的如蒙古族人民的那达慕大会，是蒙古族人民喜爱的一种传统体育活动形式。那达慕是蒙古语的译音，译为“娱乐”或“游戏”。每年农历六月初四开始，为期5天，是蒙古族人民的盛会，传统赛事活动有摔跤、赛马、射箭、马术表演等。

此外，还有我国众多少数民族的一些体育赛事活动，如赛龙舟、高脚竞速（俗称高脚马）、维吾尔族式摔跤、彝族式摔跤、藏族式摔跤、蹴球、抢花炮、打陀螺等。

——本章小结——

(1) 人类活动遗址。人类活动遗址是史前人类聚居、活动的场所。按照史前时期的界限划分，主要包括旧石器时代遗址、新石器时代遗址以及青铜时代遗址。

(2) 文化层。文化层是指史前人类活动留下来的痕迹、遗物和有机物所形成的堆积层。每一层次代表一定的时期，根据文化层的包含物和叠压关系，可以确定遗址各层的文化内涵和相对年代。

(3) 文物散落地。文物散落地是指在地面和表面松散地层中有丰富文物碎片的地方。文物有历史、艺术。

(4) 原始聚落遗址。原始聚落遗址包括史前人类居住的房舍、洞窟、地穴及公共建筑等。

(5) 废弃生产地。废弃生产地是指已经消失或废置的矿山、窑、冶炼场、工艺作坊等。多是历史上曾经兴盛。

(6) 废城与聚落遗迹。废城与聚落遗迹是指已经消失或废置的城镇、村落、屋舍等居住地建筑及设施。

思 考 题

10-1 物质类文化遗存包括哪些基本类型？请举例说明。

10-2 非物质类文化遗存包括哪些基本类型？请举例说明。

10-3 我国著名的可移动文物有什么？请试举十例。

第十一章　中国的旅游购品旅游资源

【学习目标】

通过本章学习：

(1) 了解旅游购品旅游资源的主要亚类型；

(2) 掌握旅游购品旅游资源各亚类的基本类型划分；

(3) 掌握各基本类型资源的含义、代表性资源及其分布状况。

【知识要点】

(1) 各基本类型旅游资源的含义；

(2) 各基本类型旅游资源的代表性资源及其分布。

【案例导读】

海南丰富的风物特产

由于无污染的生态环境、独特的气候环境、鲜明的民族文化等天然优势，使得海南岛孕育了极其丰富且特色鲜明的风物特产，受到广大旅游者的追捧。

珍珠。海南有许多珍珠养殖海水珠，专门出售珍珠的店铺也很多，比如京润珍珠。

黎锦。黎锦古称“吉贝”布，是黎族人采用木棉花蒴果内的棉手织出的一种特色花布，远在春秋时期久负盛名，也是中国最早的棉纺织品。黎锦包括筒裙、头巾、花带、包带、床单、被子（古称“崖州被”）等，有纺、织、染、绣等四大工艺，色彩一般是红、黄、黑、白几种，构成奇花异草、飞禽走兽和人物等图案。以精细、轻软、洁白、耐用为主要特征。

椰雕。用椰子壳雕刻而成，有可爱的椰雕娃娃、精致的钥匙扣、装茶叶用的，憨憨的椰雕猪，还有挂在墙上的椰雕画、其他形态的椰雕工艺品，数不胜数。

珊瑚盆景。珊瑚盆景是海中奇葩，产于热带海洋，人称“海石花”，是无数珊瑚虫（一种生活于热带海域里的腔肠动物）的遗骸集结而成的化石，在海中天然长成，奇形怪状、美妙绝伦。白者胜雪、红者如血、绿似翡翠、黄色类金。这些“海底奇花”再经过工匠们的加工，配上贝壳海柳和精致的底盘，便成为雅俗共赏的、各种各样的珊瑚盆景。

贝壳系列产品。多种多样的贝壳螺壳，形状奇特，色彩斑斓。其中虎斑贝、白玉贝、夜光贝、五爪螺、猪母螺、珍珠贝、贞洁螺、唐冠螺、七角贝、猪耳壳，以及可作烟灰缸的马蹄螺、渔民用作号角的大角螺等，都是惹人喜爱的天然工艺品。此外，用光滑油亮的海贝壳雕琢、镶嵌制成的各种画屏、器具、摆设等，具有色泽明丽自然，格调名贵雅致的特色。贝壳又被制成多种多样实用工艺品，如酒具、摆件、挂件、项链胸饰等，精美华贵不亚玉石。

贝雕。海南贝雕工艺在明代就有很高水平，并且逐渐和古老的椰雕工艺结合起来，形成独特的艺术风格。大凡精制的海南贝雕，都与椰雕拼合、镶嵌而成，或者用椰雕作座架。明丽的贝雕与古朴的椰雕对比强烈，夺人眼目。近年，以椰林风光、天涯海角、五公祠、马鞍岭火山口等海南名胜古迹为题制成的各种小件贝雕画，很受旅游者欢迎。

蝶翅画和其他动植物标本系列产品。蝶翅画指以蝴蝶翅膀为主要材料，利用其独特的花纹，采用特殊工艺拼贴成的油画、国画、水粉画效果的工艺画。该画纯手工制作，原料珍贵，是高档艺术品，有较高的观赏价值和收藏价值，曾被故宫博物院收存馆藏。目前海南制作的蝴蝶画有200多种规格和品种。海南森林覆盖率51.5%，蝴蝶资源丰富，共有500多种，尤以尖峰岭、吊罗山等山区为最。各种蝴蝶中，如金班凤蝶，透翅宽带凤蝶、箭纹丽蛱蝶、啄蝶、紫光蝶等属于国内罕见品种，那些数量大而又不在国家保护品种之列的蝴蝶资源，为海南蝶翅画的生产提供了得天独厚的条件。

随着改革开放的逐步深化和旅游业的不断发展，海南省的各种独特资源逐渐被旅游业充分开发利用，五彩缤纷的风物特产不仅给游客带来了无尽的欢乐和美好的回忆，而且为海南省的国民经济实现持续、快速、健康发展贡献了巨大力量。

第一节　农业产品

一、种植业产品及制品

(一) 粮食作物产品

以下分别介绍我国典型的粮食作物产品

1. 天津小站稻

天津小站地区所产粳米，米粒晶莹，饱满沉甸，胶质力强，香味浓郁，清湛油洁，蒸制米饭或煮粥黏度适中，口感极佳，色、香、味俱全。其营养价值高，易消化，健脾开胃，是稻谷中优质品种，也是历代作为京城贡米和达官贵人享用的珍稀香稻。

2. 湖州蒸谷米

湖州蒸谷米是浙江著名香稻。早在吴越时代（公元前500年），采用独特工艺加工蒸谷米在湖州地区盛行。其利用高温带壳蒸谷之后脱壳，使米的表层营养成分渗入米质内，米的胚芽不受破损，保存较高的营养价值。蒸谷米成品呈黄色，半透明状态，手感松爽，犹如抚摸珠宝一般。将蒸谷米下锅煮饭，色泽由黄变白，晶莹剔透，口感清香纯正，吃起来十分爽口。湖州蒸谷米曾经是“贡米”，至今畅销海外，是中国江南名稻米。

3. 洋县黑米

洋县黑米因产于陕西洋县而得名，属世界名贵的黑色稻。此种米色泽墨黑，药味淡醇，有“黑珍珠”的称谓，尤宜煮粥，易消化，是保健滋补食品。

4. “沁州黄”小米

“沁州黄”小米产于山西省沁县，因古代沁县属沁州而得名。这种小米色泽深黄，圆形颗粒，坚实饱满，是粟米中有名的营养食品。人们称赞沁州黄小米是“金珠子”，当地谚语有：“金珠子，金珠玉，金珠不换‘沁州黄’”的说法。

5. 东北大豆

大豆原产中华大地，我国素有“大豆祖国”之称。大豆种植广泛，主要分布在华北平原及东北平原。其中，东北大豆产量高，质量好，闻名于世界。

6. 中国苎麻

苎麻是中国独有的特产，是麻类纤维中品质最好的一种。它纤维细长，拉力强，光泽好，吸湿快，耐腐蚀，抗霉、散热和散水性能比一般纤维强。用苎麻制成的高级衣料，不仅外观朴素典雅大方，而且颜色艳丽，吸汗排汗，透气风凉，不皱缩，是夏季服装的理想面料，如湖南浏阳“夏布”洁白如雪，滑软如绸，明清时代已行销国外。中国苎麻集中产区有湖北、江西、湖南、四川、安徽、广东、福建。

（二）蔬果作物产品

蔬菜类制品主要有腌菜类、泡菜类、酱菜类和干菜类，腌菜中典型的有榨菜和冬菜。我国著名的涪陵榨菜和德国的甜酸甘蓝、欧洲的酸黄瓜并称世界三大腌菜。泡菜以四川泡菜和朝鲜族泡菜为主；酱菜以北京酱菜和扬州酱菜为主；干菜常见的有金针菜、食用山菌等。

水果类产品在我国分布十分广泛，目前世界各国绝大部分的果品在我国都能见到，且许多水果原产地就在中国。著名的有烟台苹果、锦州苹果、莱阳梨、鞍山南国梨、四川广柑、赣南脐橙、新疆葡萄、广东荔枝、福建龙眼、山东大枣、北京栗子等。

（三）茶酒制品

1. 茶

中国是茶树（茶叶）的原产地，又是最早发现茶叶功效、栽培茶树、制成茶叶的国家。我国的传统名茶有：

（1）绿茶。绿茶为不发酵茶叶，经高温杀青，保持鲜叶原有嫩绿。代表性的如西湖龙井、太湖碧螺春、黄山毛峰等。

（2）红茶。红茶出现于清朝，红茶是全发酵茶。代表性的如安徽祁红、云南滇红、福建的闽红等。

（3）乌龙茶。乌龙茶为半发酵茶，出现于清代。代表性的如武夷岩茶、铁观音、广东凤凰单枞、中国台湾地区的乌龙等。

（4）黄茶。黄茶采用杀青、闷黄方法而制的茶。代表性的如君山银针。

（5）白茶。白茶白色茸毛多，色白如银，加工仅仅经过萎凋、将鲜叶直接干燥，不揉捻，不发酵。著名产地有福建政和、福鼎等地。代表性的如白毫银针、白牡丹等。

2. 酒

中国是世界上最早的酿酒的国家之一，早在5000年前就已经开始酿酒。按照酿酒方法分类可分为蒸馏酒、发酵酒、配置酒；根据酒精含量分类可分为高度酒、中度酒、低度酒；根据酿酒工艺（商业习惯）分类可分为白酒、黄酒、葡萄酒、啤酒、配制酒等。

（1）白酒。白酒是指以各种含淀粉或者糖分的原料、辅料、酒曲、酒母、水等，经过糖化发酵后，用蒸馏法制成的高度酒。

一般白酒按酒香进行分类：

1）酱香型，以茅台酒为代表，也称茅香型，包括贵州茅台酒、四川古蔺酒、湖南常德武陵酒等。

2）窖香型，以泸州老窖、五粮液为代表，也称浓香型，包括泸州老窖、五粮液、古井贡酒、全兴大曲、剑南春、洋河大曲、双沟大曲、宋河粮液、沱牌曲酒等名酒。

3）清香型，以汾酒为代表，包括杏花村汾酒、黄鹤楼酒、宝丰酒、北京二锅头等。

4）米香型，以广西桂林三花酒为代表。

5）兼香型，兼有两种香型的酒，也叫复香型，如贵州遵义董酒、陕西西凤酒等。

（2）黄酒。黄酒是中国最古老的饮料酒，也是中国特有的酿造酒。黄酒一般以糯米为原料，也可用粳米、籼米、黍米和玉米为原料。酒精度一般为16°～18°，含糖、氨基酸等多种成分，具有相当高的热量，是营养价值很高的低度饮料。著名的如浙江绍兴的加饭酒、龙岩沉缸酒、元红酒、善酿酒、花雕酒等。

（3）葡萄酒。中国用葡萄酿酒的历史悠久，汉代西域地区就以酿葡萄酒驰名，唐代中国西北地区已经开始用葡萄蒸制葡萄酒，饮葡萄酒之风兴盛。中国最早的葡萄酒酿造企业是1892年华侨张弼士创建的山东烟台张裕葡萄酒厂。

（4）啤酒。啤酒是用大麦麦芽和啤酒花为主要原料，加上水、淀粉、酵母等，经过酵母发酵而制成的低度酒精饮品，含有二氧化碳。著名的有青岛啤酒、哈尔滨啤酒、雪花啤酒等。

（5）配置酒。配置酒是用白酒、黄酒、葡萄酒为酒基，再配合中药材、芳香原料、糖料等制成。如著名中草药配置药酒竹叶青酒、湖北园林青酒等。

二、林业产品与制品

中国森林树种名目繁多，丰富多彩，林业产品与制品十分丰富。其中包括林木产品、林副产品、林区农产品、苗木花卉、木制品、木工艺品、竹藤制品、艺术品、森林食品、林化工产品，以及与森林资源相关的产品。代表性的产品与制品有竹子、乌桕、油桐、漆树、杜仲、毛梾、油棕、椰子、油橄榄、巴旦杏、油楂果、香榧、油茶、山苍子、青檀、五倍子等。

（一）竹子

我国竹子的种类、竹材、竹制品产量均居世界榜首。我国大致分为三大竹区：（1）黄河—长江散生竹区，主要有刚竹、淡竹、金竹、水竹、桂竹、紫竹、毛竹、箭竹等；（2）长江—南岭散生竹与丛生竹混合区，这一地区除以毛竹林为主外，尚分布散生型刚竹、水竹，混合型苦竹、箬竹以及丛生型慈竹、料慈竹、梁山慈竹、硬头黄竹、凤凰竹等；（3）华南丛生竹区，是我国丛生竹林集中分布区，主要有撑篙竹、硬头黄竹、青皮竹、麻竹、车筒竹、绿竹、甜竹、大头典竹、粉单竹、茶杆竹等。

（二）乌桕

乌桕别名桕籽、蜡籽、木籽，属多年生木本油料树种。主要取其种子榨油，乌桕种子主要含有两种油脂，即青油（梓油）和皮油，均为重要化工原料，是有很高的经济价值。

青油是从乌桕种仁中榨取的液体油，属干性油，黄褐色，可制造高级喷漆，色泽光润鲜明，平滑易干爽，还可作为油墨、油漆工业的主要配料。

皮油是从乌桕的桕蜡中提取的固体油，皮油中含有14%甘油，而甘油是国防工业中重要的化工原料，从甘油中可制取硝化甘油和环氧树脂。皮油还是香料化妆品工业的重要原料，如制造雪花膏、香水、香皂之类，也可用于制造蜡纸。

（三）油茶

油茶是中国特有的木本油料经济林木。油茶树不仅产量高，而且全身是宝，有极高的经济价值。据测定，种仁含油率达37%~52%。茶油色泽清亮，味道纯正，是人们喜用的食用油。茶油是一种不干性的油类，耐贮藏，易运输，可制作人造奶油，点心糕饼。在工业上用途广泛，可制防锈油、润滑油、生发油、凡士林、肥皂等。油茶木材质地良好，可制作农具、家具等。

（四）毛梾

毛梾属山茱萸科落叶乔木。果实为圆球形核果，主要用于榨油，榨出的油质地良好，与豆油、花生油营养价值同样丰富。毛梾油属半干性油，含有人体所需的脂肪酸，可治疗高血脂、高血压、瘘症、肺结核，疗效显著。此外也可作工业用油，是机械、钟表机件润滑油和油漆原料。

（五）山苍子

山苍子俗称山鸡椒，是珍贵的芳香油料树种，其果实近于圆形，加工蒸馏后成为山苍子油。山苍子油用途广泛，主要用于香料工业如化妆品、香精等。此外山苍子油能制出维生素A，供医药卫生工业使用。山苍子油被称“保粮灵丹”“杀菌防虫能手”，用在粮库中能化解黄曲霉。山苍子叶油、花油经精炼后，可直接用于制作化妆品和香皂，也颇受欢迎。

山苍子果实提取山苍子油后，所剩果核再提炼出脂肪油类，是机械润滑油等化工原料。其他油糟粕可当作农田肥料或与其他饲料混合喂养家禽或生猪。山苍子的果实在中药中叫华澄茄，主治脾胃不和，能祛风利尿，消食化气，治霍乱腹痛。因该油有芳香气味能通鼻，防中暑，还是治血吸虫病的一剂良方。

（六）青檀

青檀是中国特有纤维树种，用其树皮造的宣纸享誉中外，是我国著名的经济林木。青檀树皮属韧皮纤维，纤维平均长2.30毫米，纤维匀整度好，其强度、韧性优于一般植物，用其造宣纸已有千年历史。

（七）杜仲

杜仲又名思仲、丝棉木、玉丝皮。杜仲树主要采皮供药用，其皮为名贵药材，列为上品。杜仲树皮剥下干燥后入药，久服可轻身耐老，药性温辛无毒，可强筋骨，补肝肾，降血压，是预防流产安胎的良药。

杜仲全树除木质部分，其树皮、叶、花、果实（包括种子）全部含杜仲胶。杜仲胶属一种硬度胶，有高度黏着性与绝缘性，耐强酸、强碱，拒腐蚀。可制作冶金、玻璃、木材、皮革的黏合剂；又可用于各种通讯、电讯器材的绝缘材料，是海底电缆、电话、电信被覆线的重要原材料；还用于化学器皿与各类模型等抗强酸、强碱的工艺设备上，补牙时也会用到杜仲胶这种新型橡胶材料。

（八）桐油

桐油是中国特产，是从油桐树树籽中榨的油。桐油是优良的涂料，有光泽，防锈、抗冷、抗热，耐酸、耐碱等特性，是油漆、印刷、国防、机械、电器、化学、医药、造船等多种工业不可缺少的原料或涂料。

（九）生漆

生漆原产地是中国，故名中国漆。它是由漆树上割取的天然漆汁，具有耐高温、耐潮湿、耐腐蚀、光洁度高的特性，是无毒优质美观的涂料，号称“涂料之王”。其广泛应用于国防、化工、石油、纺织、印染、建筑行业。中国生漆产量占世界80%，出口量占世界40%以上。人们形容中国漆为“好漆如油，照见美人头，摇起琥珀色，提起钓鱼钩”，意思是说上好的油漆静置时，漆皮光亮，可照出人头来，晃动之后，泛起琥珀色，扯出漆条，断后又马上缩回，如同钩状，黏稠有弹性。

（十）白蜡

白蜡是提取寄生于女贞树上的一种白蜡虫分泌的蜡汁，并通过加工熬炼出来的。白蜡能防腐，防潮，具有光泽，是尖端科学、国防工业、精密机械、纺织印染生产中不可缺少的原料，在医药领域中应用更为普遍。白蜡是中国著名特产，是传统出口物资，主要产地在四川、云南、湖北，其中四川产量占90%，尤以峨眉县蜡树资源丰富，素有“蜡山”“蜡海”美称。峨眉白蜡以“米心”白蜡为上品，其表面有结皮状皱纹，断面呈细小的米粒（柱状）结晶，其次是“马牙”白蜡，表面光滑，断面呈马牙状结晶。另外，云南昭通、湖南芷江也产白蜡。

（十一）五倍子

五倍子是倍蚜类的蚜虫寄生于盐肤木（或叫五倍子树）上形成的虫瘿。利用五倍子为原料提取出的单宁酸、药用鞣酸、没食子酸，可在医药上作为强收敛剂，主治泻痢、五痔、下血、脱肛、风湿痛。此外还可治疗由霉菌引起的皮癣、烫伤，还有避孕的效用。五倍子根、叶、果实均可入药。除药用外，五倍子经加工提炼后，通称“栲胶”，广泛用于染料、化工、冶金、石油、国防、制革、医药、摄影多种工业用途。

三、畜牧业产品与制品

我国畜牧业历史久远，早在4000年前尧舜禹时代，牛、马、羊、猪、狗、鸡六畜齐备，目前畜禽品种之多为世界之冠。有许多是驰名中外的优良品种，如新疆伊犁马、青海浩门马、甘肃河曲马、内蒙古三河马、三河牛、秦川牛、德昌水牛、青藏牦牛、新疆毛驴、内蒙古骆驼、宁夏滩羊、内蒙古肥尾羊等。

（一）新疆“天马”

新疆“天马”俗称伊犁马，原产于西域乌孙地区。汉武帝于2000年前发现此马是良驹，定名为“天马”，后经多年培育改良，成为新疆伊犁哈萨克自治州盛产的伊犁马。

伊犁马体格雄健魁梧，外貌俊美，毛色亮泽，头部秀丽，胸深腰细，体格匀称，是乘挽兼用的优良品种。该马性情温和，耕役拉力大，耐力强；善走善骑，步履矫健轻盈，动作敏捷，疾跑如飞；适应高原群牧和饲养，对严寒与酷暑均有适应力，适合西北“早穿皮袄午穿纱”的大陆干旱型气候；繁殖能力强，遗传基因稳定，易传宗接代。伊犁马肉瘦奶香，马肉中脂肪含量少，常吃能减少心脏病发病率，治疗高血压、高血脂，是良好的保健肉食品，马奶营养丰富，可助消化，对肠胃病有一定疗效。伊犁马名扬中外，出口到中亚、美洲和东欧各国。

（二）青海“龙驹”

青海“龙驹”，又叫青海骢，或浩门马。青海“龙驹”得名于传说，相传在古代，原产于青海湖海心山上的马，与苍天降下的龙马匹配，产出龙驹繁衍而来。

青海“龙驹”可作驿马使用。“龙驹”行走，不同一般牛、马、驴、骆驼四脚畜类的交叉步伐，而是对侧步，即左边前后两腿与右边前后两腿，分别同时起步，人们骑在马鞍上，鞍口平稳，无前仰后颠之苦，登鞍之后迅速奔飞，恰似神马龙驹。

（三）河曲马

河曲马因原产于甘肃、青海、四川三省接壤的黄河河曲一带而得名。河曲马与中国古代黄河流域的文明紧相连，早在春秋时代，河曲马已是秦国的良种马，迄至唐、宋时期，河曲马被赞为“神骏”。

河曲马体型粗壮高大，胸廓宽广，关节有力，四肢强健，毛色以黑毛、骝毛多，栗褐色次之，其他杂色较少。河曲马挽拉力和持久力强，是一种以挽为主，挽乘兼用的良马。其抗病能力强，适应地域广泛，在我国北方广大农村用作耕役和大车畜力。

（四）牦牛

牦牛产于世界屋脊——青藏高原，是世界上高寒地区的牛种。我国牦牛产量居世界第一，占全世界总产量的85%以上。

牦牛生于高寒地区，四肢短小，体态雄壮，腹部、臀部长有30~40厘米的长毛，用以御寒。其尾特异，犹如马尾巴，因脚掌上有一块天生的坚韧软骨当“脚垫”，故在崎岖坎坷山路行走如履平川，成为藏民主要的交通工具，被誉为“高原之舟”。牦牛心肺强健，红细胞和血红素多于一般牛类，适应高原缺氧的生态环境。牦牛因有厚密的“天然毛衣”御寒，因此在爬冰川卧雪地时无所畏惧。牦牛经济价值高，是役、乳、肉、皮、毛兼用的家畜。

牦牛肉营养丰富，蛋白质高，脂肪少，瘦肉多，含骨少，净肉率达40%。每头母牦牛体重200公斤，公牦牛重达250~300公斤，屠宰后净肉率相当可观。肉质纤维虽粗，但肉质鲜美，强于黄牛肉。牦牛奶高蛋白，低脂肪，味道纯正无污染，其含热量与含脂量均高于世界名种荷兰奶牛。

牦牛皮、毛、绒是毛纺织工业与皮革工业的高级原料，是制作高级呢绒、毛毯、毛衣的优质毛料，其毛制品已进入国内外高级商场，牦牛毛衫、大衣成为市场抢手货。牦牛的骨、角、蹄可制成饲料、肥料，其内脏可制药品。

（五）宁夏滩羊羔皮

宁夏滩羊羔皮，是中国传统出口优质裘皮。滩羊皮产于宁夏贺兰、平罗、盐池、吴忠、同心等县，是取自滩羊幼小羔羊之皮加工制成。这种羔皮毛穗有九道弯，呈波浪形纹，毛穗自然下垂达七一九厘米，柔软洁白，保暖、结实、轻便，美观大方。用中国锦缎和滩羊羔皮制作的妇女中式小皮袄，是中外妇女高贵华丽的冬季服装。

四、水产品与制品

中国江河湖海水域辽阔，鱼、虾、蟹、螺水生动物及水生植物资源丰富。海洋鱼类有1500多种，淡水鱼类有800多种，经济鱼类上百种，其中不少是珍稀水产品。海产中大黄鱼、小黄鱼、带鱼、鲐鱼、对虾、扇贝、海参、海带、紫菜，经济价值均很高；淡水养殖的青、草、鲢、鳙四大鱼类为城乡人民主要食品鱼。其他名贵水产品畅销国际市场，闻名遐迩，如湖北武昌鱼、黑龙江大马哈鱼、镇江鲥鱼、瓯江凤尾鱼、太湖银鱼、台湾吴郭鱼、粤、闽石斑鱼、渤海大对虾、潮汕大龙虾、阳澄湖大闸蟹、营口文蛤、广东福寿螺等。

（一）武昌鱼

武昌鱼属淡水鱼类，又名团头鲂或团头鳊。武昌鱼肉质细嫩，鲜美可口，主要产自湖北“千湖”之地，以汉江平原津湖、牛湖产量多，因集于武昌出售故名武昌鱼。

（二）太湖银鱼

太湖银鱼是中国水产中的珍品，是享誉中外的中国特产鱼。银鱼体长细，身略圆，光滑无鳞，呈半透明状，肉细腻，味鲜美，营养丰富。富含多种维生素以及钙、磷、铁等多种矿物质，是老少咸宜的保健食品鱼。

太湖银鱼寿命短，只有一年，繁殖力较强。产卵方式饶有情趣，俗称“破浪生”。银鱼每到春季1~2月游至有薄冰或湖岸浅水乱石边，来回游弋，直到碰破肚皮排出卵子为止，这就是破浪生卵。繁衍的子孙后代形成新鱼群，雌亲鱼生完儿女即告死亡，死后“银装素裹”，所以叫银鱼。

（三）同安文昌鱼

文昌鱼是世界上稀有鱼种。它背部有一条“脊索”，是无脊椎动物向脊椎动物过渡的活标本，是生物科学上研究脊椎动物进化的活化石，为世界生物学家所瞩目。

我国同安文昌鱼全身无鳞，外形似小鱼，呈粉红色半透明体，两端尖细，体长只有50毫米。在水中常扭动身躯，白天怕光潜到海底一寸多深的沙中，晚上才游到水面觅食，有“沙中之鱼”之称。文昌鱼除在科学研究中有重要价值外，其味道鲜美，是营养丰富的海珍品，用油焙干后行销东南亚国家。

（四）鲥鱼

鲥鱼属鲱鱼科，是一种溯河性洄游鱼类，俗称“混江龙”。鲥鱼平时在太平洋栖息生长，每年春季5~6月间，游入长江中下游产卵，由于季节性强，被称为鲥鱼。

鲥鱼体态扁长，肉质细嫩鲜美，其鳞片白如银，鳞下有丰富脂肪，故人们清蒸鲥鱼时，不能清除鱼鳞。鲥鱼腹部鳞锋利如刃，在江中游速快，其他鱼怕碰上“一刀”纷纷远逃，“混江龙”由此得名。

我国长江中下游主要河系如富春江、清水江、钱塘江、新安江交叉口处，饵料丰富，虫藻集聚，适宜鲥鱼生长。富阳鲥鱼、镇江鲥鱼、芜湖鲥鱼鱼体丰肥，肉质嫩美，香醇可口。鲥鱼历代进贡皇家为御膳所用，或作为珍稀佳肴在达官富绅宴请贵客时享用。

（五）大马哈鱼

大马哈鱼属黑龙江与乌苏里江所产的一种季节性鲑鱼，属海洋回归性鱼类。其体重一般五公斤，大个的马哈鱼能有15公斤，故人们称之为大马哈鱼。

大马哈鱼个体肥大，呈淡红色，味道鲜美，肉质坚实，可以盐渍、晒干、熏制，运销国内外。大马哈鱼鱼籽极为珍贵，含丰富蛋白质，卵油味道香醇可口，可制作鱼子酱和罐头，成为欧洲市场的紧俏商品。

大马哈鱼肝脏可提炼鱼肝油；胰腺制成供药用的胰岛素；胃腺又可制取胃蛋白酶；雄

性鱼精巢制作鱼精蛋白；鱼鳞还能提炼出鱼鳞胶；鱼皮经加工可鞣制出高级鱼皮革料，可制作高级皮包、皮夹、皮鞋以及手提箱等。

(六) 中国对虾

中国对虾是中国渤海和黄海浅海海底盛产的大虾，个体肥大，市场上常配对出售，俗称对虾。对虾属白系大虾中优良品种，食性广，生长迅速。

中国对虾与墨西哥粽虾、圭亚那白虾被称为世界“三大名虾”。墨西哥粽虾以色泽红亮而驰名；圭亚那白虾以味甜鲜嫩著称，而中国对虾兼有二者之长，不仅白里透红色，壳薄肉肥厚，并且肉质鲜美、脆甜，十分细嫩，富有弹性。山东沿海烟台一带对虾产量占全国产量2/3，此外渤海湾沿岸、天津附近也盛产对虾。

(七) 阳澄湖大闸蟹

江苏省昆山附近的阳澄湖湖水清澈，水底水草丰美，周围芦荡密布，生长一种大闸蟹，金爪、黄毛、青被、白肚皮，螯爪刚健有力，在浅水中爬行，是海鲜市场上的昂贵产品。

五、养殖业产品与制品

中国畜禽产品加工制品在世界市场上久负盛名，如垄断世界市场的猪鬃，名噪欧洲、美洲的猪肠衣、山东兔毛等也颇受国际市场青睐。近年中国鸭绒、羽绒制品如羽绒大衣、被子、睡袋、滑雪衣也纷纷走出国门，畅销世界各地。代表性的养殖产品如荣昌猪、内江猪、金华猪、北京鸭、武山乌骨鸡等。制品主要有腌腊制品和灌制品，腌腊制品中著名的有金华火腿、宣威云腿、如皋火腿、浙苏咸肉、川湘腊肉等；灌制品如广东腊肠、山东灌肠、哈尔滨红肠等较为著名。此外，还有江苏高邮的松花蛋、咸蛋，四川宜宾的糟蛋等蛋制品较为著名。

(一) 北京鸭

北京鸭羽毛全白，又叫白鸭，是肉质鲜美的良种鸭，也是北京地方风味“北京烤鸭”的专用鸭。北京鸭随着北京烤鸭店遍布世界而闻名中外，风靡全球。

(二) 乌骨鸡

乌骨鸡是名贵的观赏和药用鸡，主要产于江西省泰和县武山，又叫武山乌骨鸡。据泰和县志记载，清朝乾隆皇帝将这种鸡命名为武山乌骨鸡，并列为贡品。乌骨鸡体内含有黑色素与激素及丰富的氨基酸，其药用价值与独特的营养功能为世人瞩目。主要功能有三：一是滋补强壮身体，对于气血两亏症有明显疗效；二是治妇女月经不调、产后虚弱、习惯性流产、血崩；三是治疗心脏病、胃溃疡、肺结核、神经衰弱、失眠症等。

(三) 猪鬃

中国养猪业发达，有153个品种，产量居世界第一位。我国人民以猪肉为主要肉食来源，故屠宰量大，猪鬃的来源充足。

猪鬃是中国历史悠久的传统出口商品，占世界猪鬃贸易量80%左右，在国际市场上享有盛誉。中国所产猪鬃毛质优良，并分黑、白、黄、花四种类别花色。湖北猪鬃叫汉鬃，品种齐全，耐磨耐热，色泽光洁，软硬适当，富有弹性，吸附力强。

(四) 猪肠衣

猪肠衣是我国重要传统出口商品，占世界市场60%左右，分白色、乳白色、淡红色几种。猪肠衣比人造肠衣物美价廉，质量好，是欧美食品工业肠类加工的必备品。

（五）兔毛

兔毛是优质天然的动物纤维，是高级毛绒的纺织原料，能适应当代服装“轻薄、柔软、美观、高档化”的发展趋向。我国是世界上兔毛的主要供应国，出口量占世界总出口量的90%以上，其中一半销往日本，日本是世界兔毛消费最多的国家。

第二节　工业产品

一、日用工业品

日用工业品是指具有跨地区声望的当地生产的日用工业品。包括旅游者在旅游活动中购买的具有实用价值的小商品，可以分为以下四类。

（一）游览用品

照相机、胶卷、录音机、录像机、闪光灯、曝光表、电池等。

（二）携带用品

（1）旅行包、旅行箱、手提包、背包、钱包、食品包等；

（2）旅行闹钟、茶杯、水果刀、旅行剪刀、食品袋、食品盒、针线盒、雨伞等。

（三）旅居用品

洗漱用品、化妆用品、护肤用品、旅用杂品、文化用品、娱乐用品等。

（四）轻工产品

玻璃搪瓷制品、日用陶瓷制品、毛皮革制品、日用五金制品等。

二、旅游装备产品

旅游装备产品是指为参加户外旅游时需要配备的一些设备和物品。按照内容分类大致包括以下内容。

（一）背包类

（1）大背包（短途露营或者长途旅行的必备，以背着舒适且能承重为佳，45~80升不等）；

（2）小背包（短途旅行或长途备用，有一定的背负，15~30升不等）；

（3）腰包或挎包（长途出行时放随身小东西用，最好是可放水壶的那种）；

（4）摄影包（根据个人需要，斜挎的比较方便取用镜头）。

（二）野营类

（1）睡袋（长途宜带体积小的羽绒睡袋，节省空间，还有就是根据季节的需要带）；

（2）睡袋内胆（若长途旅行不露营，带防脏抓绒或棉睡袋内胆即可）；

（3）帐篷（若需普通露营，带防水抗风帐篷即可；若长途远行建议带体积小的轻便帐篷）；

（4）帐篷地席（保护帐篷底面免受磨损）；

（5）防潮垫（普通防潮垫可供人坐躺，充气垫使人更加舒适）；

(6) 铝膜地席（携带轻巧方便，必要时可以作为摄影的反光板）。

(三) 炊具类

(1) 炉头；

(2) 气罐；

(3) 套锅；

(4) 小钢杯；

(5) 烧烤炉。

(四) 照明类

(1) 头灯；

(2) 手电；

(3) 营灯；

(4) 荧光棒；

(5) 防风打火机；

(6) 防水火柴。

(五) 服装类

(1) 冲锋衣裤（户外活动必备，防风、防水、透气、耐磨）；

(2) 抓绒衣（含 WINDSTOPPER，主要是防风、保暖）；

(3) 排汗内衣（户外运动后保持身体干燥）；

(4) 快干衣裤（夏天出行的必备，裤管、袖管最好是可以脱卸的）；

(5) 羽绒衣裤（冬天出行或者去高原地带的保暖必备）；

(6) 其他个人衣物。

(六) 鞋袜类

(1) 徒步登山鞋（适应性强、耐磨、防水、最好是中高帮的，可保护脚踝）；

(2) 轻便运动休闲鞋（适合一般的郊游活动，或开车时穿）；

(3) 运动凉鞋（可当拖鞋穿，夏天徒步也可直接穿）；

(4) 排汗袜子（最好是 COOLMAX 料的，配合 GORE—TEX 鞋穿，可排脚汗，冬天可防冻伤）；

(5) 普通运动袜（棉的、穿着舒服就行）；

(6) 雪套（在雪地或者泥泞路段很管用）。

(七) 帽子、手套、眼镜类

(1) 遮阳帽（圆边的、棒球帽式的、随便喜好，能挡太阳就行）；

(2) 抓绒帽（主要是保暖）；

(3) 薄手套（主要为了活动方便，比如可以拍照等用处）；

(4) 厚手套（主要是保暖的功效）；

(5) 眼镜（运动型的更好一点，主要功能是遮阳，也可以用来摆酷）。

(八) 水具类

(1) 户外水壶；

(2) 军用水壶；

（3）水袋；
（4）保温水壶；
（5）净水器；
（6）净水药片。
（九）通讯类
（1）手机；
（2）对讲机；
（3）GPS；
（4）求生哨。
（十）其他杂类
（1）登山帐；
（2）洗漱包；
（3）个人卫生（牙刷、肥皂等）；
（4）背包雨罩；
（5）背包捆扎带；
（6）地图；
（7）小快挂；
（8）指南针；
（9）军刀；
（10）户外手表；
（11）头巾；
（12）防水袋；
（13）证件袋；
（14）小型望远镜；
（15）针线包；
（16）笔记本；
（17）备用电池及充电器；
（18）充气枕。

第三节　手工工艺品

手工工艺品是指具有跨地区声望的当地生产的传统手工产品与工艺品。手工工艺品主要包括：文房用品、织品、染织、家具、陶瓷、金石雕刻、雕刻作品、金石器、纸艺与灯艺、画作等。

一、文房用品

文房用品是指中国独有的文书工具，即笔、墨、纸、砚。人们通常把它们称为“文房四宝”，大致是说它们是文人书房中必备的四件宝贝。自宋朝以来“文房四宝”则特指湖笔（浙江省湖州）、徽墨（安徽省徽州）、宣纸（安徽省宣州）、端砚（广东省肇庆，古称端州）。

1. 湖笔——浙江湖州

湖笔，亦称湖颖，是“文房四宝”之一，被誉为“笔中之冠”。湖笔现发展有羊毫、兼毫、紫毫、狼毫四大类、近三百个品种。

湖笔主要特点是“三义四德”。“三义”指精、纯、美。“精”指制作工序一丝不苟；“纯”指选料严格细腻；“美”指形、色及配合的毛杆、刻书、装潢等高度统一。“四德”指“齐、锐、圆、健”。“齐”指笔头饱满浓厚，吐墨均匀；“锐”是笔锋锐尖不开叉，利于钩捺；“圆”指圆转如意挥扫自如；“健”指健劲耐用，不脱散败，有弹力而显书者笔力。

2. 徽墨——安徽歙县、休宁县等地

徽墨，即徽州墨，因产于古徽州府而得名，是我国制墨技艺中的珍品，也是闻名中外的“文房四宝”之一。徽墨是以松烟、桐油烟、漆烟、胶为主要原料制作而成的一种主要供传统书法、绘画使用的特种颜料，经点烟、和料、压磨、晾干、挫边、描金、装盒等工序精制而成。成品具有色泽黑润、坚而有光、入纸不晕、舔笔不胶、经久不褪、馨香浓郁、防蛀等特点。

3. 宣纸——安徽宣城

宣纸因原产于宣州府（今安徽宣城）而得名，现主要产于安徽泾县，是中国古代用于书写和绘画的纸。宣纸起于唐代，历代相沿，到宋代时期，徽州、池州、宣州等地的造纸业逐渐转移集中于泾县。当时这些地区均属宣州府管辖，所以这里生产的纸被称为“宣纸”，也有人称泾县纸。由于宣纸易于保存，经久不脆，不会褪色，故有“纸寿千年”之誉。

4. 端砚——广东肇庆

端砚石出产在肇庆市东部的烂柯山和肇庆市七星岩北面（西起小湘峡，东到鼎湖山）的北岭山一带，尤以老坑、麻子坑和宋坑三地之砚石为最佳。此地古称端州府，故名。

端砚以石质坚实、润滑、细腻、娇嫩而驰名于世，用端砚研墨不滞，发墨快，研出之墨汁细滑，书写流畅不损毫，字迹颜色经久不变，好的端砚，无论是酷暑，或是严冬，用手按其砚心，砚心湛蓝墨绿，水气久久不干，古人有“哈气研墨”之说。

二、织品、染织

织品、染织主要包括织锦、刺绣、缂丝三大类。

（一）织锦

织锦是指中国古代传统的用彩色经纬丝提花织成各种图案花纹的熟丝织品。云锦、蜀锦、宋锦并誉为三大名锦。

1. 云锦

云锦因锦纹如云而得名，产于江苏南京，始织于南朝，明清尤盛。特点是使用大量金线装饰，织品明丽辉煌、光彩夺目。2009 年 9 月 28 日联合国教科文组织保护非物质文化遗产政府间委员会第四次会议上，云锦作为中国蚕桑丝织技艺入选世界非物质文化遗产。

2. 蜀锦

蜀锦产于四川成都，因四川简称蜀而得其名。蜀锦起源于战国时期，在汉代就很发达，宋元时期成为著名品种，距今已有2000余年的历史。特点是质地坚韧，五彩缤纷，富有独特地方风格和构图。蜀锦因其历史悠久、工艺独特，列入中国三大名锦。2009年9月28日联合国教科文组织保护非物质文化遗产政府间委员会第四次会议上，蜀锦作为中国蚕桑丝织技艺入选世界非物质文化遗产。

3. 宋锦

宋锦是中国传统的丝制工艺品之一。相传始织于宋代而得其名，产于江苏苏州，又名重锦——其经线分为面经和地经两重，产品分大锦、小锦、彩带等数种。宋锦色泽华丽，图案精致，被赋予中国“锦绣之冠”。2009年9月28日联合国教科文组织保护非物质文化遗产政府间委员会第四次会议上，宋锦作为中国蚕桑丝织技艺入选世界非物质文化遗产。

（二）刺绣

1. 苏绣

苏绣产于江苏苏州、南通一带。代表作有：双面绣《猫》，它是在顾绣的基础上发展而来的。特点：山水能分远近之趣；楼阁具现深邃之体；人物能有瞻眺生动之情；花鸟能报绰约亲昵之态。苏绣的仿画绣、写真绣其逼真的艺术效果是名满天下的，因此人们在评价苏绣时往往以“平、齐、细、密、匀、顺、和、光”八个字概括之。

2. 湘绣

湘绣产于湖南长沙一带。代表作有：《狮虎》。特点是用丝绒线（无拈绒线）绣花，其实是将绒丝在溶液中进行处理，防止起毛，这种绣品当地称作“羊毛细绣”。湘绣也多以国画为题材，形态生动逼真，风格豪放，曾有“绣花花生香，绣鸟能听声，绣虎能奔跑，绣人能传神”的美誉。

3. 粤绣

粤绣产于广东省。代表作有：《百鸟朝凤》。相传最初创始于少数民族——黎族，先前绣工大多是广州和潮州男子，为世所罕见。主要有衣饰、挂屏、褡裢、屏心、团扇、扇套等绣品。在艺术上，粤绣构图繁密热闹，色彩富丽夺目，施针简约，绣线较粗且松，针脚长短参差，针纹重叠微凸。

4. 蜀绣

蜀绣产于四川成都。代表作有：《熊猫》《芙蓉鲤鱼》。蜀绣的纯观赏品相对较少，以日用品居多，取材多数是花鸟虫鱼、民间吉语和传统纹饰等，颇具喜庆色彩，绣制在被面、枕套、衣、鞋及画屏。蜀绣用针工整、平齐光亮、丝路清晰、不加代笔，花纹边缘如同刀切一般过于齐整，色彩鲜丽。

（三）缂丝

缂丝，也称克丝、刻丝，是采用通经断纬织出花纹的丝织品，主要产于江苏苏州一带。

缂丝是中国丝绸艺术品中的精华，是我国传统的丝织工艺品之一。这是一种挑经显纬显现花纹，形成花纹边界，具有犹如雕琢镂刻的效果，且富双面立体感的丝织工艺品。缂丝的编织方法不同于刺绣和织锦。它采用“通经断纬”的织法，而一般锦的织法皆为通经通纬法，即纬线穿通织物的整个幅面。2009年9月28日联合国教科文组织保护非物质文化遗产政府间委员会第四次会议上，缂丝作为中国蚕桑丝织技艺入选世界非物质文化遗产。

三、家具

本书中家具主要是指中国传统家具，是在生活、工作或社会实践中供人们坐、卧或支承与贮存物品的一类器具，泛指具有中国古典风格的家具种类。其中包括旧式家具和仿古家具、民间家具和宫廷家具、软木家具和硬木家具、漆木家具和雕刻家具。家具主要可分为三大流派：广作、京作、苏作。

中国传统家具历史悠久，到了明清时期达到顶峰，在等级森严，尊卑明显的古代社会，人们的日常生活、言谈举止以及各种习俗文化都深深地烙上封建等级的痕迹，不论是绘画、陶器、诗歌以及家具都深受封建文化的影响，家具作为日常生活中的工具，反映了每个时代人们的起居方式和文化。

中国传统红木家具的设计理念以“尊严”为本，在家具的设计上，通常以显示人的尊严为主，而不是以人为本，由明清时期的家具就可以看得出来，比如清朝的宝座，椅面设计宽大，类似一张婴儿床，宝座的靠背和扶手分别垂直于椅面，上面雕刻繁复精美，这和清朝追求奢华之风是分不开的。人们喜欢用一些镶嵌、彩绘、镂空等技法来显示皇室的帝王之气，皇帝坐在上面威慑朝野，官员无不俯首朝拜，从而显示了皇帝一统天下，至高无上的权威。家具在古代首先是一种身份、尊严和权势的代表。

在家具的制作工艺上，中国传统家具尽量保持木质的原色，一般是榫卯结构，没有一枚铁钉，而且尽量不使用胶。这样制造出来的家具木质天然，清新秀丽，结构精巧，历经百年而不变形。

中国古典家具发展到明清时期，达到鼎盛，种类已经齐全，根据家具使用功能，大致可以分为椅凳类、桌案类、床榻类、柜架类、其他类等。

（1）桌案类：方桌、炕桌、香几、炕几、炕案、案桌（如书案、画案）、酒桌。

（2）椅凳类：宝座、交椅、圈椅、官帽椅、玫瑰椅、靠背椅、长凳、圆凳、马扎、绣墩。

（3）床榻类：榻、罗汉床、架子床和拔步床。

（4）柜橱类：亮格柜、圆角柜、方角柜、闷橱。

（5）架具类：架格、镜架、镜台、衣架、面盆架、灯台。

（6）其他类：如屏风、衣箱、印匣、药箱、枕凳、滚凳、甘蔗床等。

四、陶瓷

（一）陶器

陶器是指用陶土为原料，经过配料、成型干燥、烧制而成的器物总称。陶器一般有质地不纯、不透明、吸水性较高及烧成温度较低的特征。陶器多数不上釉，但也有施釉（主要为含铅量较高的低温釉）的陶器。由于黏土所含杂质及成分的不同以及烧成温度、烧制方法的差异，陶胎坯体呈红、灰、黑、青、白、褐、棕等颜色。中国主要陶器产地有江苏宜兴、广东石湾、安徽界首、山东淄博、湖南铜官、云南建水、甘肃天水、河北唐山。

（二）瓷器

瓷器是指以高岭土、长石和石英为原料，经混合、制坯、加工成形，干烧制而成的一种制品。古代又称窑器。瓷器可上釉或不上釉，具有坯体洁白，质地坚硬细密，表面光洁，断面具不吸水性，较薄者呈半透明，敲击时音响清澈等特点。瓷器可分为硬瓷和软瓷两大类。硬瓷是指胎釉中含高岭土量较多，长石及其熔剂含量较少，高温黏度大，产品不易变形、吸水率低，瓷及釉面硬度高的一类瓷器，传统的中国瓷器即属此类；软瓷是指由于胎中含熔块成分多，烧成温度较低，产品极易变殂，硬度和强度都较差的一类瓷器。软瓷是16~17世纪在欧洲发展起来的。中国六大瓷器产地是：江西景德镇、湖南醴陵、福建德化、浙江龙泉、山东淄博、河北唐山。

以下介绍中国主要陶瓷的工艺制品和艺术品：

（1）宜兴紫砂器。宜兴紫砂器创始于宋代，在明清时开始被大力发展。

（2）洛阳仿唐三彩。唐三彩为唐代釉陶，是一种低温铅釉的彩釉陶器，盛行于初唐，产于洛阳。因常采用黄、绿、褐等色釉，在器皿上构成花朵、斑点或几何纹等各种色彩斑斓的色釉装饰，故称为三彩。

（3）淄博美术陶瓷。淄博是位于鲁中部的新兴工业城市淄博，是古齐国的都城，同时也是驰名世界的瓷都之一。这里生产的琉璃品和陶瓷制品不仅享誉国内外，而且有着悠久的历史传统。宋代问世的“雨点釉”和“茶叶米釉”，至今仍被各国视为珍品。尤其是雨点釉，被誉为中国之奇、陶瓷之谜。此外还有“云霞釉”“红金晶釉”“鸡血红釉”“金星釉”和几十种黑釉系窑变花釉。

（4）景德镇名瓷。江西景德镇是中国的瓷都。景德镇所产的瓷器向来有如此美誉：“白如玉、薄如纸、明如镜、声如磬”。景德镇四大传统名瓷是：青花瓷、青花玲珑瓷、粉彩瓷、高温颜色釉瓷。

（5）醴陵釉下彩瓷。醴陵釉下彩瓷产于湖南醴陵。特点：釉面犹如罩上一层透明的玻璃罩，无铅毒、耐酸碱、耐摩擦、洁白如玉、晶莹润泽，长期存放花纹保持原来色彩。2008年，“醴陵釉下五彩瓷烧制技艺”入选“第二批国家级非物质文化遗产名录”，而陈扬龙为该项目代表性传承人。

（6）德化白瓷。福建德化，中国著名白瓷产地，与景德镇、醴陵并列为中国三大瓷都。

德化白瓷因其产品制作精细，质地坚密，晶莹如玉，釉面滋润似脂，故有“象牙白”“猪油白”“鹅绒白”等美称，在我国白瓷系统中具有独特的风格，在陶瓷发展史上占有重要地位，在国际上有“东方艺术”之声誉，更被誉为“世界白瓷之母”。尤以何朝宗雕塑观音出名，他的观音像形态万千、丰润饱满，为广大百姓所喜爱。

（7）龙泉青瓷。龙泉是浙江省历史文化名城，以出产青瓷著称。龙泉青瓷历史上享有美名：“青如玉、明如镜、声如磬”。日本人称之为“砧青瓷”，欧洲人把龙泉青瓷叫“雪拉同”，阿拉伯人称“海洋绿”，国人则赞其有“雨过天青”之雅，更有“类玉”“类冰”之青质，兼得苍天、青山、绿水、碧玉之万般灵秀，正可谓“雨过天青云破处，梅子流酸泛绿时”。龙泉青瓷于2009年9月30日正式入选的联合国教科文组织的世界非物质文化遗产保护名录。

五、金石雕刻、雕塑制品

（一）玉雕

玉雕是中国最古老的雕刻品种之一。玉石历来被人们当作珍宝，在中国古代，玉被当作美好品物的标志和君子风范的象征。玉雕的品种很多，主要有人物、器具、鸟兽、花卉等大件作品，也有别针、戒指、印章、饰物等小件作品。中国的玉雕作品在世界上享有很高的声誉。中国玉器的主要产地有北京、上海、广州、辽宁、江苏、新疆维吾尔自治区等地。

（二）石雕

中国八大名石有寿山石、青田石、巴林石、昌化石、鸡血石、石榴石、孔雀石、绿松石等。中国六大石雕之乡有山东省嘉祥、浙江省温岭、福建省惠安、浙江省青田、河北省曲阳、中国台湾地区省埔里。

（三）木雕

木雕是以各种木材及树根为材料进行雕刻，是传统雕刻工艺中的重要门类。一般选用质地细密坚韧，不易变形的树种如楠木、紫檀、樟木、柏木、银杏、沉香、红木、龙眼等，采用自然形态的树根雕刻艺术品则为“树根雕刻”。木雕有圆雕、浮雕、镂雕或几种技法并用。有的还涂色施彩用以保护木质和美化。

木雕种类纷繁复杂，按地域归纳起来有六大种类：中原木雕、乐清黄杨木雕、福建龙眼木雕、广东金漆木雕、浙江东阳木雕、云南剑川木雕。

（四）竹刻

竹刻通常指用竹根、竹材、竹器雕刻成的雕塑工艺品。竹刻主要流行于中国南方各地，明代时的江南竹刻艺术已达到全盛时期，发展为各具特色的两大流派，一派是以南京竹刻为代表的“金陵派”；一派是以上海嘉定竹刻为代表的“嘉定派”。

竹雕作品依据品种和产地的不同，在工艺上又各有所长。建筑多浮雕，摆件多圆雕，糕板雕则都是阴刻，宁波工以骨嵌著称，潮州工则以透雕见长。

（五）漆雕

漆雕是指用漆涂在各种器物的表面上所制成的器具及工艺品、美术品等，一般称为“漆器”。漆器是中国古代在化学工艺及工艺美术方面的重要发明。

北京雕漆，与江西景德镇瓷器、湖南长沙湘绣，一同被称为“中国工艺美术三长”。北京雕漆工艺过程十分复杂，要经过设计、制胎、涂漆、描样、雕刻、磨光等十几道工序，各工序技艺要求都很高。其中雕刻是最主要的工序。

雕漆产品都具有防潮、抗热、耐酸碱、不变形、不变质的特点，深受人们喜爱。

六、金石器

（一）花丝镶嵌

花丝镶嵌，又叫“细金工艺”，实为“花丝”和“镶嵌”两种制作技艺的结合。花丝选用金、银、铜为原料，采用掐、填、攒、焊、编织、堆垒等传统技法。镶嵌以挫、锼、捶、闷、打、崩、挤、镶等技法，将金属片做成托和爪子型凹槽，再镶以珍珠、宝石。花丝镶嵌工艺早在春秋时就已有雏形，在明代达到高超的艺术水平，清代有了更大的发展，名品不断涌现，很多成为宫廷贡品。主要产地有北京、四川成都，河北等地。

（二）景泰蓝

景泰蓝，又名“铜胎掐丝珐琅”，是一种瓷铜结合的独特工艺品。景泰蓝的制造历史可追溯到元朝，明代景泰年间（公元 1450 年～1456 年）最为盛行，又因当时多用蓝色，故名景泰蓝。

七、纸艺与灯艺

（一）纸艺

纸艺古老而丰富，时间可追溯至西汉时期的植物纤维“纸”和东汉蔡伦造纸术发明的纸；其类型丰富，包括剪纸、撕纸、折纸、纸扎等。

1. 剪纸

剪纸是指一种用剪刀或刻刀在纸上剪刻花纹，用于装点生活或配合其他民俗活动的民间艺术。

在中国，剪纸具有广泛的群众基础，交融于各族人民的社会生活，是各种民俗活动的重要组成部分。其视觉形象和造型格式，蕴涵了丰富的文化历史信息，表达了广大民众的社会认知、道德观念、实践经验、生活理想和审美情趣，具有认知、教化、表意、抒情、娱乐、交往等多重社会价值。

2. 撕纸

撕纸是一种类似剪纸但和剪纸不同的平面镂空艺术，因为不需要画草稿而且不需要工具，是一种完全用自己的身体来跟纸交流的艺术。有些人认为撕纸是剪纸的一种，其实是不恰当的。确切地说撕纸是一种独立的艺术，撕纸和剪纸的关系就像自行车运动和长跑一样。

撕纸在创作过程中主要运用大拇指和食指中指的配合，一般左手负责控制纸的角度右手负责固定，撕时根据情况不同用左右手的大拇指和其他两根手指一起施力。

3. 折纸

折纸是一种以纸张折成各种不同形状的艺术活动。折纸与自然科学结合在一起，不仅成为建筑学院的教具，还发展出了折纸几何学成为现代几何学的一个分支。折纸既是一种玩具，也是一项思维活动；既是一个和平与纪念的象征手段，也是一种消遣方式。

4. 纸扎

纸扎在民间有很多不同的称谓，如扎作、糊纸、扎纸、扎纸库、扎罩子、彩糊等。广义的纸扎包括彩门、灵棚、戏台、店铺门面装潢、匾额及扎作人物、纸马、戏文、舞具、风筝、灯彩等；狭义的纸扎指的是丧俗纸扎，主要指用于祭祀及丧俗活动中所扎制的纸人纸马、摇钱树、金山银山、牌坊、门楼、宅院、家禽等焚烧的纸品。

5. 传统纸雕

传统纸雕是以纸为素材，使用刀具塑型的工艺艺术。其他结合了绘画及雕塑之美，并且较平面艺术多了立体发展的空间，产生了有趣的光影变化。通过切、剪、折、卷、叠、粘等技法，就可以创作出变化无穷的纸雕作品。现在纸雕广泛应用在了场景布置、装饰美化、广告招贴、贺卡等方面。

6、台湾纸藤花

台湾纸藤花是从中国台湾地区流传开来的，采用台湾纸藤来制作。纸藤是一种被扭成绳状的纸，将其展开后制作纸花，一般宽度为9~11厘米。它的特点是：韧性好，挺度好，色彩鲜艳，手感柔软，不易破损和褪色，易造型，十分适合制作纸花，最重要的特点是它有自然的直条纹理，这是其他纸张无法比拟的，这种纹理使得花朵更逼真、美观。

7. 立体刻画

立体刻画是用特种纸张印刷好的数张图片，通过巧妙的切割、重叠、黏合，做出很有立体感的浮雕效果，更显特色与档次。立体刻画可以根据制作者对画面层次、物体结构、立体空间的理解，用笔刀小心切割，分出块面，用工具做出造型，然后用特殊的胶将其垫高与固定。

8. 纸艺包装

随着生活水平的不断提高，礼盒、生活用品等的包装越来越受到欢迎与重视，形形色色的纸张也就成为包装的主要材料之一，给生活带来更多的美丽与惊喜！

（二）灯艺

这里主要是指中国传统花灯。花灯起源于汉代，在唐代较为兴盛，直至普及于民间是在宋代起。中国传统的花灯种类繁多，制作的工艺十分讲究。花灯，又名灯笼，在古代的主要作用以照明为主。制作的材料也是取自生活中的物品，灯笼的骨架使用竹条或者木条撑起，表面用纸或者绢作为灯笼的外皮。

在古代，灯笼用于照明或者祈福祭祀只用，到了现代，更多地用于春节、元宵等节日悬挂，为佳节张灯结彩。如元宵节迎花灯，元宵节迎花灯的习俗至今已经有两千多年的历史，在全国各个地方，花灯的种类繁多。婚庆花灯，在中国传统中灯的谐音为“丁”，所以在婚庆之时家里都会悬挂起灯笼，意为“添丁”，这个习俗直至到现代还在流传着。

八、画作

画作是指用各种材料，通过拼贴、镶嵌、彩绘、铸锻、髹饰等工艺制成的图画。

（一）绘画工艺画

绘画工艺画是以绘画为主要表现手法的工艺画，包括瓷板画、烙画、卵石画、竹帘画、彩蛋画等。瓷板画是以彩釉在瓷板上绘画人物肖像、风景等，产地以江西南昌为主；卵石画是以当地出产的雨花石、三峡石等卵石为原料，因材施艺，在利用卵石自然色彩和纹理的基础上稍加描绘，构成山水风景等画面，天趣自成，主要产于江苏南京、宁夏银川、河南等地；竹帘画是在编织精细的竹帘上彩绘图画，主要产于浙江温州、四川梁平、广西苍梧、湖南常德等地。

（二）拼贴工艺画

拼贴工艺画是以拼贴工艺为主要表现手法的工艺画。主要有牛角画、贝雕画（见贝壳雕刻）、羽毛画（见羽毛工艺品）、软木画、麦秆贴画、树皮画、邮票贴画等。牛角画以透明的牛角为材料，经雕琢后，拼贴成动物图案，作品晶莹而生动，主要产于广西、黑龙江等地；树皮画是以白桦树皮拼贴而成的工艺画，主要产于吉林、山东等地。

邮票贴画由杭州人吴江于20世纪20年代创制，它是将废旧邮票按色彩分类，根据画稿设计要求，选取符合构图和色彩要求的邮票，加以剪裁、拼贴在素色绫缎上而成的工艺画，主要产于武汉。

（三）其他工艺画

其他工艺画包括铁画、纸织画、棉花画、内画（内壶画）、木版水印画、木版年画等。

棉花画是福建漳州匠师黄家声于1961年创制的。它是利用棉花质地柔软、可塑性强等特点，并借鉴雕塑、彩扎、国画等传统艺术，将脱脂棉花以桃胶等粘贴而成的工艺画。其主要产于漳州。

内画（内壶画）就是用自制的行笔，在口小如豆的方寸瓶内反手作画。内画极费目力，内画家工作半小时节稍事休息，每两小时便要闭目养神。

木版水印画是我国特有的复制工艺。它集绘画、雕刻和印刷为一体，根据水墨渗透原理显示笔触墨韵，既可用以创作体现自身特点的艺术作品，也可逼真地复制各类中国字画。著名的有荣宝斋木版水印。

木版年画主要产于开封朱仙镇，是中国木版年画的鼻祖。另外天津杨柳青、苏州桃花坞、山东潍坊等地年画都受其影响。它用色讲究、色彩浑厚鲜艳、久不褪色、对比强烈、古拙粗犷、饱满紧凑、概括性强等特征。

——本 章 小 结——

1. 茶的分类

（1）绿茶。绿茶为不发酵茶叶，采用高温杀青的方法，保持鲜叶原有嫩绿。代表性的如西湖龙井、太湖碧螺春、黄山毛峰等。

（2）红茶。红茶出现于清朝，红茶是全发酵茶。代表性的如安徽祁红、云南滇红、福建的闽红等。

（3）乌龙茶。乌龙茶为半发酵茶，出现于清代。代表性的如武夷岩茶、铁观音、广东凤凰单枞、中国台湾地区的乌龙等。

（4）黄茶。黄茶是采用杀青、闷黄方法而制的茶。代表性的如君山银针。

（5）白茶。白茶白色茸毛多，色白如银，加工仅仅经过萎凋、将鲜叶直接干燥，不揉捻，不发酵。著名产地有福建政和、福鼎等地。代表性的如白毫银针、白牡丹等。

2. 酒按香型分类

（1）酱香型。酱香型以茅台酒为代表，也称茅香型。

（2）窖香型。窖香型以泸州老窖、五粮液为代表，也称浓香型。

（3）清香型。清香型以汾酒为代表。

（4）米香型。米香型以广西桂林三花酒为代表。

（5）兼香型。兼香型兼有两种香型的酒，也叫复香型，如贵州遵义董酒、陕西西凤酒等。

3. 中国六大瓷器产地

江西景德镇、湖南醴陵、福建德化、浙江龙泉、山东淄博、河北唐山。

4. 景德镇四大传统名瓷

青花瓷、青花玲珑瓷、粉彩瓷、高温颜色釉瓷。

5. 中国三大名锦

(1) 云锦。云锦因锦纹如云而得名，产于江苏南京，始织于南朝，明清尤盛。特点是使用大量金线装饰，织品明丽辉煌、光彩夺目。

(2) 蜀锦。蜀锦产于四川成都，因四川简称蜀而得其名。蜀锦起源于战国时期，在汉代就很发达，宋元时期成为著名品种，距今已有2000余年的历史。特点：质地坚韧，五彩缤纷，富有独特地方风格和构图。

(3) 宋锦。宋锦是中国传统的丝制工艺品之一。相传始织于宋代而得其名，产于江苏苏州，又名重锦——其经线分为面经和地经两重，产品分大锦、小锦、彩带等数种。宋锦色泽华丽，图案精致，被赋予中国“锦绣之冠”。

6. 中国四大名绣

(1) 苏绣。苏绣产于江苏苏州、南通一带。代表作有：双面绣《猫》。苏绣时往往以“平、齐、细、密、匀、顺、和、光”八个字概括之。

(2) 湘绣。湘绣产于湖南长沙一带。代表作有：《狮虎》。特点是用丝绒线（无拈绒线）绣花，其实是将绒丝在溶液中进行处理，防止起毛，这种绣品当地称作“羊毛细绣”。

(3) 粤绣。粤绣产于广东省。代表作有：《百鸟朝凤》。相传最初创始于少数民族——黎族，主要有衣饰、挂屏、褡裢、屏心、团扇、扇套等绣品。

(4) 蜀绣。蜀绣产于四川成都。代表作有：《熊猫》《芙蓉鲤鱼》。蜀绣用针工整、平齐光亮、丝路清晰、不加代笔，花纹边缘如同刀切一般过于齐整，色彩鲜丽。

7. 中国八大名石

寿山石、青田石、巴林石、昌化石、鸡血石、石榴石、孔雀石、绿松石等。

思考题

11-1　中国农业产品旅游资源构成包括哪些类型？

11-2　举例说明我国有哪些传统名茶？

11-3　中国的三大名锦指的是哪几类？

11-4　中国的四大名绣包括什么？

第十二章　中国的人文活动旅游资源

【学习目标】

通过本章学习：

(1) 了解人文活动旅游资源的主要亚类型；

(2) 掌握人文活动旅游资源各亚类的基本类型划分；

(3) 掌握各基本类型资源的含义、代表性景观及其分布状况。

【知识要点】

(1) 各基本类型旅游资源的含义；

(2) 各基本类型旅游资源的代表性景观及其分布。

【案例导读】

中华民族园的少数民族人文活动展示

中华民族园为社会各界提供了一个中国少数民族文化展示与交流的平台，园内居住着来自全国各地的少数民族同胞。他们通过歌舞演出、宗教与节庆活动等形式，与游客共同分享他们的文化生活。

1. 农耕文化

中国的各民族，大多为农耕民族，农耕文化悠久和丰富。各民族的农事活动，既是农作的劳动过程，又体现出独特的文化特色。在北京中华民族园里，按照不同民族的习俗，开垦出了梯田、坡地，种庄稼和瓜果蔬菜。而一些重要的农事活动，如插秧、割麦等，则成为展示传统农耕文化的载体。

2. 民族体育

中国的许多少数民族都拥有自己的、独特的体育锻炼方式。如：跳火绳（彝族）、投绣球（壮族）、射箭（蒙古族）、抢花炮（壮族）、赛马（蒙古族）、顶罐走（朝鲜族）、丢花包（布依族）、人龙（瑶族）、叼羊（维吾尔族）、苗家秋千（苗族）等。中华民族园为游客了解各民族体育活动搭建了平台。

3. 文化遗产

中华各民族的传统工艺，经过五千年的积淀，正面临现代化的挑战。北京中华民族园致力于收藏陈列民族工艺品，展示民族工艺技术，其意义在于挖掘其中的文化内涵，保护民族文化遗产，促进民族地区、民族经济的发展。

人文活动是旅游资源的一个重要组成部分，让我们通过本章的学习对我国的该主类旅游资源有更详细、系统、完整的了解。

第一节　人事活动记录

中国拥有上下五千年的悠久历史，在历史的长河中孕育了众多的诸如帝王、政治家、教育家、文学家、科学家、英雄、宗教人士等不同身份的著名人物，他们以自己的奋斗精神、聪明智慧在特定的社会环境、特定的历史时期写下了一篇篇辉煌壮观的历史故事。在特定时期对人类社会的发展产生了重大影响，左右着历史发展的进程，其历史文化价值和科学研究价值都吸引旅游者去寻访、探究名人的足迹或历史事件的线索，从而产生旅游的动机。

一、地方人物

人物包括历史和现代的名人。中国历史上和现代著名人物如繁星璀璨，如：

（1）以文留名千古的苏轼、苏洵、李清照、曾巩、柳宗元、韩愈等；

（2）以兵法集大成的孙武、孙膑、韩信等；

（3）以韬略享声誉的张良、诸葛亮等；

（4）以绘画成名的吴道子、徐悲鸿等；

（5）以医学成就扬名天下的扁鹊、华佗、孙思邈等；

（6）以现代科技研究著称于世的李政道、华罗庚、杨振宁等；

（7）以戏剧电影成名的明星如周星驰、梅兰芳、梁朝伟、刘青云等。

二、地方事件

事件是指发生过的历史和现代事件。事件往往与人物相关联，所以历史和现代的重要事件如同人物一样星光灿烂。代表性的著名历史事件有：

（1）尧舜禅让；

（2）大禹治水；

（3）武王伐纣；

（4）幽王烽火戏诸侯；

（5）勾践卧薪尝胆；

（6）蔺相如完璧归赵；

（7）赵括纸上谈兵；

（8）甘罗十二岁拜相；

（9）荆轲刺秦王；

（10）秦王灭六国；

（11）张骞通使西域；

（12）郑成功收复台湾；

（13）林则徐虎门销烟；

（14）鸦片战争；

（15）百日维新；

（16）五四运动；

（17）中国共产党成立；
（18）二万五千里长征；
（19）王昭君出塞；
（20）刘备三顾茅庐；
（21）赤壁之战；
（22）诸葛亮七擒孟获；
（23）武则天称帝；
（24）安史之乱；
（25）陈桥兵变；
（26）杯酒释兵权；
（27）靖康之变；
（28）郑和七下西洋；
（29）李自成起义；
（30）“九一八”事变；
（31）南京大屠杀；
（32）百团大战；
（33）三大战役；
（34）开国大典；
（35）“文化大革命”；
（36）改革开放等。

第二节 岁时节令

一、宗教活动与庙会

（一）宗教活动

宗教活动是指宗教信徒举行的各种宗教与法事活动。对于大众旅游者来说，该类型旅游资源的吸引力在于活动本身的观赏性、文化性等价值；对于宗教信徒旅游者来说，其吸引力的主要来源是该宗教活动本身的真正含义和功效。

（二）庙会

庙会包括庙会与民间集会，是指节日或规定日子里在寺庙附近或既定地点举行的聚会，期间进行购物和文体活动。庙会主要是在寺庙或者附近举行，活动内容除包括传统的酬神、娱神、求神、进香还愿、祭祀神灵，还有农副特产、日用杂货、手工工艺、民俗用品、地方小吃等商贸活动，甚至还有戏剧杂耍助兴，热闹非凡，对旅游者具有较大吸引力。代表性的有：

（1）北京地坛庙会。地坛庙会始办于1985年，至今已成功举办了22届，一届胜似一届，以较高的艺术品位和鲜明的民族特色享誉中外，其胜景被誉为现代的《清明上河图》和中国的狂欢节。春节逛地坛庙会是京城老百姓沿袭多年的习俗。作为京城恢复最早的庙会，地坛春节文化庙会以地道民俗、传统民间特色闻名于京城。每届庙会都要吸引游客百万余人次。

（2）上海城隍庙庙会。自1987年始，上海城隍庙庙会重新燃起，规模庞大，热闹异常。庙会活动有曾在上海地区流行的民间曲艺、戏剧、杂技、剪纸等以及各种民间传统风味小吃，游客可达数万人。

（3）南京夫子庙庙会。一年一度的南京夫子庙文化庙会涌动着多彩的秦淮民俗风情，让来自全国各地的人们充分感受秦淮文化的独特魅力。庙会上除开幕式中精彩的文艺节目外，还有剪纸、根雕、篆刻、风筝、珠艺、脸谱、烙画、竹刻、绳结等民间艺术家的拿手绝活，让中外游人大饱眼福。

（4）成都大庙会。成都大庙会始于先秦至汉魏，兴于唐宋，至今约有2200年历史。成都大庙会已经成为与北京地坛庙会、上海城隍庙庙会、南京夫子庙庙会齐名的全国著名庙会品牌。

（5）自贡灯会。自贡地区的年节灯会有着悠久的历史和鲜明的特色。这里自唐以降便有新年燃灯的习俗，延至清代即有"狮灯场市""灯竿节"。到二十世纪初，又渐形成节日的提灯会，更有放天灯、舞龙灯、戏狮灯、闹花灯等活动，从而发展为集地区民风民俗之大成的民间节会。

（6）"三月街"。"三月街"起源于观音讲经庙会，是白族的一项传统民族盛会，号称"千年赶一街，一街赶千年"。它既是云南西部最为古老而繁荣的贸易集市，也是大理州各族人民一年一度民间文艺体育大交流的盛大节日，被称为东盟最古老的博览会。现已被列为国家级非物质文化遗产。

大理"三月街"于每年农历三月十五日在大理州境内举行，会期7~10天。节日期间，除进行各地土特产品、中草药材、骡马牲畜和日用百货等的交易之外，还会举办传统的赛马、赛龙舟、射弩、打秋千等民间体育比赛，以及大本曲演唱、洞经古乐、民族歌舞表演。

二、农时节日

农时节日是指当地与农业生产息息相关的传统节日。代表性的有：

（1）满族添仓节。每年正月25日，满族农村家家讲究煮黏高粱米饭，放在仓库，用秫秸秆编织一只小马插在饭盆上，意思是马往家驮粮食，丰衣足食。第一天，再添新饭，连着添三回。也有的人家用高粱秸做两把锄头插在饭上。这个节至今在东北农村保留着。

（2）满族虫王节。六月天，易闹虫灾，居住在辽宁省岫岩、凤城一带的满族过去在六月初六这天，一户出一人到虫王庙朝拜，杀猪祭祀，求虫王爷免灾，保证地里的收成好。

（3）藏族望果节。"望果节"（意为转田间）是西藏藏族传统节日之一，节期为一至三天不等。每年七月，粮食收成在望，藏民们便背着经卷转绕田间，预祝丰收。同时举行赛马、射箭、文艺表演等活动。

（4）彝族火把节。每逢农历六月二十四日，彝族同胞们都会按照传统习俗举行"火把节"。节日期间，村寨和田野的火把彻夜不熄。在节日高潮的夜晚，人们举着火把又唱又跳，绕山间、游田野以示除灾害，祈岁丰收。此外，还会举行摔跤、赛马、斗牛、斗羊等力量的较量。

不仅彝族过火把节，同属彝语支民族的纳西族、白族、傈僳族、拉祜族、基诺族都要过火把节，各民族火把节的内容和形式有所不同。

（5）珞巴族昂德林节。每年庄稼收获后，珞巴族都要举行近两天的丰收节，叫作昂德林节。节日期间全村男女身穿盛装，各家端出准备好的美酒，共享节日食品。

（6）水族端节。水族有自己的历法，“端节”就选择在水历十二月至次年二月（相当于农历八月至十月），时值大季收割、小季播种，也是水历的年终岁首，因此是辞旧迎新、庆贺丰收、祭祀祖先的盛大节日。

此外还有佤族的插种节、新米节；傈僳族的收获节；侗族的吃新节等。

三、现代节庆

除了传统民俗节日、政治性（国庆节、建军节）节日及公共节日（妇女节、儿童节、青年节等）之外，还有很多地方政府或企业依托本地自然、经济、历史、文化等条件举办的现代节日活动。这些活动依托本地特色资源，主题鲜明，活动项目丰富，参与性强，成为引人入胜的旅游项目。

（一）旅游节

旅游节是指定期和不定期的旅游活动的节日。代表性的有：

（1）北京国际旅游文化节。北京国际旅游文化节创办于1998年，至2011年9月已举办十三届，文化节活动的内容不断丰富，规模也逐渐增大，现已成为颇具影响力的旅游节庆活动。

北京国际旅游文化节时间多在每年的9月份，每届均具有不同的主题。节庆内容包括文化展演、旅游推介等活动，既向世界展示了北京悠久历史和现代文明相结合的国际都市风采，又加强了其与国际社会的交流，推动经济发展。

（2）哈尔滨国际冰雪节。哈尔滨国际冰雪节始办于1985年，每年1月5日开幕，历时一个月，内容丰富，形式多样。

哈尔滨国际冰雪节是以冰雪活动为中心，把旅游、文化、艺术、体育、贸易融为一体的综合性节日，与日本札幌雪节、加拿大魁北克冬季狂欢节和挪威滑雪节齐名，并称为世界四大冰雪节。

节日期间除了举办冰雕、雪雕、冰灯等艺术博览会之外，还有冬泳，冰球，雪地足球，速度滑冰，高山滑雪等比赛项目以及各种级别和规模的冰雕、雪雕比赛，冰雪摄影展，冰雪电影艺术节，冰上婚礼等活动。

（二）文化节

文化节是指定期和不定期的展览、会议、文艺表演活动的节日。代表性的有：

（1）中国洛阳牡丹文化节。洛阳素以千年帝都、牡丹花城著称，种牡丹、赏牡丹习俗悠久。

洛阳的地理条件为牡丹花的生长提供了良好的自然环境，民间关于武则天寒冬怒贬牡丹的传说更让洛阳牡丹成为刚直不阿的化身。

自1983年以来，每年4月15日至25日，洛阳市都要举办一年一度的牡丹花会，以牡丹为媒，开展旅游、经贸、文化交流活动。届时，游客不仅可以看到盛放的诸如“姚黄”“魏紫”“二乔”“豆绿”“洛阳红”等名品牡丹，还可以体验围绕牡丹文化开发的如牡丹画、牡丹服、牡丹瓷等文化产品。

（2）平遥国际摄影节。平遥国际摄影节始于2001年，现已成为中国最大、世界知名的摄影节庆活动，同时也是中西方文化交流的桥梁，山西对外开放的重要窗口。宣传平遥古城的知名品牌，逐步成为平遥、晋中、山西的文化节、经济节和开放节。

（3）吴桥国际杂技艺术节。吴桥国际杂技艺术节创办于1987年，每两年举办一次，是中国举办历史最长、规模最大、影响最广泛的国际性杂技艺术节，也是四大国家级国际性文化节庆活动之一。

节间活动主要有国际杂技比赛、传统民间艺术表演、国际马戏论坛、杂技艺术交流、参观杂技之乡、杂技图片展览等。目前已有40多个国家和地区的近400个节目参加了比赛演出，世界各大杂技赛场负责人、杂技强国的著名团体和国际杂技名流都曾亲临赛场观摩。其运作水平、节目质量和国际地位得到了杂技界人士的极高评价，被盛誉为“东方杂技大赛场”。

（三）商贸农事节

商贸农事节是指定期和不定期的商业贸易和农事活动的节日。代表性的有：

（1）中国余姚杨梅节。浙江余姚是我国杨梅的发源地之一，以荸荠种、粉红种和西山白杨梅三大名牌著称，有“中国杨梅之乡”的称号。

中国余姚杨梅节，已经形成了特有的模式和特点，曾被评为“中国十大物品类节庆”和“全国十大果品节庆”。

（2）中国庆元香菇节。中国庆元香菇节是丽水地区举办届数最多、持续时间最长的农事节庆活动之一。香茹节是以“香菇农事节”为载体，通过举办研讨会、展销会、美食节等系列活动，对提升香菇产业化水平、挖掘香菇文化等起到了很大作用。

（3）烟台国际葡萄酒节。烟台国际葡萄酒节是中国葡萄酒行业唯一的国际性经贸节会。首届中国烟台国际葡萄酒节于2007年9月23日~10月7日在烟台召开。

节日期间通过产品展示、技术交流和丰富多彩的经贸及文化活动，加强国际间在葡萄与葡萄酒领域的交流与合作，弘扬葡萄酒文化，做大做强葡萄酒产业，努力把烟台打造成享誉世界的国际葡萄酒城。

（四）体育节

体育节是指定期和不定期的体育比赛活动的节日。代表性的有：

（1）嘉峪关国际滑翔节。由于拥有独特的地理环境和气流条件，甘肃嘉峪关滑翔基地在国际上享有很高的知名度，在此曾举行过很多知名的国际滑翔大赛。

自1992年起，只要条件许可，每年七月中旬都会在此举办嘉峪关国际滑翔节，吸引了众多旅游者。历年滑翔节活动的内容有热气球飞行、定点跳伞、特技跳伞等比赛项目，有航空表演、晚间热气球喷火巡游表演和晚间热气球系留展等表演项目，还有国际滑翔达标、创纪录飞行以及全国性的大型航空运动会，举行滑翔比赛、飞行训练等表演。游客可由飞行员带飞，遨游蓝天、欣赏戈壁瀚海的神秘色彩和祁连雪山的壮丽景色。

（2）潍坊国际风筝节。山东潍坊又称“鸢都”，是闻名天下的风筝之都，风筝制作历史悠久，工艺精湛，享有国际声誉。一年一度的国际风筝节于每年四月在此举行，每年都有来自各个国家和地区的代表团参赛，吸引了大批中外风筝专家和爱好者及游人前来观赏、竞技和游览。节日期间活动内容主要有风筝音乐会、放飞仪式、国际风筝比赛、国内风筝大奖赛、评选风筝十绝、参观风筝博物馆等。

——本章小结——

1. 现代节庆类旅游资源的类型

旅游节、文化节、商贸农事节、体育节。

2. 旅游节

旅游节是指定期和不定期的旅游活动的节日。

3. 文化节

文化节是指定期和不定期的展览、会议、文艺表演活动的节日。

4. 商贸农事节

商贸农事节是指定期和不定期的商业贸易和农事活动的节日。

5. 体育节

体育节是指定期和不定期的体育比赛活动的节日。

思 考 题

12-1 人事活动记录亚类旅游资源包括哪些类型？

12-2 岁时节令亚类旅游资源包括哪些类型？

参考文献

外文参考文献

[1] Adanms J A. The American Amusement Park Industry [M]. Boston: Twayne Publishers, 1991.
[2] Lew A A. A Framework of Tourist Attraction Research [J]. Annals of Tourism Research, 1987, 14 (4): 553-575.
[3] Bell S. Design for Outdoor Recreation [M]. London: E&FN Spon. 1997.
[4] Dickson J H, Rodriguez J C, Maghado A. Invading Plants at High Altitudes on Tenerife especially in the Teide National Park [J]. Botanical Journal of the Linnean Society, 1987, 95 (3): 155-179.
[5] Edwards J R. The UK Heritage Coasts : An Assessment of the Ecological Impacts of Tourism [J]. Annals of Tourism Research, 1987, 14 (1): 71-87.
[6] Beggs A W . The Iicensing of Patents Under Asymmetric Information [J]. International Journal of Industrial Organization, 1992, 10 (2): 171-191.
[7] Lawton L J. Resident Perceptions of Tourist Attractions on the Gold Coast of Australia [J]. Journal of Travel Research, 2005, 44 (2): 188-200.
[8] Leiper N. Tourist attraction systems [J]. Annals of Tourism Research, 1990, 17 (3): 367-384.
[9] Ryan C . Equity, Management, Power Sharing and Sustainability—Issues of the 'New Tourism' [J]. Tourism Management, 2002, 23 (1): 17-26.
[10] United Nations. Managing Sustainable Tourism Development [Z]. ESCAP Tourism Review No. 22, United Nations Publication, 2001.
[11] Walsh H J, Stevens T. The Management of Visitor Attractions and Events [M]. Englewood Cliffs, New Jersey: Prentice Hall, 1990.
[12] Wight, P. Ecotourism: Ethics or Eco-Sell? [J]. Journal of Travel Research, 1993, 31 (3): 3-9.
[13] Haber W. Using Iandscape Ecology in Planning and Management [A]. Zonneveld I, Forman R. Changing Landscape: An Ecological Perspective [C]. New York: Springer-Verlag, 1990: 271-232.

中文参考文献

[1] 保继刚，楚义芳，彭华. 旅游地理学（修订版）[M]. 北京：高等教育出版社，1999.
[2] 毕华，游长江. 旅游资源学 [M]. 北京：旅游交易出版社，2010.
[3] 陈传康，刘振礼. 旅游资源鉴赏与开发 [M]. 上海：同济大学出版社，1990.
[4] 陈传康. 区域旅游开发研究 [M]. 北京：气象出版社，1992.
[5] 窦志平. 中国旅游地理 [M]. 重庆：重庆大学出版社，2008.
[6] 福尔曼，歌德罗恩著，萧笃宁译. 景观生态学 [M]. 北京：科学出版社，1990.
[7] 傅文伟. 旅游资源评估与开发 [M]. 杭州：杭州大学出版社，1994.
[8] 甘枝茂，马耀峰. 旅游资源与开发（第2版）[M]. 天津：南开大学出版社，2007.
[9] 高峻. 旅游资源规划与开发 [M]. 北京：清华大学出版社，2007.
[10] 高抒，张捷. 现代地貌学 [M]. 北京：高等教育出版社，2006.
[11] 韩杰. 旅游地理学 [M]. 大连：东北财经大学出版社，2002.
[12] 黄羊山. 旅游规划原理 [M]. 南京：东南大学出版社，2004.
[13] 李娟文，游长江. 中国旅游地理 [M]. 大连：东北财经大学出版社，2002.
[14] 李天元，王连义. 旅游学概论 [M]. 天津：南开大学出版社，1991.
[15] 梁超信. 中国旅游地理 [M]. 北京：旅游教育出版社，2010.

[16] 刘代泉，汪瑞军. 旅游资源开发与规划（第2版）[M]. 北京：旅游教育出版社，2004.
[17] 刘敦荣. 旅游商品学 [M]. 天津：南开大学出版社，2002.
[18] 刘咏梅. 中国旅游资源 [M]. 北京：清华大学出版社，2009.
[19] 陆林. 旅游规划原理 [M]. 北京：高等教育出版社，2005.
[20] 罗兹柏. 中国旅游地理 [M]. 南京：南开大学出版社，2000.
[21] 骆高远. 旅游资源学 [M]. 杭州：浙江大学出版社，2006.
[22] 吕连琴. 中国旅游地理 [M]. 郑州：郑州大学出版社，2006.
[23] 马耀峰，宋保平，越振斌. 旅游资源与开发 [M]. 北京：科学出版社，2005.
[24] 马耀峰. 旅游规划 [M]. 北京：中国人民大学出版社，2011.
[25] 马勇，李玺. 旅游景区规划与项目设计 [M]. 北京：中国旅游出版社，2008.
[26] 明庆忠. 旅游地规划 [M]. 北京：科学出版社，2003.
[27] 潘宝明，朱安平. 中国旅游文化 [M]. 北京：旅游教育出版社，2001.
[28] 庞规荃. 中国旅游地理 [M]. 北京：旅游教育出版社，2010.
[29] 彭淑清. 中国旅游海外客源市场概况 [M]. 武汉：华中科技大学出版社，2009.
[30] 彭淑清. 中国旅游客源国 [M]. 重庆：重庆大学出版社，2008.
[31] 全华. 旅游资源开发及管理 [M]. 北京：旅游教育出版社，2006.
[32] 沈福熙. 中国古代建筑文化史 [M]. 上海：上海古籍出版社，1999.
[33] 宋青青，邱维理，张振春. 地质学基础（第4版）[M]. 北京：高等教育出版社，2007.
[34] 唐发华. 世界旅游地理 [M]. 南京：江苏教育出版社，1996.
[35] 王辉，苗红. 中国旅游地理 [M]. 北京：北京大学出版社，2010.
[36] 王昆欣，王长生. 旅游资源与开发 [M]. 重庆：重庆大学出版社，2003.
[37] 王庆生. 旅游区规划研究 [M]. 西安，西安地图出版社，2000.
[38] 王兴斌. 旅游产业规划指南 [M]. 北京：中国旅游出版社，2000.
[39] 吴必虎，宋子千. 旅游学概论 [M]. 北京：中国人民大学出版社，2009.
[40] 吴必虎，俞曦. 旅游规划原理 [M]. 北京：中国旅游出版社，2010.
[41] 吴必虎. 旅游规划原理 [M]. 北京：中国旅游出版社，2010.
[42] 吴必虎. 区域旅游规划原理 [M]. 北京：中国旅游出版社，2001.
[43] 吴国清. 旅游资源开发 [M]. 天津：南开大学出版社，2010.
[44] 伍光和. 自然地理学 [M]. 北京：高等教育出版社，2008.
[45] 谢彦君. 基础旅游学（第2版）[M]. 北京：中国旅游出版社，2004.
[46] 辛建荣，杜远生，冯庆来. 旅游地学 [M]. 天津：天津大学出版社，1996.
[47] 辛建荣，张俊霞. 旅游区规划与管理 [M]. 天津：南开大学出版社，2007.
[48] 徐学书. 旅游资源保护与开发 [M]. 北京：北京大学出版社，2007.
[49] 鄢志武. 旅游资源学 [M]. 武昌：武汉大学出版社，2003.
[50] 杨桂华. 旅游资源学 [M]. 昆明：云南大学出版社，2003.
[51] 袁小凤. 中国旅游地理 [M]. 北京：电子科技大学出版社，2007.
[52] 约翰·斯沃布鲁克著，龙江智，李森译. 旅游景区开发与管理（第2版）[M]. 北京：旅游教育出版社，2006.
[53] 张景群. 旅游资源评价与开发 [M]. 杨凌：西北农业科技大学出版社，2003.
[54] 周彬. 会展旅游管理 [M]. 上海：华东理工大学出版社，2003.
[55] 周作明，卢玉平. 旅游规划学 [M]. 旅游教育出版社，2008.
[56] 艾万钰. 论旅游资源分类及分级 [J]. 旅游学刊，1987（3）：44-48，19.
[57] 陈慧敏. 我国旅游区划研究综述 [J]. 安徽农学通报（上半月刊），2011，17（11）：208－

209，214.
[58] 陈予湘. 论旅游资源保护与可持续发展 [J]. 技术与市场，2011，18（8）：483，485.
[59] 甘筱青. 旅游资源与开发的系统结构 [J]. 南昌大学学报（人文社会科学版），2002（1）：58-60，70.
[60] 顾维舟. 旅游资源价值分类初探 [J]. 旅游学刊，1992（1）：41-44.
[61] 郭康. 试论旅游资源的动态分类 [J]. 旅游学刊，1990（1）：51-53.
[62] 郭来喜，吴必虎，刘锋，范业正. 中国旅游资源分类系统与类型评价 [J]. 地理学报，2000（3）：294-301.
[63] 韩笑. 中国古代旅游活动类型及其特征 [J]. 科技信息（学术研究），2007（17）：66-67.
[64] 黄细嘉，李雪瑞. 我国旅游资源分类与评价方法对比研究 [J]. 南昌大学学报（人文社会科学版），2011，42（2）：96-100.
[65] 李艳，牛志文. 旅游景区品牌形象塑造研究 [J]. 北京第二外国语学院学报，2001（5）：58-66.
[66] 刘庆余. 20 年来中国旅游研究进展——国家自然、社科基金旅游项目反映的学术态势 [J]. 旅游学刊，2008（3）：78-84.
[67] 陆耀儒. 中国民间文学艺术概述 [J]. 民族艺术，1994（1）：82-91.
[68] 马慧琴，李优锋. 我国旅游资源开发利用的现状分析及其对策 [J]. 生产力研究，2002（5）：238-239，278.
[69] 石秀华. 中国古代旅游文化类型及其特征 [J]. 武汉科技大学学报（社会科学版），2002（1）：93-95.
[70] 王欣. 旅游资源开发的时代演进及发展趋势浅析 [J]. 旅游科学，2000（2）：23-26.
[71] 吴惠智，凌善金. 旅游资源分类方法及其应用研究 [J]. 云南地理环境研究，2010，22（6）：96-100.
[72] 张璟. 重视中国古代旅游文献的研究 [J]. 旅游学刊，2007（1）：9.
[73] 张凌云. 市场评价：旅游资源新的价值观——兼论旅游资源研究的几个理论问题 [J]. 旅游学刊，1999（2）：47-52，79.
[74] 郑焱. 旅游的定义与中国古代旅游的起源 [J]. 湖南师范大学社会科学学报，1999（4）：66-71.